한글 이야기 1

한글 이야기 1 – 한글의 역사

초판 1쇄 발행 2013년 9월 30일
초판 3쇄 발행 2024년 4월 26일

지은이 | 홍윤표

펴낸곳 | ㈜태학사
등록 | 제406-2020-000008호
주소 | 경기도 파주시 광인사길 217
전화 | 031-955-7580
전송 | 031-955-0910
전자우편 | thspub@daum.net
홈페이지 | www.thaehaksa.com

편집 | 조윤형 여미숙 김태훈
마케팅 | 김일신
경영지원 | 김영지

ⓒ 홍윤표, 2013. Printed in Korea.

값 32,000원

ISBN 978-89-5966-606-5 04700
    978-89-5966-605-8 (세트)

한글 이야기

1
한글의
역사

홍윤표 지음

태학사

일러두기
고서의 장첩은 우철인 관계로 그림 일련 번호는 그에 준하여 붙입니다.

머리말

한글은 문화창조의
원동력입니다

    국어사를 연구하면서 주로 접하는 문자는 한글과 한자였습니다. 한글이나 한자로 쓰인 자료들을 통해 그것이 쓰인 시대의 국어를 연구하면서, 이 한글과 한자가 단순히 말을 표기하는 문자의 기능을 뛰어넘어 우리의 모든 것을 담는 문화적 기능을 가지고 있다는 사실을 깨닫게 되었습니다. 한글과 한자가 이러한 중요한 기능을 함에도 불구하고 정작 한글과 한자에 대한 연구는 너무 소략하다는 사실도 알 수 있었습니다.

    한글 전용인가 국한 혼용인가 하는 논쟁이 거의 동일한 논리로 한 세기 동안 지속되면서도 한글 전용을 주장하는 사람들은 그 한글이 역사적으로 어떻게 쓰여 왔으며 우리 선조들이 그 한글을 언어생활과 문자생활에 어떻게 유용하게 활용해 왔는지에 대해서는 전혀 관심이 없는 것 같았습니다. 마찬가지로 한자를 한글과 같이 쓰자고 주장하는 사람들도 우리 선조들이 한자를 어떻게 써 왔으며 그 한자가 어떻게 변화하여 왔는지, 그리고 우리 선조들이 한자 교육을 어떻게 하여 왔는지에 대해서는 깊이 있게 연구하는 것 같지 않았습니다.

이러한 관점에서 한글과 한자를 바라보니까, 한글 고문헌을 대하는 태도도 달라지게 되었습니다. 그 문헌을 통해 국어의 역사적 변화를 찾으려던 시각에서 한글과 한자의 기능을 찾는 시각으로 바뀌게 되었습니다. 한글과 한자를 문자의 하나로 보던 눈에서 이들을 문화의 하나로 보는 눈으로 바뀌게 된 것입니다. 국어학자인 저로서는 특히 한글에 대해 더 특별한 관심을 가지지 않을 수 없었습니다.

그래서 한글 문헌은 물론이고 한글 고문서에도 관심을 가지게 되었고, 우리나라의 한글 코드 표준화에 참여하여 옛한글을 포함한 유니코드 설정을 유도하였으며, 우리나라에서 최초로 옛한글을 폰트하여 컴퓨터에서 사용하였을 뿐만 아니라, 각종 한글 폰트 제작에 관여하여 왔습니다. 한글 서체의 변화과정에 대한 연구는 한글 폰트에 관여하여 온 결과로 이루어진 것입니다. 한글 서예에 대한 관심도 한글 서예가 한글 문헌과 한글 서체와 무관하지 않기 때문에 자연스럽게 발생한 결과였습니다.

한글은 예전에는 국어학자들의 전유물이었습니다만, 오늘날은 전혀 그렇지 않습니다. 국어학자들은 한글을 의사소통의 도구로서만 인식하고 있지만, 국문학자들은 작가의 심상을 전달하는 도구로 한글에 접근합니다. 한글 서예가들은 한글의 선을 통해 아름다움을 창조하는 도구로서, 디자이너들은 이미지 전달의 도구로서 한글을 생각합니다. 출판계는 한글 활자를 통해 생각과 느낌을 신속하고 정확하게 전달하되 시각적으로 아름다운 감성까지도 동시에 전달하는 데 관심을 가집니다. 컴퓨터계에서는 한글을 0과 1이라는 2진수로 배열된 코드로 인식하고 이를 폰트라고 하는 과정을 통해 컴퓨터 화면과 종이 위에 실현시키고자 합니다. 심지어 한글과는 전혀 상관이 없을 것처럼 여겼던 무용계에서는 선과 율동과 음악을 통해 한글의 아름다움을 재현하기도 합니다. 한글을 통해 불교, 유교, 기독교, 민간신앙 등을 표현하기도 하고 한글을 그림 속에 실현시키거나, 한글을 통해 음악을 표현하려는 시도도 많았습니다.

이처럼 한글은 다양한 분야에 연관되어 있어서, 한글 사용의 역사에 대해서 자세히 알기 위해서는 다양한 자료들을 찾아야 했습니다. 한글 문헌 자료는 물론이고 우리 선조들이 한글을 통해 표현하려고 하였던 모든 생활사 자료를 수집해 왔습니다.

그러면서 한글에 대한 궁금증도 많았습니다. 한글 전용 문헌은 언제부터 있었을까? 한글 가로쓰기는 누가 언제 시작했을까? 한글 띄어쓰기는 언제 누가 제일 먼저 했을까? 한글 자형과 한글 서체는 어떻게 변화하여 왔을까? 그림에 한글이 쓰인 것은 언제부터였을까? 한글의 자모 배열순서는 어떻게 변화하여 왔을까? 한글을 배우기 위해서는 어떻게 해 왔을까? 이러한 많은 문제들에 대해 관심을 가지고 자료를 모으고 기획도 해 놓았습니다.

그러나 막상 이러한 문제들에 대해 글을 쓰려고 하니, 시간적, 심적 여유가 생기지 않아서 그것을 쓸 엄두도 내지 못하고 있었습니다. 그러던 차에 국립국어원의 '국어새소식지'와 온라인 소식지로 바꾼 '쉼표 마침표'에 국어 어휘의 어원이나 역사를 7년 동안이나 연재해 왔었습니다.

그 연재가 끝날 무렵 권재일 국립국어원장과 한글에 대한 이야기를 나누다가 그러한 내용의 글을 '쉼표 마침표'에 연재해 달라는 부탁을 받았습니다. 한 달에 글 한 편씩 쓰는 일이 버거워서 국어 어휘의 어원이나 역사를 쓰는 일을 그만두려다가 덥석 한글에 대한 글쓰기를 요청받은 셈이 되었습니다. 덤터기를 쓴 기분이었지만, 그러한 글을 쓸 수 있는 좋은 기회라고 생각했습니다. 원래 글은 쫓기면서 쓰는 것이라는 생각을 하고 있었기 때문에 흔쾌히 응낙하게 되었습니다.

원래는 1년만 쓰려고 했는데, 주위에 계신 분들이 이전에 연재했던 7년을 합쳐 10년은 채워야 한다고 요청하여 한글에 대해 '홍윤표의 한글 이야기'란 제목으로 3년 동안이나 쓰게 되었습니다. 사실 한글 이야기는 끝이 없습니다. 이 책에 쓰인 내용 이외에도 한글 윷판에 대한 이야기를 비롯하여, 한글 승경도, 한글 타자기, 한글 문서작성기, 한글 직금도 등등과 한글이란 명칭의 유래 등등 아직도 써야 할 한글 이야기는 너무 많습니다만 정년퇴직을 한 후, 이제는 한 달에 한 편씩 글을 쓰는 구속에서 벗어나 자유롭게 살고 싶은 욕망이 더 컸습니다. 그리고 하고 싶은 일을 하고 싶다는 뒤늦은 깨달음이 생겨 그만 쓰기로 했습니다.

그럴 즈음에 마침 파주시에서 '한글 나들이'라는 한글 전시회를 하게 되었습니다. 그동안 수집하였던 다양한 한글 자료들 중에서 전시 가치가 있다고 생각되는 자료들을 전시하여 한글을 지금까지와는 다른 시각으로 보여 주자는 의도에서 기획된 전시회였습니다. 한국기술교육대학교의 정재영 교수님과 문무경 교수님이 전시기획과 실행을 담당하고 간략한 도록과 한글 자료에 대한 해설서를 냈는데, 그때 제가 3년 동안 써 왔던 자료를 참고하라고 주었던 것이, '한글 나들이' 총책을 맡고 있었던 태학사 지현구 사장님이 이것을 책으로 냈으면 좋겠다는 요청을 하여 자료를 내놓게 되면서 이 글들이 책으로 묶여 나오게 된 것입니다.

한글을 국어 연구의 자료로서만 보지 말고 우리 생활사 자료로서 보면 한글의 다양한 면을 볼 수 있다는 생각을 가지고 쓴 글이지만, 아무래도 국어학자의 눈으로만 본 한글이어서 어쩌면 한글이 지니고 있을 더 큰 모습을 보지 못했을 수도 있을 것입니다. 다양한 분야의 전문가들이 한글을 더 깊이 그리고 넓게 관찰함으로써 한글이 지니고 있는 무한한 기능이 더 완벽하게 기술될 수 있는 날을 기다립니다.

  이 책을 내는 데에는 여러 어려움이 있었습니다. 사진이 많아서 편집하는 데 어려움이 많았을 뿐만 아니라 이 글이 원래 온라인상에서 쓰인 글이라서 이것을 책으로 출판할 때의 문체와는 다르기 때문에 그 문체를 바꾸는 데에도 시간이 꽤나 걸렸습니다. 태학사의 오은미 선생이 주로 편집을 담당하였습니다. 그리고 디자인팀이 또 사진을 편집하는 작업을 하였습니다. 태학사의 편집진들께 깊은 감사를 드립니다. 아울러 책 판매가 부진하여 모든 출판사가 여러 가지로 어려운 시절임에도 불구하고 이 책을 기꺼이 출판해 주신 지현구 사장님께 진심으로 감사를 드립니다.

2013년 8월 14일
홍윤표

차례

머리말 5

1부 한글이 걸어온 길

1 한글 이름을 왜 '훈민정음'이라고 했을까요? 17
2 한글 자모 배열 순서 어떻게 변해 왔을까요? 37
3 없어진 한글 자모, 어떤 소리를 나타낸 것일까요? 58
4 한글이 쓰이는 모양은 어떻게 바뀌어 왔을까요? 80
5 한글의 자형은 언제 어떻게 변화하여 왔을까요? 99
6 띄어쓰기는 언제부터 왜 하기 시작했을까요? 113

2부 한글과 문헌

1 한 책에 한글 서체를 구분해서 사용한
  최초의 문헌은 무엇일까요?   **135**

2 우리나라 최초의 '한글 고문서' 어떤 것이 있을까요?   **142**

3 우리나라에서 한글 전용으로 간행된 최초의 책은?   **169**

4 가로쓰기를 처음 실행한, 우리나라 사람이 편찬한
  최초의 문헌은 무엇일까요?   **189**

5 왜 언간을 모아 책으로 만들었을까요?   **197**

6 종교와 관련된 한글 문헌에는 어떤 것이 있을까요?   **222**

3부 한글과 교육

1 한글을 어떻게 배워 왔을까요? 255
2 독립운동가들은 한글 교육을 어떻게 했을까요? 284
3 일제강점기에 나온 한글 보급 운동 교재는
  어떤 것이 있었을까요? 306

1부

한글이 걸어온 길

1

한글 이름을
왜 '훈민정음'이라고
했을까요?

한글을 만들었을 때, 그 문자 이름이 '훈민정음'이었다는 사실을 모르는 사람은 없겠지요. 《조선왕조실록》에서 이에 대한 정확한 기록을 볼 수 있습니다.

是月, 上親制諺文二十八字, 其字倣古篆, 分爲初中終聲, 合之然後乃成字, 凡干文字及本國俚語, 皆可得而書, 字雖簡要, 轉換無窮, 是謂訓民正音.〈세종실록 1443년 12월 기사〉

이달에 임금께서 친히 언문 28자를 지으셨으니, 그 글자는 옛 전서篆書를 모방하고, 초성·중성·종성으로 나뉘며 이들을 합친 후에 글자를 이룬다. 무릇 문자와 우리나라 이어俚語를 모두 쓸 수 있고, 글자는 비록 간요簡要하지만 전환하는 것이 무궁하다. 이것을 훈민정음이라 일컫는다.

'언문'과 '훈민정음'은 같은 뜻일까요

이 기록에서는 '언문 28자'를 짓고, 그 이름을 '훈민정음'이라고 했다고 하였습니다. '언문'이 곧 '훈민정음'인 것처럼 설명되어 있는데, 단지 '언문'은 보통 명사 같고, '훈민정음'은 고유 명사처럼 보일 뿐입니다. 그렇기 때문에 훈민정음의 다른 이름을 들 때에는 꼭 '언문'이란 명칭을 들곤 합니다. 후대의 상당수 기록에서도 한글에 대해 '훈민정음'이라는 명칭 대신 '언문'이란 이름을 주로 쓰고 있어 '언문'은 '훈민정음'의 통칭이나 속칭처럼 보입니다.

> 병인년(丙寅年)의 훈민졍음(언문이라)을 챵기ᄒ야 지으샤 셩운의 변을 극진히 ᄒ고 〈17xx 열셩지쟝통긔 17a〉

《열성지장통기》에 '훈민정음'의 주석으로 '언문'이라고 풀이하고 있는 것을 대표적인 것으로 들 수 있습니다. '언문'은 보통 '훈민정음'을 지칭합니다. 다음 문장들을 읽어 보시지요.

> (ㄱ) 한시ᄂᆞᆫ 죵셩부 사ᄅᆞᆷ이니 유혹 김광듀의 안해라 지아비 죽거ᄅᆞᆯ 언문으로 뻐 셜운 졍을 서셔 벼개 가온대 녀코 스스로 목 즐라 죽다 쇼경대왕됴애 졍문ᄒ시니라(韓氏鐘城府人 幼學金光柱之妻也 夫歿以諺字書哀痛之情 藏于枕中 自縊而死 昭敬大王朝旌門)〈1617 동국신속삼강행실도 烈2:81b〉

> (ㄴ) 언문 글은 아국의 방이라 그러므로 사ᄅᆞᆷ이 다 홀ᄒᆞ나 이 아니면 엇지 뻐 경뎐을 번역ᄒ야 히ᄒ리오 내 반졀의 쳐엄의 그 묘ᄒᆞᆫ 곳을 아지 못하얏더니 만 후에 줌이 업스믈 인ᄒ야 ᄉᆡᄃᆞᄅᆞ니 슬프다 셩인이 아니시면 뉘 능히 이룰 지으리오 우리 영묘 만셰를 위ᄒ샤 졔쟉ᄒ오심이 의ᄒ오시

며 셩ᄒᆞ오신뎌 그 가온대 지극ᄒᆞᆫ 리 이시니 보ᄂᆞᆫ 쟤 그 맛당이 완미ᄒᆞ야 스스로 어들ᄯᅵ어다(諺書 我國方語 故人皆忽也 而非此何以醜解經傳乎 予於反切 初未識其妙處矣 晩後囚無睡而覺悟 噫非聖人誰能制此也 我 靈廟爲萬世制作 猗歟盛哉 其中至理存焉 覽者 其玄玩味而自得焉)〈1746 어제자성편언해 外:34b〉

(ㄱ)과 (ㄴ)에서 '언문'은 모두 한글을 지칭합니다. 그런데 언해문의 '언문'이 한문 원문에서는 '언자(諺字)', 즉 '언문 글자'로 되어 있고 '언문 글'의 한문 원문은 '언서(諺書)'로 되어 있습니다. 그래서 '훈민정음'의 다른 이름으로 이들을 나열하곤 합니다.

(ㄴ)은 영조(英祖)가 세종의 훈민정음 창제를 칭송하는 글인데, '훈민정음'을 '언서(諺書)'라고도 하였고, '반절(反切)'이라고도 하고 있음을 알 수 있습니다. 특히 '언문 글'을 '우리나라의 말〔我國方語〕'이라고 하여 언문으로 쓴 글이 우리나라 말을 표기한 것으로 설명한 셈입니다. 처음에는 '반절(즉 한글)'의 묘한 것을 알지 못하였었는데, 나이가 들어 잠이 없어서 (이들을 보고) 깨달았다는 글입니다.

그러나 다른 문헌들의 기록을 살펴보면, '언문'이 꼭 '훈민정음', 즉 한글만을 지칭하는 단어는 아니었음을 알 수 있습니다. 다음 글에서 그러한 사실을 볼 수 있습니다.

(ㄷ) 이 사ᄅᆞᆷ은 만쥬 사ᄅᆞᆷ이라 집이 흑농강 ᄀᆞ의 이시니 이 곳의셔 동븍으로 삼쳔 니 밧기라 그곳은 한어를 모ᄅᆞ고 진셔를 ᄯᅩ흔 슝샹치 아니ᄒᆞ니 다만 만쥬 언문과 만쥬 말을 알 ᄯᆞ름이라〈1765 을병연행록 3,38〉

(ㄹ) 쥬인이 ᄀᆞᆯ오ᄃᆡ 이곳은 만쥬 언문으로 뇨뎡 명ᄉᆞ를 의논ᄒᆞ야 칙문을 디어 과거를 뵈니 나도 이 과거를 ᄒᆞ엿고 태혹 조교 ᄯᅩ흔 션븨들을 일

노 권당ᄒᆞ야 ᄀᆞᄅᆞ치난 소임이니라 〈1765 을병연행록 2,126〉

(ㅁ) 대쇼인원大小人員이 다 믈을 ᄂᆞ리라 ᄒᆞ여시며 겻틱 쳥淸 글ᄌᆞ로 번역ᄒᆞ여시니 져의 언문諺文이라 일ᄏᆞ더라 〈17xx 무오연행록 1,58a〉

(ㅂ) 픵관이 ᄀᆞᆯ오ᄃᆡ, "귀국은 무슨 글을 닑ᄂᆞ뇨?" 닉 ᄀᆞᆯ오ᄃᆡ, "젼혀 즁국 글을 슝샹ᄒᆞ니, 뉵경六經과 ᄉᆞ긔史記를 닑어 듕국과 다름이 업ᄂᆞ니라." 픵관이 무ᄅᆞᄃᆡ, "귀국의 별別노 만든 글ᄌᆞ 잇ᄂᆞ냐?" 닉 ᄀᆞᆯ오ᄃᆡ, "언문諺文이 잇스니 만쥬 언문과 비록 글ᄌᆞᄂᆞᆫ 다르나 ᄡᅵᄂᆞᆫ 고즌 머디 아니 ᄒᆞ니라."〈1765 을병연행록 10,24〉

(ㄷ), (ㄹ), (ㅁ)에서 '언문'은 만주 문자를 일컫는 것입니다. '만쥬 언문'과 '쳥(淸) 글ᄌᆞ'란 내용에서 그러한 사실을 알 수 있습니다. (ㅂ)에서는 '픵관'이 상대하는 사람의 나라에서는 또 다른 문자를 쓰는데 그것을 '언문'이라고 하고, 자기 나라 '언문'은 '만주 언문'과 글자가 다르다고 하고 있습니다.

(ㅅ) 니덕셩이 불너 약간 수작ᄒᆞᄃᆡ 진셔와 한어를 젼혀 통치 못ᄒᆞ고 몽고 언문을 쏘ᄒᆞ 아지 못ᄒᆞ니 몽고말을 므르며 슈화를 서로 통ᄒᆞᆯ 길이 업슬너라 니덕셩의게 그 ᄃᆡ답ᄒᆞᄂᆞᆫ 말을 므르니 제 벼슬은 졍일품이오 몽고 왕의 동실이라 〈1765 을병연행록 10,104〉

(ㅅ)에서 '언문'은 '몽고 글자'를 일컫는 말입니다. 몽고 사람을 만났으나 진서, 곧 한자와 한어(중국어)로 서로 통하지 못하고, '몽고 언문', 즉 '몽고 글자'를 몰라 이 《을병연행록》을 쓴 홍대용이 몽고 사람

과 통하지 못하였음을 기록하고 있습니다.

이러한 사실로 봐서 《표준국어대사전》이나 기타 다른 사전의 '언문'에 대한 뜻풀이인 '상말을 적는 문자라는 뜻으로, 한글을 속되게 이르던 말', "전날에 일컫던 '한글'의 낮은 말"은 아무래도 정확한 뜻풀이 같지 않습니다. '언문'이 '한글'만을 지칭하는 말이 아니기 때문입니다. 북한의 《조선말대사전》의 "늘 쓰는 입말의 글이라는 뜻으로 처음에는 우리 민족 글자인 '훈민정음'을 글말의 글자인 한자, 한문에 상대하여 이르던 말. 뒤에 한자, 한문을 떠받드는 기풍이 조장되면서 우리 글을 낮잡아 보는 이름으로 되었다"란 뜻풀이도 마찬가지입니다.

'언문'은 '중국의 한자, 한문에 대립되는 다른 나라 문자를 일컫는 것'인데, 우리나라에서는 '훈민정음'을 지칭하는 말이었던 것입니다. 언문은 한자와 한문에 대립하는 말일 뿐이지 '상말을 적는 문자'라고 할 수는 없지요. 앞에 예를 든 《세종실록》의 글에 임금이 만든 문자를 '언문'이라고 한 것은 '상말을 적는 문자'라는 뜻으로, 훈민정음을 속되게 일컫기 위해 쓴 표현은 아닐 것입니다.

다음의 기록은 북경의 한국어 통역관이 우리말을 배울 때에 말보다는 먼저 우리 글자를 익힌다는 내용입니다. 여기에서는 훈민정음, 즉 한글을 '아국언문(我國諺文)'이라 하여 다른 나라의 '언문'과 구별하고 있습니다.

> 대개 북경 통관이 아국 언문을 몬져 닉인 후의 비로소 말을 비호는디라 이런 고로 말은 비록 분명치 아니나 언문을 모르느니 업스니 대통관 셔종밍은 그듕의 말을 잘ᄒ고 언문이 닉은디라 삼국지와 남경긔를 아국 번역ᄒᆞᆫ 거슬 어더 샹히 닑는다 ᄒᆞ더라 〈1765 을병연행록 4,73〉

그러니까 '훈민정음'이란 말과 '언문'이란 말이 같은 뜻은 아닌 것 같습니다. 그래서 한글을 창제하면서 '언문'이란 이름을 붙이지 않은 것이겠지요.

'훈민정음'과 '정음'은 같은 뜻일까요

그런데《조선왕조실록》에서는 "이달에 임금께서 친히 언문 28자를 지으셨으니, (……) 이것을 훈민정음이라 일컫는다"라고 하였는데,《훈민정음》해례본 끝에 있는 '정인지'의 '해례본서(解例本序)'에서는 "우리 전하께서 정음 28자를 창제하시고 (……) 이름 하여 훈민정음이라 하였다"라고 하고 있습니다.

癸亥冬 我殿下 創制正音二十八字 略揭例義以示之 名曰 訓民正音

계해년 1443년 겨울에 우리 전하께서 정음 28자를 창제하시고 간략히 예의例義를 들어 보이시었다. 이름 하여 훈민정음이라 하였다.

'훈민정음'과 '정음'에 대해서는《훈민정음》언해본과《월인석보》권1에 나오는《석보상절》서문에 각각 다음과 같은 설명이 있습니다.

訓은 ᄀᆞᄅ칠 씨오 民은 百姓이오 音은 소리니 訓民正音은 百姓 ᄀᆞᄅ치시논 正ᄒᆞᆫ 소리라〈1446 훈민정음 언해본 1a〉

正音은 正ᄒᆞᆫ 소리니 우리 나랏 마ᄅᆞᆯ 正히 반ᄃᆞ기 올히 쓰는 그릴ᄊᆡ 일후믈 正音이라 ᄒᆞᄂ니라〈1459 월인석보 1 : 釋序5b〉

《훈민정음》 언해본의 '정인지' 서문에 보이는 '정음'과 《석보상절》에 보이는 '정음'은 모두 '훈민정음'을 말합니다. '정음'이란 용어는 《훈민정음》 해례본의 곳곳에 보이는데, 모두 '훈민정음'을 지칭하고 있습니다. 물론 '정음'이란 단어가 음악에서의 '정음'이 있고, 한자음에서도 표준음을 가리키는 '정음'도 있지만, 훈민정음과 연관된 문헌에서는 모두 훈민정음을 말하는 것입니다.

그렇다면 왜 '정음'에 '훈민'이라는 단어를 앞에 붙였을까요? 물론 《훈민정음》 서문에 보이는 "이런 젼ᄎᆞ로 어린 百빅姓셩이 니르고져 홇배 이셔도 ᄆᆞᄎᆞᆷ내 제 ᄠᅳ들 시러 펴디 몯훓 노미 하니라 내 이를 爲윙ᄒᆞ야 어엿비 너겨 새로 스믈여듧 字ᄍᆞᆼ를 ᄆᆡᇰᄀᆞ노니 사ᄅᆞᆷ마다 ᄒᆡ여 수ᄫᅵ 니겨 날로 ᄡᅮ메 便뼌安한킈 ᄒᆞ고져 훓 ᄯᆞᄅᆞ미니라"란 말에 '백성'을 가르치려 한다는 의미가 있어서 '훈민'이란 말을 붙인 것은 틀림없습니다. 그러나 여기에는 다른 뜻도 들어 있습니다.

'훈민'이라는 말에는 훈민정음 창제가 세종이 직접 한 일임을 내포하고 있습니다. 훈민정음을 세종 혼자서 창제한 것인지 신하들인 집현전 학사들과 공동으로 창제한 것인지에 대해서는 학자들마다 의견이 분분합니다.

《세종어제훈민정음(世宗御製訓民正音)》에서 '어제(御製)'의 의미는 세종이 친히 지었다는 뜻입니다. '어제(御製)', '어정(御定)', '어찬(御撰)' 등이 흔히 쓰이는데, '어정'은 임금이 명령하여 지은 것을 말하고, '어제'와 '어찬'은 임금이 친히 지은 것을 말합니다. 《누판고(樓板考)》의 범례에 "어명으로 찬한 것은 '어정'이라고 하고 친히 찬한 것은 '어찬'이라고 한다(御命撰曰御定 親撰曰御撰)"라는 기록이 있습니다. 따라서 훈민정음은 세종이 친히 지은 것이라고 할 수 있습니다. 이것은 또한 그 문자 이름인 '훈민(訓民)'에서도 알 수 있습니다. '훈민'이란 용어는 주로 임금만이 사용할 수 있기 때문입니다. 정철의 〈훈민가(訓民歌)〉와 같은 글도 있지만, 그 '훈민'은 일부 백성이지 백성 전체는 아닙니다. 백성 전체를 뜻하는 의미로 신하가 '훈민'이라는 용어를 썼다면 아마도 역적으로 몰리지 않았을까요?

또한 '훈민정음'은 '백성을 가르치는 바른 소리'라는 뜻입니다. '가르친다'는 뜻으로 널리 쓰이는 한자로 '교(敎)'와 '훈(訓)'이 있습니다. 그렇다면 왜 '교(敎)'를 쓰지 않고, '훈(訓)'을 쓴 것일까요? '교'와 '훈'의 새김은 '가르치다'이지만, 실제로 '교'와 '훈'은 그 의미에서 차이가 있습니다. '교'는 주로 남자에게, '훈'은 주로 여자에게 쓰이던 말이었습니다. 《예해주진(藝海珠塵)》 '병자분전(骿字分箋)'에 "남왈교 녀왈훈(男曰敎 女曰訓)"이란 기록이 있습니다. 즉 '훈'은 이전 시대의 의식에 따라 여자들이나 낮은 사람에게 쓰이던 것이었습니다. 그래서 여자에 대한 교훈서들은 대부분 '훈'을 사용하여 '내훈(內訓)'이나 '여훈(女訓)' 등의 단어를 썼던 것입니다. 즉 '훈'은 수준이 낮거나 신분이 낮은 아랫사람에게 쓰는 한자였습니다. 그래서 '교민정음(敎民正音)'이 아닌 '훈민정음(訓民正音)'이란 단어를 썼습니다. 결국 '정음'과 '훈민정음'은 같은 뜻입니다. 다만 '훈민정음'은 세종이 직접 창제하였음을 일컫는 것입니다.

왜 한글에 '정음'이란 이름을 붙였을까요

글자를 창제하였는데, 왜 이름은 '정음', 즉 '바른 소리'라고 했을까요? 글자 이름이니까 오히려 '정문(正文)'이나 '정자(正字)'란 명칭을 붙였어야 할 것 같은데 '정음(正音)'이라고 한 이유는 무엇일까요?

우선 '정음'의 뜻을 다시 한 번 살펴보지요. 앞서 언급한 바와 같이 《훈민정음》 언해본과 《석보상절》 서문의 '정음'에 대한 설명을 보겠습니다.

《석보상절》의 서문에서 "正音은 正한 소리니"라고 설명이 되는데, 이 표현은 《훈민정음》 언해본의 "訓은 ᄀᆞᄅ칠 씨오 民은 百姓이오 音은 소리니 訓民正音은 百姓 ᄀᆞᄅ치시논 正한 소리라"(1446 《훈민정음》 언해본, 1a)에 나오는 '正한 소리'와 같습니다. 그렇다면 '正하다'란 무슨 뜻일까요?

《훈민정음》에서 '훈'과 '민'과 '음'에 각각 '가르치다, 백성, 소리'라고 주석을 달았는데, 막상 '정(正)'에 대해서는 아무런 주석이 없습니다. 단지 한자로 '正하다'라고 하였습니다. 그러나 《석보상절》 서문에 "우리 나랏 마를 正히 반ᄃᆞ기 올히 쓰논 그릴씨"에서 '정히, 반ᄃᆞ기, 올히'가 그 뜻풀이일 텐데, 이것 역시 명쾌한 설명이 되기는 힘든 것 같습니다.

《석보상절》 서문은 언뜻 보면 소리와 글을 혼동한 것으로 보이지만 꼭 그렇게만 해석할 수는 없습니다. '정음'의 설명이 '정한 소리'이지만 그 '정한 소리'의 명칭이 '정음'이고 그것은 훈민정음을 말하는 것입니다. 그렇다면 세종이 문자와 소리를 구별하지 못했을까요? 그것은 어불성설입니다. 그 당시의 운학(韻學)에 뛰어난 지식을 가지고 있던 분이 그러한 구별조차 못한다는 것은 말이 안 되는 것이지요.

이 '정음'을 파악하기 위해서 《훈민정음》 서문을 잘 살펴보도록 하지요. 첫 문장이 "나랏 말ᄊᆞ미 中國에 달아 文字와로 서르 스ᄆᆞᆺ디 아니ᄒᆞᆯ ᄊᆡ"이고, 한문으로는 "國之語音 異乎中國 與文字 不相流通"입니다. 이에 대한 해석은 대부분이 '나랏말이 중국과 달라 한자(漢字)와 서로 통하지 아니하므로'입니다. 즉 여기에 보이는 '문자(文字)'를 '한자(漢字)'로 해석하고 있는 것입니다. '우리나라의 말'이 '한자'와 같지 않다는 것은 말과 문자를 혼동한 것이 되어서 논리적으로 해석이 가능하지 않습니다.

그렇다면 왜 세종은 '한자'를 '문자'라고 표현했을까요. 너무나 잘 알려진 바와 같이 《훈민정음》 언해본 서문의 글자 수는 108자로 불교적인 사상이 포함되어 있습니다. 한문의 글자 수는 그 반인 54자로 정확히 계산해서 쓰인 서문인데, 단순히 혼동해서 '한자'를 '문자'로 표현했다는 설명은 아무래도 말이 되지 않습니다. 그 당시에 '한자'란 단어가 쓰이지 않았으면 몰라도 말입니다. 앞서 예를 든 《석보상절》 서문에 '한자'란 단어가 등장하고 있습니다.

正音은 正ᄒᆞᆫ 소리니 우리 나랏 마를 正히 반드기 올히 쓰논 그릴씨 일후믈 正音이라 ᄒᆞᄂᆞ니라 就는 곧 因ᄒᆞ야 ᄒᆞᄃᆞᆺ ᄒᆞᆫ 쁘디니 漢字로 몬져 그를 밍ᄀᆞᆯ오 그를 곧 因ᄒᆞ야 正音으로 밍ᄀᆞᆯ씨 곧 因ᄒᆞ다 ᄒᆞ니라 加ᄂᆞᆫ 힘드려 ᄒᆞ다 ᄒᆞᄃᆞᆺ ᄒᆞᆫ 쁘디라 〈월인석보 1:釋序5b〉

'번역'이란 단어를 설명하면서 '한자'로 먼저 만들고, 그 한자를 따라 정음을 만든다는 설명에서 '한자'란 단어가 분명히 보입니다.

따라서 만약에 '문자'가 '한자'로 해석되는 것이라면, 세종은 "나랏말ᄊᆞ미 中國에 달아 文字와로 서르 ᄉᆞᄆᆞᆺ디 아니홀 씨"로 쓰지 않고 '나랏 말ᄊᆞ미 中國에 달아 漢字와로 서르 ᄉᆞᄆᆞᆺ디 아니홀 씨'로 써야 마땅했을 것입니다.

'문자'가 '한자'가 아니라면 '문자'는 무슨 뜻일까요? 국립국어원에서 편찬한 《표준국어대사전》에서 '문자'를 찾아보면 '문자 1'과 '문자 2'가 등재되어 있는데, '문자 1'은 "예전부터 전하여 내려오는, 한자로 된 숙어나 성구(成句) 또는 문장"이라고 되어 있고, '문자 2'는 "인간의 의사소통을 위한 시각적인 기호 체계. 한자 따위의 표의 문자와 로마자, 한글 따위의 표음 문자로 대별된다"로 풀이되어 있습니다. 이러한 뜻풀이는 북한의 《조선말대사전》, 한글학회의 《우리말큰사전》 등이 다 동일합니다. '문자'의 중심 의미가 무엇인지를 암시해 주고 있지요.

이전에는 '문자'란 단어를 어떻게 사용하였을까요? 우선 《조선왕조실록》에서 '문자'란 단어가 쓰인 예들을 몇 가지 검토해 보도록 하지요.

譯學之人 不解文字 只解語音者 謂之只通 〈세종실록 권49, 12년 경술 8월 갑술조〉

역학(譯學)을 하는 사람으로서 문자(文字)를 해독하지 못하고 다만 어음(語音)에만 통하는 자를 지통(只通)이라고 이른다.

'불해문자(不解文字)'의 '문자'란 단순히 글자란 뜻이 아닙니다. 문자를 해독하지 못한다는 것은 그 글 속에 들어 있는 내용을 파악하지 못함을 의미하는 것입니다. 여기에 쓰인 '문자'는 특히 '어음(語音)'과 대비되어 사용되는데, '지해어음자(只解語音者)'란 단지 말로서만 의사소통을 할 뿐 그 내용이나 의미를 파악하지 못하는 사람을 일컫습니다. 여기에 비해 '문자'는 글자만을 의미하는 것이 아니라 그 글자 속에 내포되어 있는 의미와 내용을 함께 일컬을 때 쓰는 것입니다.

최만리의 상소문에도 '문자'란 단어가 여럿 보이는데, 여기에 쓰인 '文字'도 검토해 보도록 하지요.

新羅薛聰吏讀 雖爲鄙俚 然皆借中國通行之字 施於語助 與文字元不相離 故雖至胥吏僕隷之徒 必欲習之 先讀數書 粗知文字 然後乃用吏讀 用吏讀者 須憑文字 乃能達意 故因吏讀而知文字者頗多 亦興學之一助也 若我國元不知文

字 如結繩之世 則姑借諺文 以資一時之用猶可 而執政議者 必曰與其行諺文以姑息 不若寧遲緩而習中國通行之文字 以爲久長之計也 而況吏讀行之數千年 而簿書期會等事 無有防礙者 何用改舊行無弊之文 別創鄙諺無益之字乎 若行諺文則爲吏者 專習諺文 不顧學問文字 吏員岐而爲二 苟爲吏者以諺文而宦達 則後進皆見其如此也 以爲二十七字諺文 足以立身於世 何須苦心勞思 窮性理之學哉 如此則數十年之後 知文字者必少 雖能以諺文而施於吏事 不知聖賢之文字 則不學牆面 昧於事理之是非 徒工於諺文 將何用哉〈세종실록 권103, 26년 2월 경자조〉

　　신라 설총의 이두는 비록 야비한 이언이오나, 모두 중국에서 통행하는 글자를 빌어서 어조에 사용하였기에, 문자가 원래 서로 분리된 것이 아니므로, 비록 서리나 복예의 무리에 이르기까지라도 반드시 익히려 하면, 먼저 몇 가지 글을 읽어서 대강 문자를 알게 된 연후라야 이두를 쓰게 되옵는데, 이두를 쓰는 자는 모름지기 문자에 의거하여야 능히 의사를 통하게 되기 때문에, 이두로 인하여 문자를 알게 되는 자가 자못 많사오니, 또한 학문을 흥기시키는 데에 한 도움이 되었습니다. 만약 우리나라가 원래부터 문자를 알지 못하여 결승하는 세대라면 우선 언문을 빌어서 한때의 사용에 이바지하는 것은 오히려 가할 것입니다. 그래도 바른 의논을 고집하는 자는 반드시 말하기를, "언문을 시행하여 임시방편을 하는 것보다는 차라리 더디고 느릴지라도 중국에서 통용하는 문자를 습득하여 길고 오랜 계책을 삼는 것만 같지 못하다"고 할 것입니다. 하물며 이두는 시행한 지 수천 년이나 되어 부서나 기회 등의 일에 방애됨이 없사온데, 어찌 예로부터 시행하던 폐단 없는 글을 고쳐서 따로 야비하고 상스러운 무익한 글자를 창조하시나이까. 만약에 언문을 시행하오면 관리 된 자가 오로지 언문만을 습득하고 학문하는 문자를 돌보지 않아서 이원(吏員)이 둘로 나뉘어질 것이옵니다. 진실로 관리 된 자가 언문을 배워 통달한다면, 후진(後進)이 모두 이러한 것을 보고 생각하기를, 27자의 언문으로도 족히 세상에 입신(立身)할 수 있다고 할 것이오니, 무엇 때문에 고심 노사하여 성리의 학문을 궁리하려 하겠습니까. 이렇게 되오면 수십 년 후에는 문자를 아는 자가 반드시 적어져서, 비록 언문으로써 능히 이사(吏事)를 집행한다 할지라도, 성현의 문자를 알지 못하고 배우지 않아서 담을 대하는 것처럼 사리의 옳고 그름에 어두울 것이오니, 언문에만 능숙한들 장차 무엇에 쓸 것이옵니까.

이 상소문에는 '문자'란 단어가 모두 아홉 번이나 사용되고 있습니다. 이 아홉 개의 예문에 쓰인 '문자'는 오늘날과 마찬가지로 두 가지 의미를 가지고 있습니다. 그러나 오늘날의 '글자'란 뜻으로 사용된 것보다 한자로 쓰인 문구들을 의미하는 것이 훨씬 더 많습니다.

'글자'란 뜻을 정확히 지니고 있는 경우에는 주로 '문자'보다는 '자(字)'를 쓰고, 그러한 글자로 구성되어 중요한 내용을 담고 있는 한문 문구도 '문자'라고 하고 있습니다. 따라서 앞의 최만리의 상소문에서 '문자'를 '한자'로 번역하면 그 의미가 통하지 않는 곳이 여러 군데 보입니다. 가장 대표적인 것이 '성현지문자(聖賢之文字)'입니다. '부지성현지문자(不知聖賢之文字)'를 '성현의 한자를 알지 못하고'로 번역하면 이해하기 어렵습니다. '성현지문자(聖賢之文字)'는 성현들의 글을 담은 '한문 문구'를 의미하는 것입니다.

옛 문헌의 이름에도 '문자'가 흔히 사용되기도 합니다. 고문헌인 《문자유집(文字類輯)》,《문자유취(文字類聚)》,《시학문자유취(詩學文字類聚)》 등에 나타나는 '문자'는 '글자'란 뜻이 아니라 '한자로 된 성구' 등을 말하는 것입니다.

앞서 살펴본 바와 같이 '문자'는 원래 두 가지 뜻을 가지고 쓰였습니다. 전술한 바와 같이 하나는 '글자'란 뜻이고, 또 하나는 '예전부터 전하여 내려오는, 한자로 된 숙어나 성구(成句) 또는 문장'이란 뜻입니다. 후자의 뜻을 가지고 있는 '문자'는 오늘날에도 '문자 쓴다'라거나 '문자 속 기특하다' 등으로 사용되고 있지요.

《훈민정음》 서문에 등장하는 '문자'는 바로 '한자로 된 숙어나 성구 또는 문장'의 의미입니다. 이러한 의미로 《훈민정음》 서문을 해석하면 다음과 같은 뜻이 될 것입니다.

> 우리나라 말이 중국과 달라서, 우리나라 말이 한문구를 써서 말하는 것과 서로 통하지 않기 때문에, 이런 까닭으로 한문구를 써서 말할 줄 모르는 어리석은 백성이 말하고자 할 바가 있어도 능히 말할 수가 없다.

이것이 의미하는 바는 무엇일까요? 이를 설명하기 위해서는 훈민정음 창제 당시의 언어생활을 추정할 필요가 있습니다. 당시에는 우리말을 표기하는 문자가 없어서 말은 우리말을 하였으되, 문자로 표기할 경우에는 한자로 표기한 한문을 썼습니다. 그래서 한문구를 이용하여 말하는 언어생활도 동시에 이루어지게 되었던 것입니다. 곧 '문자'를 써서 말하기도 하였습니다. 쓰기 생활은 한자를 이용하여 한문으로 썼으나 말하기에는 두 가지 방식이 있었던 것입니다. 그 예를 《훈민정음》 서문을 들어 설명해 보기로 하지요.

'나랏 말ᄊᆞ미 중국에 달아'를 쓸 때에는 '國之語音 異乎中國'이었습니다. 그러나 이 내용을 말로써 표현할 때에는 두 가지 방법이 있습니다. 하나는 "나랏 말ᄊᆞ미 듕귁에 달아"처럼 말하는 것이고, 또 하나는 '國之語音이 異乎中國ᄒᆞ야'로 말하는 것입니다. 일반 백성들은 '나랏말쏘미 중국에 달아'로 말하는데, 지식층은 '國之語音이 異乎中國ᄒᆞ야'로 말하는 것입니다. '나랏 말ᄊᆞ미 중국에 달아'가 '정음'이고, '國之語音이 異乎中國ᄒᆞ야'가 '문자'인 것입니다. 따라서 '國之語音이 異乎中國ᄒᆞ야'는 우리나라 말로 보면 바른 소리가 아니고, "나랏 말ᄊᆞ미 듕귁에 달아"가 바른 소리인 것입니다.

그래서 '國之語音이 異乎中國ᄒᆞ야'로 말하지 않고, "나랏 말ᄊᆞ미 듕귁에 달아"로 쓰도록 하여야 하는데, 그것을 표기하는 문자가 없어서 글을 읽을 때 "나랏 말ᄊᆞ미 듕귁에 달아"로 말하지 못하는 것입니다. 그래서 그 바른 소리를 '정음'이라 하였고, 그것을 표기하는 문자 역시 '정문(正文)'이나 '정자(正字)'가 아닌 '정음(正音)', 특히 임금이 지은 정음이라는 뜻으로 '훈민정음'이라고 한 것입니다.

그래서 《훈민정음》 언해본은 '문자'와 '정음'으로 구별되어 있습니다. 이러한 《훈민정음》 언해본은 다른 언해본들과 다른 체재로 이루어져 있습니다(《훈민정음》 언해본은 《석보상절》서나 《월인석보》서와 언해 방식이 완전히 동일하지는 않지만 체재를 같이합니다).

다음 《훈민정음》 언해본의 서문을 보시지요. 첫째 줄에 '책의 제목'이 있습니다. "世宗御製訓民正音"이 있고, 각 한자 오른쪽 아래에 방점도 표기된 한자음 표기가 있습니다.

世·솅宗종御·엉製졩訓·훈民민正·졍音흠

둘째 줄부터 셋째 줄까지 협주가 있습니다(언해문의 방점과 한자음은 생략).

製는 글 지슬 씨니 御製는 님금 지스샨 그리라 訓은 ᄀᆞᄅᆞ칠 씨오 民은

百姓이오 音은 소리니 訓民正音은 百姓 ᄀᆞᆯ치시논 正ᄒᆞᆫ 소리라

넷째 줄에는 위에 한문과 한글 구결이 달린 대문(大文)이 있고, 그 밑에 협주가 있습니다.

國·귁之징語:엉音흠이
國은 나라히라 之는 입겨지라 語는 말ᄊᆞ미라

다섯째 줄에는 언해문이 있는데, 위의 한 칸을 비워 두고 썼습니다.

나랏 말ᄊᆞ미

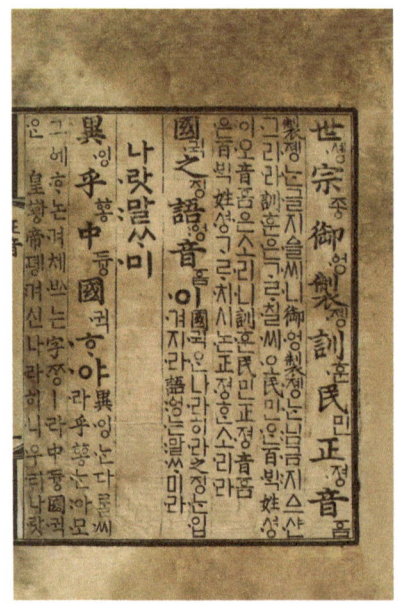

그림 1 《훈민정음》 언해본

이러한 방식은 반복되고 있습니다. 즉 "異乎中國ᄒᆞ야"의 대문(大文)이 있고, 여기에 대한 협주 형식의 주석이 나오고 이의 언해문인 '中國에 달아'가 나옵니다.

다른 언해본에서 이 《훈민정음》 언해본을 싣는다면 '國之語音이 異乎中國ᄒᆞ야 與文字로 不相流通ᄒᆞᆯ씨 (……) 欲使人人으로 易習ᄒᆞ야 便於日用이니라'를 다 싣고, 이어서 언해문으로 '나랏 말ᄊᆞ미 中國에 달아 文字와로 서르 ᄉᆞᄆᆞᆺ디 아니ᄒᆞᆯ 씨 (……) 사ᄅᆞᆷ마다 ᄒᆡ여 수비 니겨 날로 ᄡᅮ메 便安킈 ᄒᆞ고져 홇 ᄯᆞᄅᆞ미니라'를 다 실었을 것입니다. 그러나 《훈민정음》 언해본에서는 이들을 다음 표와 같이 서문을 모두 여덟 개로 분

리하였습니다.

한문 대문(漢文 大文)-문자(文字)	언해문 대문(諺解文 大文)-정음(正音)
國귁之징語엉音흠이	나랏 말ᄊᆞ미
異잉乎ᅘᅩᆼ中듕國귁ᄒᆞ야	中듕國귁에 달아
與영文문字ᄍᆞᆼ로 不붏相샹流륳通통ᄒᆞᆯᄊᆡ	文문字ᄍᆞᆼ와로 서르 ᄉᆞᄆᆞᆺ디 아니ᄒᆞᆯᄊᆡ
故공로 愚웅民민이 有울所송欲욕言언ᄒᆞ야도	이런 젼ᄎᆞ로 어린 百ᄇᆡᆨ姓셩이 니르고져 홇배 이셔도
而ᅀᅵᆼ終즁不붏得득伸신其끵情쩡者쟝ㅣ 多당矣읭라	ᄆᆞᄎᆞᆷ내 제 ᄠᅳ들 시러 펴디 몯홇 노미 하니라
予영ㅣ 爲윙此ᄎᆞᆼ憫민然연ᄒᆞ야	내 이를 爲윙ᄒᆞ야 어엿비 너겨
新신制졩二ᅀᅵᆼ十씹八밣字ᄍᆞᆼ ᄒᆞ노니	새로 스믈여듧 字ᄍᆞᆼ를 ᄆᆡᇰᄀᆞ노니
欲욕使ᄉᆞᆼ人ᅀᅵᆫ人ᅀᅵᆫ ᄋᆞ로 易잉習씹ᄒᆞ야 便뼌於헝日ᅀᅵᇙ用용耳ᅀᅵᆼ니라	사ᄅᆞᆷ마다 ᄒᆡ여 수ᄫᅵ 니겨 날로 ᄡᅮ메 便뼌安ᅙᅡᆫ킈 ᄒᆞ고져 홇 ᄯᆞᄅᆞ미니라

이 본문의 대문을 분절한 것은 어떠한 기준에 의한 것일까요? 구두점(句讀點)에 따라 분절한 것으로 보이지만, 실제로 검토하여 보면 그렇지 않음을 알 수 있습니다. 《월인석보》서에서는 구두점, 특히 구점이 놓이는 자리에서만 본문을 분절하였지만, 《훈민정음》 언해본에서는 구두점에 따라 분절하고 있지 않습니다. 예컨대 '國之語音 異乎中國'은 독점(讀點)이 놓인 곳이지만, 이것은 '國之語音'과 '異乎中國'으로 분절하고 있습니다.

다른 언해본들의 구성 양식은 이와는 다릅니다. 한문 대문을 모두 앞에 싣고, 그 뒤에 언해문을 싣는 것이 일반적인 책의 체재입니다. 청주고인쇄박물관 소장의 《능엄경언해》 활자본의 사진을 보여 드립니다.

앞에 "三者ᄂᆞᆫ 是人이"로부터 시작하여 "計以爲常홀시라"로 끝나는 한문구가 있고, "세혼"으로 시작하여 "常 사믈씨라"로 끝나는 언해문이 있습니다. 이렇게 한문을 단락으로 나누어 구분한 후에 이에 관한 언해문을 싣고 있는 것입니다. 《훈민정음》 언해문과는 전혀 다릅니다.

이와 같은 《능엄경언해》의 양식을 따라 《훈민정음》 언해본을 다시 구성한다면 다음과 같이 될 것입니다. 즉 본문을 다 싣고 다음에 언해문을 다 싣는 방식이 될 것입니다.

그림 3은 《훈민정음》 언해본을 재구성하여 만든 것입니다. 원래 《훈민정음》 언해본은 7행으로 되어 있지만 편의상 행수를 무시하고 만들었으니 이해하여 주시기 바랍니다. 단지 그 양식을 보기 위한 것이니까요. 앞부분이 한문에 한글 구결이 달린 원문이고 뒷부분이 그 언해문입니다. 다른 언해본에서는 본문을 이렇게 다 싣고, 그 뒤에 언해문을 실어야 할 것입니다. 그러나 훈민정음을 설명한 《훈민정음》 언해본에서는 훈민정음을 바르게 설명하기 위해서 전혀 다른 체재를 택한 것입니다. 그렇다면 이러한 체재를 어떻게 해석해야 할까요? 다음 그림을 보시면 그것을 이해하실 것입니다.

즉 "國之語音이"가 문자이고, 이 '문자'를 '정음'으로 말한 것이 "나랏 말쏘미"인 것입니다. 세종이 한글을 창제하면서 그 이름을 '훈민정음'이라 하였는데, 여기에 몇 가지 의문을 던질 수 있었습니다. '훈민정음'과 '언문'과 '정음'의 관계, '정음'의 앞에 '훈민'이라는 이름을 붙인 이유, 글자 이름인데 소리라는 뜻의 '정음'을 붙인 이유입니다. 이

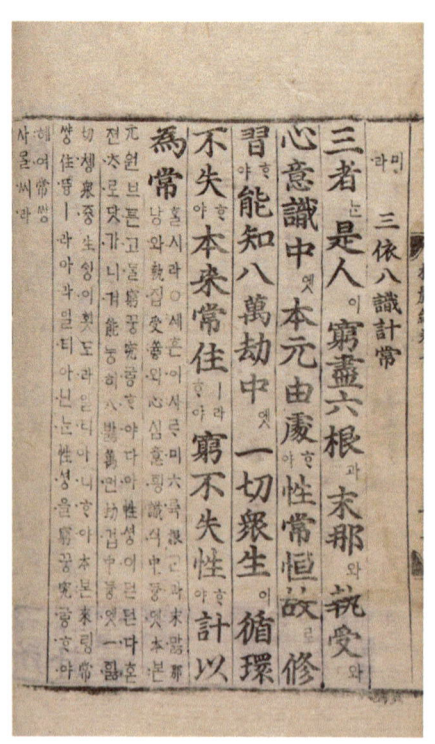

그림 2 《능엄경언해》

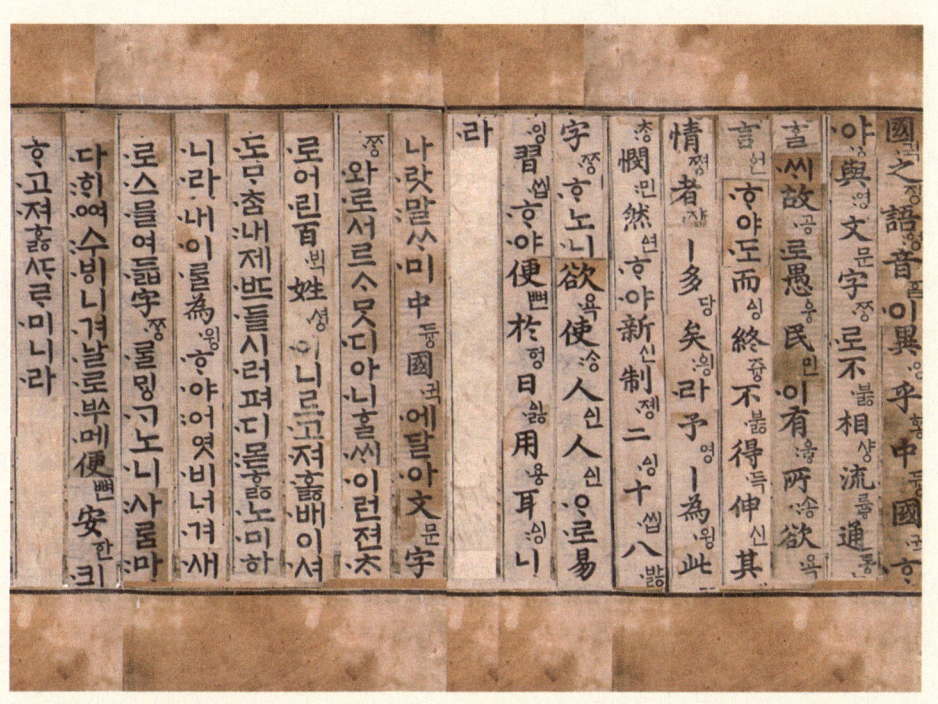

그림 3 《훈민정음》 언해본 재구성

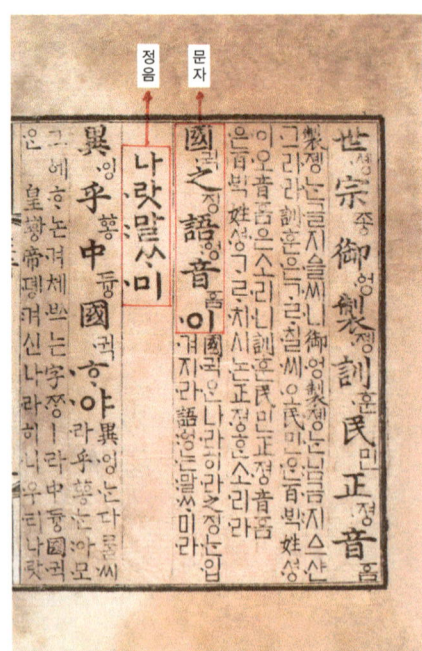

그림 4 문자와 정음

제는 어느 정도 그러한 의문이 풀렸으리라 생각합니다.

그래서 매년 한글날 기념식장에서 《훈민정음》 서문을 '나라의 말이 중국과 달라 한자와 통하지 아니하므로'로 해석하여 읽음으로써 세종대왕이 소리와 문자를 혼동해서 사용하였다고 대놓고 이야기하는 격이 되어서는 안 될 것입니다. 한편에서는 세종대왕을 위대한 성왕이며 영특한 임금이라고 하면서, 한편으로는 소리와 문자도 구별하지 못하는 임금으로 해석해 버리거나, 당시에는 원래 소리와 글자를 잘 구별하지 못했다고 하는 어리석은 말을 되풀이해서는 안 될 것이라고 생각합니다.

2 한글 자모 배열 순서 어떻게 변해 왔을까요?

한글의 자음, 모음 배열 순서

한글 자모의 배열 순서를 물어보면 쉽게 답할 것입니다. 국어 교육을 받은 사람이라면 모두 암기하고 있으니까요. 자음 글자는 'ㄱ, ㄴ, ㄷ, ㄹ, ㅁ, ㅂ, ㅅ, ㅇ, ㅈ, ㅊ, ㅋ, ㅌ, ㅍ, ㅎ'이고, 모음 글자는 'ㅏ, ㅑ, ㅓ, ㅕ, ㅗ, ㅛ, ㅜ, ㅠ, ㅡ, ㅣ'이지요. 'ㄲ, ㄸ, ㅃ' 등이나 'ㅐ, ㅔ, ㅖ' 등의 겹글자들은 빼고 자음 글자 14자와 모음 글자 10자, 모두 24자로만 답할 것입니다. 이러한 자모의 배열 순서는 한글 맞춤법 제2장 제4항에 다음과 같이 명시되어 있습니다.

제4항 한글 자모의 수는 스물넉 자로 하고, 그 순서와 이름은 다음과 같이 정한다.

ㄱ(기역) ㄴ(니은) ㄷ(디귿) ㄹ(리을) ㅁ(미음) ㅂ(비읍) ㅅ(시옷)
ㅇ(이응) ㅈ(지읒) ㅊ(치읓) ㅋ(키읔) ㅌ(티읕) ㅍ(피읖) ㅎ(히읗)
ㅏ(아) ㅑ(야) ㅓ(어) ㅕ(여) ㅗ(오) ㅛ(요) ㅜ(우) ㅠ(유) ㅡ(으) ㅣ(이)

물론 24자 이외의 'ㄲ(쌍기역), ㄸ(쌍디귿), ㅃ(쌍비읍), ㅆ(쌍시옷), ㅉ(쌍지읒), ㅐ(애), ㅒ(얘), ㅔ(에), ㅖ(예), ㅘ(와), ㅙ(왜), ㅚ(외), ㅝ(워), ㅞ(웨), ㅟ(위), ㅢ(의)'의 자모들의 이름과 배열 순서는 '붙임 1'에 제시하고, 사전에 올릴 때의 자모 배열 순서는 '붙임 2'에서 제시하고 있습니다. 사전에 올릴 때의 순서는 위의 배열 순서와는 다르게 다음과 같이 되어 있습니다.

자음 ㄱㄲㄴㄷㄸㄹㅁㅂㅃㅅㅆㅇㅈㅉㅊㅋㅌㅍㅎ 19자
모음 ㅏㅐㅑㅒㅓㅔㅕㅖㅗㅘㅙㅚㅛㅜㅝㅞㅟㅠㅡㅢㅣ 21자

그러나 기본 자모에 겹글자들을 끼워 넣은 것이라서 24자의 배열 순서와 40자의 배열 순서가 본질적으로 차이 나는 것은 아니라고 할 수 있습니다. 그래서 한글 자모를 일컬을 때에는 으레 자음 글자 14자와 모음 글자 10자만을 말합니다. 그러나 이것이 사전 올림말의 배열 순서의 전부는 아니지요. 'ㅅ, ㅺ, ㅽ, ㅳ, ㅾ, ㅼ, ㅶ, ㅽ, ㆍ, ㅓ' 등등의 옛한글이 빠져 있으니까요. 위에 보인 것들은 현대에 쓰이는 자모만을 대상으로 한 것입니다.

훈민정음 창제 당시의 자모 배열

그렇다면 이러한 자모의 배열 순서가 훈민정음을 창제할 때부터 이랬을까요? 아닙니다. 훈민정음을 창제할 때에는 오늘날의 배열 순서와는 전혀 달랐습니다. 당시에는 자모의 배열 순서를 별도로 정해 놓은 것 같지는 않습니다. 단지 자모를 순서대로 설명하였습니다. 우리는 그것을 마치 훈민정음을 창제할 때의 자모 배열 순서로 알고 있지만, 자모 배열 순서라기보다는 자모 설명 순서라고 하는 편이 나을 것입니다. 그러나 그 배열에는 일정한 법칙이 적용되었습니다.

문자인 훈민정음을 설명한 책인 《훈민정음》 해례본(1446)은 '예의(例義)'와 '해례(解例)'로 구성되어 있고, '해례'는 다시 '제자해(制字解)', '초성해(初聲解)', '중성해(中聲解)', '종성해(終聲解)', '합자해(合字解)', '용자해(用字例)'로 구성되어 있습니다. 각 부분의 설명은 그 설명을 위해 자모를 배열하였기 때문에 배열 순서가 각각 다릅니다. 이 글에서는 편의상 '예의' 부분만 보도록 하겠습니다.

'예의' 부분에서 자모를 설명하기 위해 배열한 순서는 다음과 같습니다.

초성 ㄱ(ㄲ) ㅋ ㆁ ㄷ(ㄸ) ㅌ ㄴ ㅂ(ㅃ) ㅍ ㅁ ㅈ(ㅉ) ㅊ ㅅ(ㅆ) ㆆ ㅎ (ㆅ) ㅇ ㄹ ㅿ 17자 + (6자) = 23자

중성 ㆍ ㅡ ㅣ ㅗ ㅏ ㅜ ㅓ ㅛ ㅑ ㅠ ㅕ 11자

( ) 안의 자모는 설명은 있지만 자형은 제시되지 않은 것입니다. 이것을 그림으로 보도록 합니다. 원래는 각 부분들이 책의 면이 달라 여러 면으로 되어 있지만, 한눈에 보이도록 하기 위해 하나의 그림으로 합성했으니, 이 점을 고려하면서 보시기 바랍니다.(그림 1, 2)

훈민정음의 초성은 아음(牙音), 설음(舌音), 순음(脣音), 치음(齒音), 후음(喉音)의 다섯 음으로 분류하고, 각 음의 대표 글자는 발음기관을 상형하여 'ㄱ(아음), ㄴ(설음), ㅁ(순음), ㅅ(치음), ㅇ(후음)'의 다섯 개 기본자를 만들었다는 사실은 이미 잘 알고 계실 것입니다. 이 '아·설·순·치·후'음이란 그 음이 발음되는 조음 위치에 따라 붙인 이름입니다. 그리고 나머지 글자들은 주로 이 기본 글자에 가획을 해서 만들었지요.

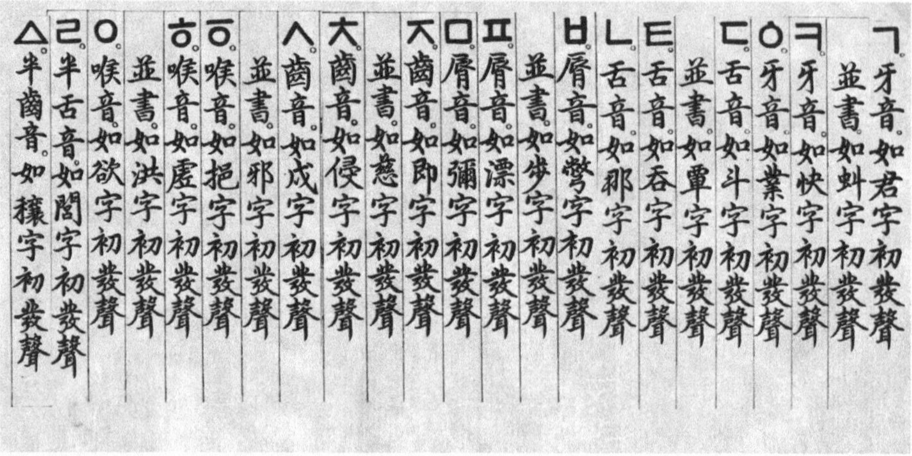

ㄱ 牙音如君字初發聲
並書如虯字初發聲
ㅋ 牙音如快字初發聲
ㆁ 牙音如業字初發聲
ㄷ 舌音如斗字初發聲
並書如覃字初發聲
ㅌ 舌音如呑字初發聲
ㄴ 舌音如那字初發聲
ㅂ 脣音如彆字初發聲
並書如步字初發聲
ㅍ 脣音如漂字初發聲
ㅁ 脣音如彌字初發聲
ㅈ 齒音如即字初發聲
並書如慈字初發聲
ㅊ 齒音如侵字初發聲
ㅅ 齒音如戌字初發聲
並書如邪字初發聲
ㆆ 喉音如挹字初發聲
ㅎ 喉音如虛字初發聲
並書如洪字初發聲
ㅇ 喉音如欲字初發聲
ㄹ 半舌音如閭字初發聲
ㅿ 半齒音如穰字初發聲

그림 1 《훈민정음》 해례본의 자음 글자

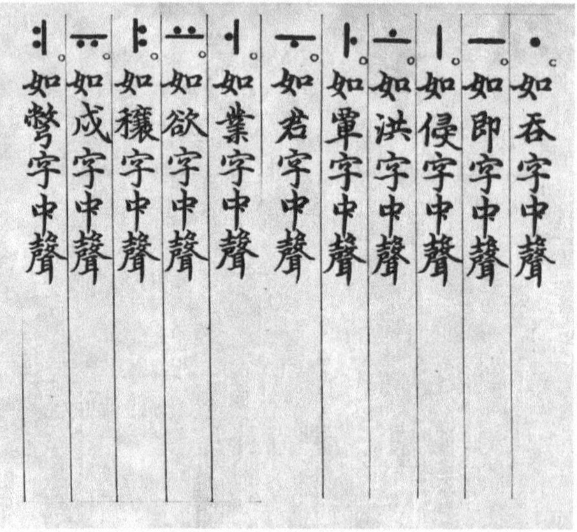

ㆍ 如呑字中聲
ㅡ 如即字中聲
ㅣ 如侵字中聲
ㅗ 如洪字中聲
ㅏ 如覃字中聲
ㅜ 如君字中聲
ㅓ 如業字中聲
ㅛ 如欲字中聲
ㅑ 如穰字中聲
ㅠ 如戌字中聲
ㅕ 如彆字中聲

그림 2 《훈민정음》 해례본의 모음 글자

그런데 음성은 어디에서 발음되는가에 따라 분류되기도 하지만 어떻게 발음되는가에 따라서 전청(全淸), 차청(次淸), 전탁(全濁), 불청불탁(不淸不濁)으로 분류됩니다.

그래서 처음에는 초성을 나타내는 글자인 자음을 '아·설·순·치·후'의 조음 위치에 따라 구분하여 분류 또는 나열하고, 각 음들은 다시 '전청, 전탁, 차청, 불청불탁'으로 구분하여 나열하였습니다. 그 결과가 곧 'ㄱ, ㅋ, ㆁ'(아음), 'ㄷ, ㅌ, ㄴ'(설음), 'ㅂ, ㅍ, ㅁ'(순음), 'ㅈ, ㅊ, ㅅ'(치음), 'ㆆ, ㅎ'(후음), 'ㄹ'(반설음), 'ㅿ'(반치음)의 순서입니다. 'ㄱ, ㅋ, ㆁ' 등은 각각 '전청, 차청, 불청불탁'의 순으로 배열되었습니다. 그리고 전탁자는 병서(竝書)로 설명하였지만, 'ㄲ, ㄸ, ㅃ, ㅉ, ㅆ, ㆅ'은 자형으로 보이지 않았습니다.

중성자인 모음 글자는 천(天)·지(地)·인(人), 삼재(三才)를 상형하여 'ㆍ, ㅡ, ㅣ'의 세 기본 글자를 만들었다는 사실은 이미 잘 알고 있을 것입니다. 이 기본자를 배합하여 'ㅗ, ㅏ, ㅜ, ㅓ'의 초출자(初出字)와 'ㅛ, ㅑ, ㅠ, ㅕ'의 재출자(再出字)를 마련하였습니다.

모음 11자는 기본자를 근간으로 음양의 대립으로 배합하여 전개시킨 것으로 모음의 기본 요소로서 체계화한 것입니다. 결국 중성은 처음에 천지인 삼재의 기본자인 'ㆍ, ㅡ, ㅣ'를 앞에 배열하고, 그 뒤에 초출자인 'ㅗ, ㅏ, ㅜ, ㅓ'를, 그리고 재출자인 'ㅛ, ㅑ, ㅠ, ㅕ'를 배열하는 방식을 택한 것입니다.

《훈민정음》 언해본도 《훈민정음》 해례본과 큰 차이를 보이지 않습니다. 해례본의 '예의'와 다른 점은 끝에 중국음 표기에 몇 개의 규칙을 덧붙인 것입니다. 그것은 한음(漢音)의 치음(齒音)은 치두음(齒頭音)과 정치음(正齒音)의 구별을 표기하기 위하여 각각 'ᅎ, ᅔ, ᅏ, ᄼ, ᄽ'과 'ᅐ, ᅕ, ᅑ, ᄾ, ᄿ'을 만들었습니다. 중성자는 해례본과 차이가 없습니다.

그러나 이 배열 순서는 오늘날의 배열 순서와는 너무 다르다는 사실을 알 수 있습니다. 그렇다면 오늘날과 비슷한 자모의 배열 순서는 언제부터 생겨났을까요? 이것도 이미 거듭되는 교육을 통해 누구나 최세진이 편찬한《훈몽자회》의 범례를 지적할 것입니다.

《훈민정음》에서 설명한 자모의 배열 순서는 최세진이 편찬한《훈몽자회》(1527)의 범례에서 커다란 변화를 겪습니다. 다음에《훈몽자회》의 범례에 나오는 자모의 배열 순서를 보이도록 합니다.

초성　ㄱㄴㄷㄹㅁㅂㅅㅇㅋㅌㅍㅈㅊ△ㆁㅎ 16자
중성　ㅏㅑㅓㅕㅗㅛㅜㅠㅡㅣ・ 11자

이들을 설명한《훈몽자회》의 범례를 그림으로 보면 다음과 같습니다. 이《훈몽자회》의 자모 배열 순서는 오늘날의 자모 배열 순서의 시초가 되는 것이어서 매우 중요한 의미를 갖습니다. 그러나 이 배열 순서의 특징은 초성과 종성에 통용되었던 8자를 먼저 배열하고, 나머지 초성에만 사용되었던 8자를 배열하였다는 데에 있습니다.

훈민정음을 창제하면서 두 가지의 표기 원칙이 있었습니다. 하나는 '종성부용초성(終聲復用初聲)', 즉 '종성 글자는 초성 글자를 다시 쓴다'는 원칙이고, 또 하나는 '초성독용팔자(初聲獨用八字)', 즉 '초성 글자는 여덟 글자만 쓴다'는 원칙입니다. 초기의 문헌인《월인천강지곡》이나《용비어천가》에

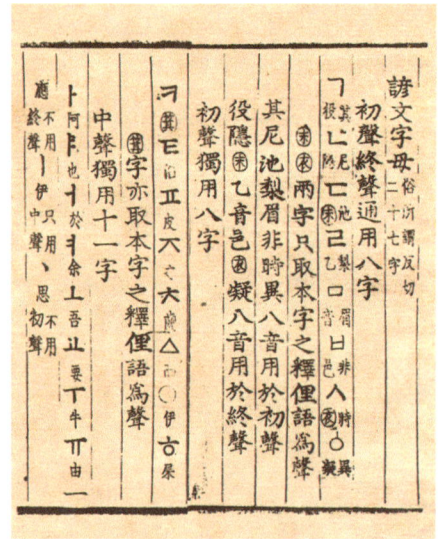

그림 3 《훈몽자회》 범례

서는 앞의 원칙이 적용되어, '곳[花], 낮[晝], ᄒᆞᆫ 낱[一個], 빛나시니이다, 좇ᄌᆞᄫᆞ니' 등처럼 표기하였고, 나머지 문헌들은 모두 뒤의 원칙에 따라 표기되어 위의 예들은 각각 '곳, 낫, ᄒᆞᆫ 낟, 빗나시니이다, 좃ᄌᆞᄫᆞ니' 등으로 쓰였습니다.

그 결과 'ㄱ, ㄴ, ㄷ, ㄹ, ㅁ, ㅂ, ㅅ, ㆁ'은 초성과 종성에 모두 쓰이는 글자이지만, 나머지 소리인 'ㅋ, ㅌ, ㅍ, ㅈ, ㅊ, ㅿ, ㅇ, ㅎ'은 초성에만 쓰이는 글자가 된 것입니다.

이《훈몽자회》에서는 '초성종성통용팔자(初聲終聲通用八字, 초성과 종성에 두루 쓰이는 여덟 글자)'인 'ㄱ, ㄴ, ㄷ, ㄹ, ㅁ, ㅂ, ㅅ, ㆁ'과 '초성독용팔자(初聲獨用八字, 초성으로만 쓰이는 여덟 글자)'인 'ㅋ, ㅌ, ㅍ, ㅈ, ㅊ, ㅿ, ㅇ, ㅎ'으로 구분하여 나열하고, 이 두 가지를 각각 '아·설·순·치·후'음으로 구분하여 그 순서대로 나열한 것입니다. 이것을 표로 만들어 보이면 다음과 같습니다.

초성과 종성에 두루 쓰였던 글자					초성에만 쓰였던 글자					
ㄱ	ㄴㄷㄹ	ㅁㅂ	ㅅ	ㆁ	ㅋ	ㅌ	ㅍ	ㅈㅊ	ㅿ	ㅇㅎ
아음	설음	순음	치음	후음	아음	설음	순음	치음		후음
								치음	반치음	
	획순	획순						획순		획순

모음은《훈민정음》에서는 전혀 볼 수 없는 배열 순서를 택하였는데, 이것은 기본자를 맨 뒤로 보내고 그 기본자에 'ㅣ'와 'ㅡ'를 중심으로 하여 우→좌→상→하로 'ㆍ'를 가획한 방법으로 배열한 것입니다.

그리고 'ㅣ, ㅡ'에 'ㆍ'를 하나 가획한 것에서 둘을 가획한 방법으로 배열하였습니다. 그러나 이 배열 순서는 최세진의 독창적인 안은 아닌 것으로 생각됩니다. 그 이전에도 그러한 배열 순서의 단초가 보입니다. 이 중성의 배열은 개구도(開口度), 즉 입을 벌리는 각도에 따른 배열로 보이기 때문입니다. 이 배열은 이미《사성통해(四聲通解)》에 소개되어 있는《사성통고(四聲通攷)》범례에 보이고 있습니다.

如中聲 ㅏㅑㅓㅕ張口之字 則初聲所發之口不變 ㅗㅛㅜㅠ縮口之字 則初聲所發之舌不變

중성 가운데 ㅏㅕㅓㅕ 와 같은 장구음(입술을 옆으로 벌리고 내는 음)을 나타내는 글자는, 초성을 발음한 때의 입이 변하지 않고, ㅗㅛㅜㅠ 등 축구음(입술을 오므리고 내는 음)을 나타내는 글자는 초성을 발음한 때의 혀가 변하지 않는다.

즉 'ㅏ, ㅑ, ㅓ, ㅕ'의 4자는 장구(입을 펴는)의 글자이며 'ㅗ, ㅛ, ㅜ, ㅠ'의 4자는 축구(입을 오므리는)의 글자인 것입니다. 그리고 뒤에 기본 글자인 'ㅡ, ㅣ, ㆍ'를 배열한 것입니다. 여기서 '천지인'을 따라 'ㆍ, ㅡ, ㅣ'를 배열하지 않고 'ㅡ, ㅣ, ㆍ'를 배열한 것은 개구도에 의한 것입니다.

이 모음 글자의 배열을 보면 다음과 같습니다.

ㅏㅑㅓㅕ 개모음 / ㅗㅛㅜㅠ 폐모음 / ㅡ ㅣ ㆍ 기본음

이에 따라 배열된 모음 글자의 배열은 오늘날의 모음 글자 배열 순

서와 같습니다. 단지 오늘날에는 'ㆍ'만 없을 뿐입니다. 따라서 현대 한글 맞춤법에 나타나는 모음의 배열 순서도 주로 개구도에 따라 배열한 것으로 해석할 수 있습니다.

그 이후에 훈민정음을 연구한 운서에서도 자모를 배열하였는데, 중요한 몇 문헌만 소개하도록 하겠습니다.

《화동정음통석운고(華東正音通釋韻考)》(1747)

박성원(朴性源)의 《화동정음통석운고》에서는 특히 초성의 배열만을 보이고 있는데 그것은 다음과 같습니다.

五音初聲(五音合二變, 爲七音)

角[牙音] ㄱ ㅋ ㆁ
徵[舌音] ㄷ ㅌ ㄴ   變徵[半舌音] ㄹ [洪武正韻 作半徵羽商]
商[齒音] ㅈ ㅊ ㅅ
羽[脣音] ㅂ ㅍ ㅁ ㅿ
宮[喉音] ㅇ ㅎ   變宮[半喉音] ㅿ [洪武正韻 作半徵羽徵]

이 문헌을 그림으로 보이면 그림 4와 같습니다.

이 '오음초성'은 실제로는 중국음을 표기하기 위한 체계로 만든 것이지만, 그 배열 순서는 우리말과 연관이 있습니다. 배열 순서는 다음과 같습니다.

ㄱ, ㅋ, ㆁ, ㄷ, ㅌ, ㄴ, ㄹ, ㅈ, ㅊ, ㅅ, ㅂ, ㅍ, ㅁ, ㅿ, ㅇ, ㅎ, ㅿ

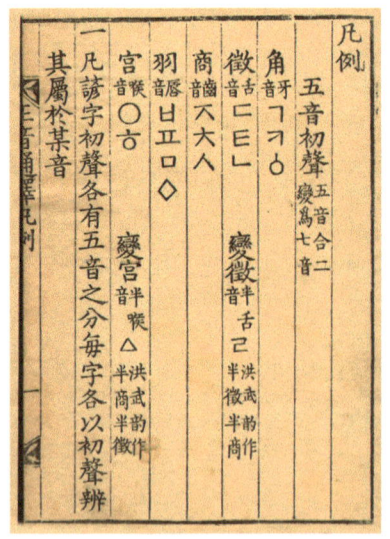

그림 4 《화동정음통석운고》

이 문헌도 역시 '아·설·순·치·후'음의 5음을 중심으로 하였지만, 그 순서가 '아, 설, 순, 치, 후' 음이 아니라 '아음, 설음, 치음, 순음, 후음'이 되어서 순음과 치음의 순서가 바뀌었다고 할 수 있습니다.

특히 여기에서는 'ㅱ'을 'ㆁ'형으로 고친 것이 그 특색이지만, 그 순서를 'ㄱㅋㆁ/ㄷㅌㄴㄹ/ㅈㅊㅅ/ㅂㅍㅁㅱ/ㅇㅎㅿ'의 17자로 하여 '아·설·순·치·후'의 순서를 '아·설·치·순·후'의 순서로 바꾸어 놓았습니다. 그리고 각 음도 평음, 유기음, 유성음의 순으로 배열하였습니다.

이 배열은 《훈몽자회》와는 전혀 다르고, 《훈민정음》해례본의 배열과는 순음과 치음의 순서를 바꾼 것과 같게 된 셈입니다. 이미 18세기 중기에는 'ㅿ'과 'ㆁ, ㅇ'의 구별이 사라진 시대임에도 불구하고 이들 자모들이 들어 있었던 것은 중국음을 표기하기 위해서였다고 할 수 있습니다.

《삼운성휘(三韻聲彙)》(1751)

《삼운성휘》는 홍계희(洪啓禧)가 1751년(영조 27)에 《삼운통고》와 《사성통해》, 《홍무정운》 등을 참고로 하여 편찬한 운서입니다. 우리나라의 현실 한자음을 위주로 하고 자모순도 한글 자모순으로 하여 우리나라 사람들이 이용하기에 편하게 만든 운서입니다. 이 문헌에 보이는 한글 자모의 배열 순서는 오늘날 채택하고 있는 자모 배열 순서와 'ㅋ'과 'ㅌ'의 순서에만 차이가 있을 뿐 다른 것은 동일하게 만든 단초를 연 셈입니다. 그 순서를 보이면 다음과 같습니다.

初終聲通用(八字): ㄱ ㄴ ㄷ ㄹ ㅁ ㅂ ㅅ ㅇ
初聲獨用(六字): ㅈ ㅊ ㅌ ㅋ ㅍ ㅎ
中聲(十 字): ㅏ ㅑ ㅓ ㅕ ㅗ ㅛ ㅜ ㅠ ㅡ ㅣ
合中聲(三字): ㅘ ㅝ
重中聲(一字): ㅣ

이 문헌을 그림으로 보면 다음과 같습니다.

자음 글자는 모두 14자를 배열하였습니다. 훈민정음 창제 당시에 있었던 17자 중에서 이 당시에 이미 쓰이지 않는 'ㆆ, ㅿ, ㆁ'의 세 글자를 빼고 배열하여, 현실음을 가장 잘 반영한 것입니다. 자음은 '언자초중종성지도(諺字初中終聲之圖)', 즉 '한글 초중종성의 그림'이라 하여 놓고 앞에 '초종성통용팔자(初終聲通用八字)', 즉 '초성과 종성에 두루 쓰이는 여덟 글자'로 'ㄱ, ㄴ, ㄷ, ㄹ, ㅁ, ㅂ, ㅅ, ㅇ'를 순서대로 나열하고, 이어서 '초성독용육자(初聲獨用六字)', 즉 초성에서만 쓰이는 여섯 글자로 'ㅈ, ㅊ, ㅌ, ㅋ, ㅍ, ㅎ'을 나열하였습니다. 그리고 'ㄱ, ㄴ, ㄷ, ㄹ, ㅁ, ㅂ, ㅅ, ㅇ'은 여전히 '아음(ㄱ), 설음(ㄴ, ㄷ, ㄹ), 순음(ㅁ, ㅂ), 치음(ㅅ), 후음(ㅇ)'의 순서입니다. 그런데 'ㅈ, ㅊ, ㅌ, ㅋ, ㅍ, ㅎ'은 '치음(ㅈ, ㅊ), 설음(ㅌ), 아음(ㅋ), 순음(ㅍ), 후음(ㅎ)'으로 분류를 하였습니다. 이것을 표로 보면 다음과 같습니다.

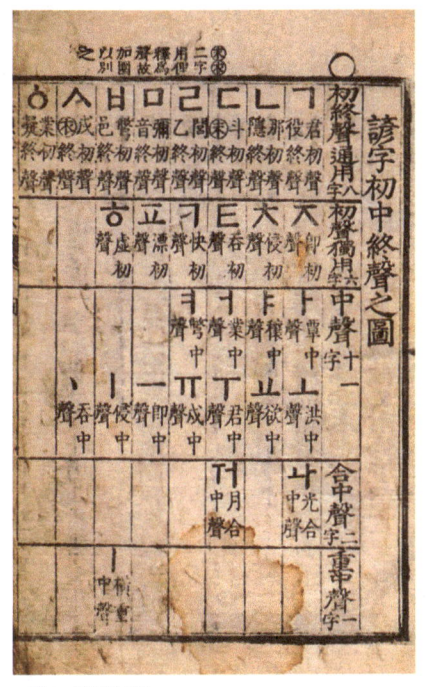

그림 5 《삼운성휘》

초성과 종성에 두루 쓰였던 글자(8자)					초성에만 쓰였던 글자(6자)				
ㄱ	ㄴㄷㄹ	ㅁㅂ	ㅅ	ㅇ	ㅈㅊ	ㅌ	ㅋ	ㅍ	ㅎ
아음	설음	순음	치음	후음	치음	설음	아음	순음	후음
	획순	획순			획순				

결국 《훈몽자회》의 배열 순서에서 'ㅈ, ㅊ, ㅌ'을 '초성독용육자'의 앞으로 오게 한 것이고, 현대 한글의 배열 순서에서 'ㅌ'이 'ㅋ'의 앞으로 오게 한 것입니다. 현실음을 반영한 것이기에 'ㅈ'과 'ㅊ'이 앞으로 온 이유는 짐작할 수 있는데, 이는 뒤에서 설명하겠습니다. 그러나 'ㅌ'이 'ㅋ'의 앞으로 온 이유는 설명이 되지 않습니다.

모음 글자는 《훈몽자회》의 배열 순서와 동일하지만, '합중성이자(合中聲二字)'의 'ㅘ, ㅝ'와 '중중성일자(重中聲一字)'인 'ㅣ'가 더 들어가 있을 뿐입니다. 'ㅣ' 자는 중성에 들어 있는데, 다시 '중중성'에 더 나열되어 있는 것은 소위 '딴이'로 반모음을 나타낸 것으로 해석됩니다. 이러한 모음 글자의 배열 순서와 목록은 후에 언문반절표에 그대로 반영되어 있는 것으로 보입니다.

많은 학자들은 오늘날의 한글 자모 배열 순서가 홍계희의 《삼운성휘》로부터 시작되었다고 합니다만, 오늘날의 한글 자모 배열 순서와는 동일하지 않다는 사실을 이 표에서 알 수 있을 것입니다. 단지 'ㅋ'과 'ㅌ'의 순서가 바뀌어 가까워졌다는 사실을 알 수 있습니다.

《진언집(眞言集)》(1800)

여러 종류의 진언(眞言)을 모아서 범자(梵字)와 한자(漢字), 한글로 대조하여 쓴 책입니다. 이 책에는 '언본십육자모(諺本十六字母)'란 내용이 있어서 그 당시 한글 자모의 배열 순서를 알 수 있습니다. 그 한글 자모 배열 순서를 보면 다음과 같습니다.

자음	初聲終聲通用八字	ㄱㄴㄷㄹㅁㅂㅅㆁ
	初聲獨用八字	ㅋㅌㅍㅈㅊㅿㆁㅎ
모음	中聲獨用十一字	ㅏㅑㅓㅕㅗㅛㅜㅠㅡㅣ·
	合中聲獨用二字	ㅘㅝ

그 문헌을 보면 다음과 같습니다.

이것은 《훈몽자회》를 그대로 따른 것이지만 모음에서 'ㅘ, ㅝ'가 추

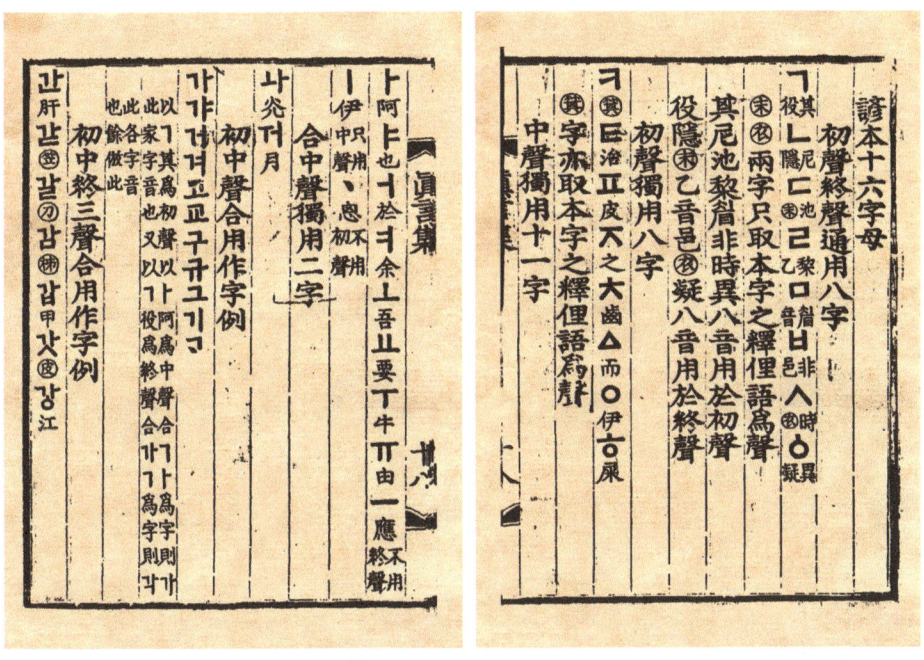

그림 6 《진언집》

가되었습니다.

《언문지(諺文志)》(1824)

잘 알고 있는 바와 같이 이 책은 유희(柳僖)가 1824년에 편찬한 책으로 우리말과 한자음을 연구한 책입니다. 여기에 보이는 '유씨교정초성이십오모(柳氏校定初聲二十五母)'를 보면 그 목록과 순서를 알 수 있습니다. 그 목록과 배열 순서는 다음과 같습니다.

초성 ㄱ ㅋ ㄲ ㆁ ㄷ ㅌ ㄸ ㄴ ㅂ ㅍ ㅃ ㅁ ㅸ ㅹ ㅈ ㅊ ㅉ ㅿ ㅅ ㅆ ㅇ ㅎ ㆅ ㄹ ㆆ

중성 ㅏ ㅑ ㅘ ㆇ ㅓ ㅕ ㅝ ㆊ ㅗ ㅛ ㅜ ㅠ ㅡ ㅣ ㆍ

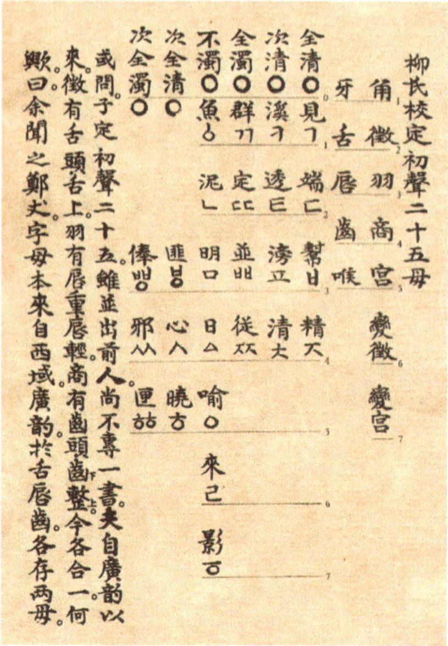
柳氏校定初聲二十五母

		全清○	次清○	全濁○	不濁○	次全清○	次全濁○
角	牙	見ㄱ	溪ㅋ	群ㄲ	魚ㆁ		
徵	舌	端ㄷ	透ㅌ	定ㄸ	泥ㄴ		
羽	脣	彆ㅂ	滂ㅍ	並ㅃ	明ㅁ	匪ㅸ	俸ㅹ
商	齒	精ㅈ	清ㅊ	從ㅉ	日ㅿ	心ㅅ	邪ㅆ
宮	喉				喩ㅇ	曉ㅎ	匣ㆅ
變徵					來ㄹ		
變宮					影ㆆ		

或問。子定初聲二十五。雖並出前人。尚不專一書。夫自廣韻以來。徵有舌頭舌上。羽有脣重脣輕。商有齒頭齒整。今各合一。何歟。曰。余聞之鄭丈。字母本來自西域。廣韻。於舌脣齒。各存兩母。

그림 7 《언문지》

그리고 그림 7과 같은 모습입니다.

이것은 《훈민정음》 해례본에 보이는 자모 목록과 배열 순서가 유사합니다. 단지 《훈민정음》 해례본에서는 '아·설·순·치·후'의 5음으로 분류하고 각각에 해당하는 자모들을 '전청, 전탁, 불청불탁'으로 분류하였었는데, 이 문헌에서는 '아·설·순·치·후'의 5음으로 분류한 것은 동일하지만, 각 음을 다시 분류할 때에는 '전청음, 차청음, 전탁음, 불청불탁음'의 순으로 배열하였습니다.

《언음첩고(諺音捷考)》(1846)

1846년에 석범(石帆) 조정순(趙鼎淳, 1791~

1868)이 편찬한 《언음첩고》는 우리말의 소리나 한자음을 구별하기 위한 편람으로 만든 책입니다. 현재 필사본으로 남아 있습니다. 여기에 《언음첩고》 목차가 있고, 이 목차에 따라 각 한자 석음을 한글 자모순으로 배열하였습니다. 그 배열 순서가 오늘날의 한글 자모 배열 순서와 동일하여 우리의 관심을 끌고 있습니다. 배열 순서는 다음과 같습니다.

자음 ㄱ ㄴ ㄷ ㄹ ㅁ ㅂ ㅅ ㅇ ㅈ ㅊ ㅋ ㅌ ㅍ ㅎ
모음 ㅏ ㅑ ㅓ ㅕ ㅗ ㅛ ㅜ ㅠ ㅡ ㅣ ㆍ

그 문헌의 그림을 보면 다음과 같습니다.
이 《언음첩고》의 한글 자모 배열 순서는 오늘날의 한글 자모 배열

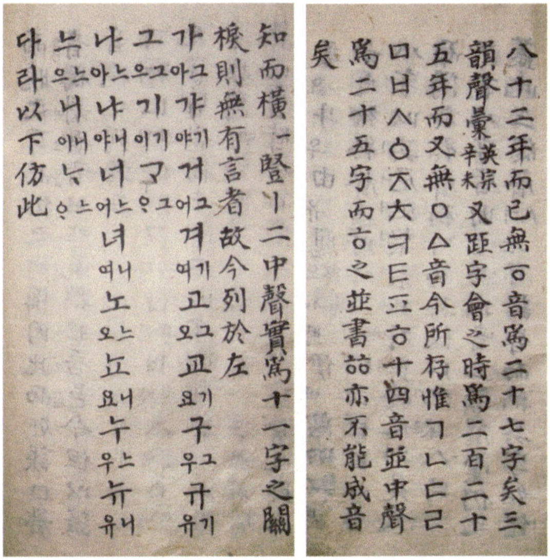

그림 8 《언음첩고》

순서와 동일합니다. 오늘날에는 단지 모음 글자의 'ㆍ'가 빠졌을 뿐입니다. 그래서 오늘날의 한글 자모 배열 순서는 19세기 중엽에 결정되었다는 사실을 알 수 있습니다.

《불가일용식시묵언작법(僧家日用食時黙言作法)》(1869)

사찰에서 바루공양(鉢盂供養)을 할 때 행하는 상용 의례를 기록한 책으로 흔히 줄여서 《일용작법(日用作法)》이라고도 합니다. 이 책의 1869년 해인사판에는 민간에서 한글을 처음 배울 때 사용하는 반절표가 실려 있습니다. 그 자모의 배열 순서를 보이면 다음과 같습니다.

초성   ㄱㄴㄷㄹㅁㅂㅅㅇㅈㅊㅌㅋㅍㅎ
중성   ㅏㅑㅓㅕㅗㅛㅜㅠㅡㅣㆍㅘㅝ

이것을 그림으로 보면 다음과 같습니다.

이 반절표는 《삼운성휘》를 그대로 따른 것입니다. 후대에 간행된 책

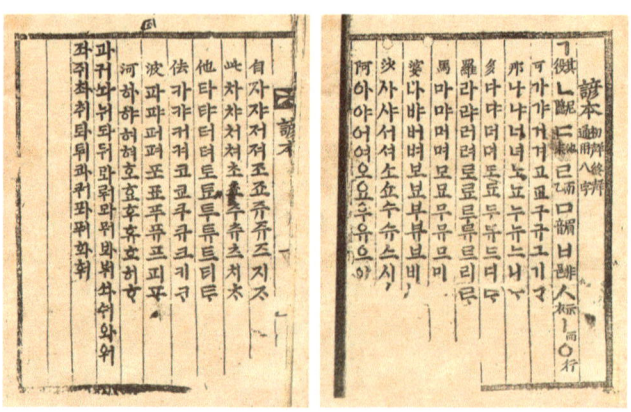

그림 9 《일용작법》

이라도 그 이전의 전통을 따랐던 것이지요.

　이상으로 여러 문헌에 보이는 한글 자모의 배열을 통해서 한글 자모의 배열 순서가 어떻게 변했는지를 알 수 있었습니다. 20세기 이후의 여러 가지 한글 자모 배열 순서의 변화는 너무 다양해 여기에서는 생략하겠습니다. 특히 오늘날 남한과 북한의 한글 자모 배열 순서가 달라진 것도 중요한 문제이지만, 이는 후에 따로 알리고자 합니다. 한글 자모의 배열 순서 변화의 줄거리를 보면 다음과 같습니다.

아음				설음				순음				치음			후음			반설음	반치음
전청	전탁	차청	불청불탁	전청	전탁	차청	불청불탁	전청	전탁	차청	불청불탁	전청	전탁	차청	전청	차청	전탁	불청불탁	
ㄱ	(ㄲ)	ㅋ	ㅇ	ㄷ	(ㄸ)	ㅌ	ㄴ	ㅂ	(ㅃ)	ㅍ	ㅁ	ㅈㅅ	(ㅉ)(ㅆ)	ㅊ	ㆆ	ㅎ	(ㆅ)	ㅇ ㄹ	ㅿ

자음 글자

《훈민정음》 해례본

① '아·설·순·치·후'음으로 배열
② 다시 '전청, 전탁, 차청, 불청불탁'으로 재분류

《훈몽자회》

① 초성과 종성에 통용되는 8자와 초성으로만 쓰이는 8자로 구분
② 이 두 가지를 각각 '아·설·순·치·후'음으로 구분하여 배열하고 같은 음들은 획순이 작은 것에서 많은 것으로 배열

초성과 종성에 두루 쓰였던 글자					초성에만 쓰였던 글자					
ㄱ	ㄴㄷㄹ	ㅁㅂ	ㅅ	ㆁ	ㅋ	ㅌ	ㅍ	ㅈㅊ	ㅿ	ㅇㅎ
아음	설음	순음	치음	후음	아음	설음	순음	치음 / 치음·반치음		후음
	획순	획순						획순		획순

《삼운성휘》

① 초성과 종성에 통용되는 8자와 초성으로만 쓰이는 6자로 구분하고 ㅿ, ㆁ 없앰

② 이 두 가지를 각각 '치·설·아·순·후'음으로 구분하여 배열하고 같은 음들은 획순이 작은 것에서 많은 것으로 배열

초성과 종성에 두루 쓰였던 글자					초성에만 쓰였던 글자				
ㄱ	ㄴㄷㄹ	ㅁㅂ	ㅅ	ㅇ	ㅈㅊ	ㅌ	ㅋ	ㅍ	ㅎ
아음	설음	순음	치음	후음	치음	설음	아음	순음	후음
	획순	획순			획순				

《언음첩고》

① 초성과 종성에 통용되는 8자와 초성으로만 쓰이는 8자로 구분

② 이 두 가지를 각각 '치·아·설·순·후'음으로 구분하여 배열하고 같은 음들은 획순이 작은 것에서 많은 것으로 배열

초성과 종성에 두루 쓰였던 글자					초성에만 쓰였던 글자				
ㄱ	ㄴㄷㄹ	ㅁㅂ	ㅅ	ㅇ	ㅈㅊ		ㅋ	ㅌ	ㅍ	ㅎ
아음	설음	순음	치음	후음	치음	아음	설음	순음	후음
	획순	획순			획순				

모음 글자

《훈민정음》해례본

① 기본자(천지인)를 먼저 배열하고, 뒤에 초출자와 재출자를 배열

② 초출자는 각각 ㅡ 와 ㅣ에 · 를 '상, 우, 하, 좌'의 순서대로 조합한 것으로 배열

③ 재출자는 각각 ㅡ 와 ㅣ에 · 두 개를 '상, 우, 하, 좌'의 순서대로 조합한 것으로 배열

기본자			초출자				재출자			
천	지	인	상	우	하	좌	상	우	하	좌
·	ㅡ	ㅣ	ㅗ	ㅏ	ㅜ	ㅓ	ㅛ	ㅑ	ㅠ	ㅕ

《훈몽자회》

① 개모음, 폐모음, 기본음 순서대로 배열

② '·'가 '우, 좌'로 조합되는 것을 하나가 조합되는 것과 두 개가 조합되는 것으로 배열

③ '·'가 '상, 하'로 조합되는 것을 하나가 조합되는 것과 두 개가 조합되는 것으로 배열

개모음		폐모음		기본음
우좌로 조합		상하로 조합		지인천
우	좌	상	하	
ㅏㅑ	ㅓㅕ	ㅗㅛ	ㅜㅠ	ㅡㅣㆍ

한글 맞춤법 통일안

① 개모음, 폐모음, 기본음 순서대로 배열

② 'ㆍ'가 '우, 좌'로 조합되는 것을 하나가 조합되는 것과 두 개가 조합되는 것으로 배열

③ 'ㆍ'가 '상, 하'로 조합되는 것을 하나가 조합되는 것과 두 개가 조합되는 것으로 배열

④ 'ㆍ'가 빠짐

개모음		폐모음		기본음
우좌로 조합		상하로 조합		지인
우	좌	상	하	
ㅏㅑ	ㅓㅕ	ㅗㅛ	ㅜㅠ	ㅡㅣ

이 중에서 가장 관심을 끄는 것은 자음 글자 중에서 'ㅈ, ㅊ'이 초성으로만 쓰이는 글자의 앞으로 배열된 문제일 것입니다. 원래는 'ㄱ, ㄴ, ㄷ, ㄹ, ㅁ, ㅂ, ㅅ, ㅇ, ㅋ, ㅌ, ㅍ, ㅈ, ㅊ, ㅎ'의 순이어야 하는데, 'ㅈ, ㅊ'이 'ㅋ'의 앞으로 온 것입니다.

이에 대해서는 아직까지 어느 문헌에서도 설명한 일이 없지만, 이러한 설명이 가능합니다. 훈민정음 창제 당시에는 'ㅈ'과 'ㅊ'이 처음이

었지만 18세기에 구개자음으로 변화되어, '아·설·순·치·후'음의 어디에도 속하지 않게 되었습니다. 그 결과로 '아·설·순·치·후'음으로 배열되는 순서의 어디에도 들어갈 수가 없어서 이를 그 앞에 배열한 것으로 설명할 수 있습니다. 왜 'ㅈ, ㅊ'을 맨 뒤에 배열하지 않고 초성으로만 쓰이는 자음 글자의 앞에 배치했는지 묻는다면 그 답은 하지 못할 것입니다. 그러나 'ㅈ, ㅊ'이 구개음으로 변화한 시기인 18세기와 한글 자모 배열 순서에서 'ㅈ, ㅊ'이 앞으로 배치된 시기가 일치한다는 점은 이 설명이 매우 합리적일 수 있음을 암시해 줍니다.

오늘날 한글 자모의 배열 순서는 결국 18세기 중반에 결정된 것을 후대에 그대로 인정한 결과입니다. 그것도 매우 과학적이고 언어학적인 분석을 토대로 하여 배열된 것입니다. 영어 알파벳의 'a, b, c, d' 등의 배열 순서나 한자 부수인 '一, ㅣ, 丶, 丿, 乙' 등이나 획수에 따른 한자의 배열 순서는 이러한 원칙에서 한참 벗어납니다. 과학적이지 않지요. 한글을 과학적인 문자라고 하는 사실을 한글 자모의 배열 순서의 변화 과정에서도 쉽게 증명할 수 있지 않았나요?

3
없어진 한글 자모,
어떤 소리를
나타낸 것일까요?

오늘날 쓰지 않는 자음과 모음

세종대왕이 훈민정음을 창제할 당시에 쓰였던 한글 자모 중에서 오늘날 쓰이지 않는 것은 자음의 'ㅿ, ㅸ, ㆆ, ㆁ'과 모음의 'ㆍ'입니다. 이 중에서 'ㅸ'은 훈민정음 28자 속에 포함되어 있지 않습니다. 'ㅸ'은 'ㅂ'과 'ㅇ'을 아래위로 붙여서 만든 겹자모이기 때문입니다. 그러나 《훈민정음》 언해본에는 'ㅸ' 이외에도 'ㅺ, ㅼ, ㅽ, ㅆ, ㅲ, ㅅ, ㅈ, ㅊ, ㅳ, ㅵ' 등의 자모도 보입니다. 그리고 다른 문헌에는 'ㅥ', 'ㆅ'이나 'ㅇㅇ' 또는 '뭉, 뺑, 풍'과 같은 자모도 보입니다. 그리고 후대에 개인이 제안해서 만들었던 'ㅇ'이나 'ᆢ'와 같은 자모도 있습니다. 이들 중 'ㅿ, ㆆ, ㆁ, ㆍ, ㅺ, ㅼ, ㅽ, ㅆ, ㅲ, ㅅ, ㅈ, ㅊ, ㅳ, ㅵ, ㅇㅇ, ㆅ' 등은 《훈민정음》 언해본과 《훈민정음》 해례본에 다음과 같이 설명되어 있습니다.

한글 이야기 1 - 한글의 역사

58

△는 半반니쏘리니 穰ᅀᅣᆼㄱ 字쭝
처섬 펴아 나는 소리 ᄀᆞ트니라
ㆆ는 목소리니 挹흡 字쭝 처섬 펴
아 나는 소리 ᄀᆞ트니라
ㆁ는 엄쏘리니 業업 字쭝 처섬 펴
아 나는 소리 ᄀᆞ트니라
·는 즁튼ㄷ 字쭝 가온딧소리 ᄀᆞ
트니라
ㅈㅊㅉㅅㅆ 字쭝는 齒칭頭뚷
ㅅ소리예 쓰고
ㅈㅊㅉㅅㅆ 字쭝는 正정齒
칭ㅅ소리예 쓰ᄂᆞ니

〈훈민정음 언해본〉

如諺語 혀 爲舌而 혀 爲引 괴여
爲我愛人而 괴ᅇᅧ 爲人愛我

우리말의 '혀'로 '설舌'을 표기하
는데 '혀'는 '인引'을 표기하며,
'괴여'는 내가 남을 사랑한다는 뜻
인데, '괴ᅇᅧ'는 남에게 내가 사랑
을 받는다는 뜻과 같은 것이다.

〈훈민정음 해례본〉

이들 자모가 설명되어 있거나 쓰인 문헌들을 그림으로 보도록 합시다.

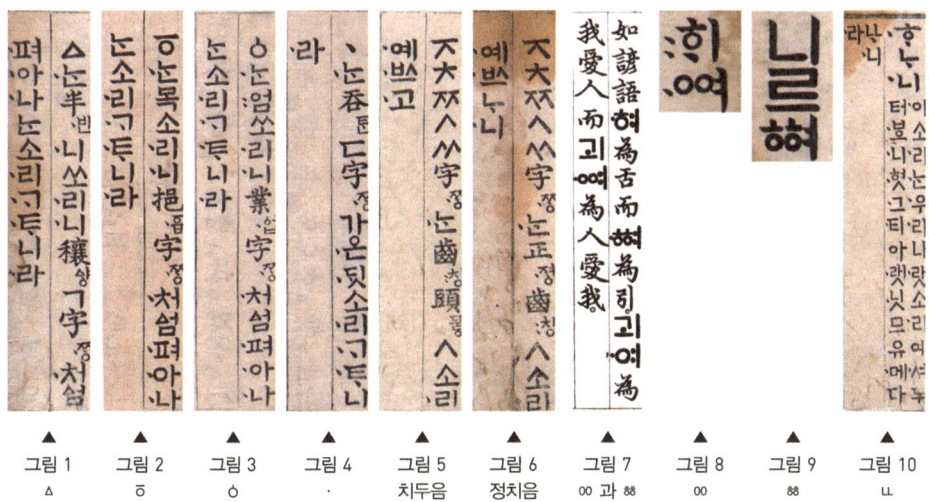

▲ 그림 1 ▲ 그림 2 ▲ 그림 3 ▲ 그림 4 ▲ 그림 5 ▲ 그림 6 ▲ 그림 7 ▲ 그림 8 ▲ 그림 9 ▲ 그림 10
△   ㆆ   ㆁ   ·   치두음   정치음   ㆀ 과 ㆅ   ㆀ   ㆅ   ㄴ

훈민정음, 고유어·외래어·외국어 표기 방식 각각 달라

훈민정음은 고유어와 외래어(당시의 한자음), 외국어(중국음과 범어 등)를 표기하기 위해서 창제되었습니다. 이들은 각각 표기하는 방식이 달랐고, 이에 따라 이들을 표기하는 데 쓰인 한글 자모도 각각 달랐습니다. 그 예를 들어 보도록 하지요. 잘 아는 훈민정음 서문을 보겠습니다.

① 셰종엉졩훈민졍흠
② 나랏 말쏘미
③ 듕귁
④ 에 달아
⑤ 문쫑
⑥ 와로 서르 스뭇디 아니홀씨

②와 ④와 ⑥은 고유어 표기 방식에 따라 표기한 것이고 ①과 ③과 ⑤는 외래어 표기 방식에 따른 것입니다. 그렇기 때문에 ①은 '世宗御製訓民正音'이란 한자가 없으면 아무런 의미가 없습니다. 마찬가지로 ③과 ⑤도 '中國'과 '文字'란 한자가 없으면 무의미합니다. 한자음 표기는 외래어 표기 방식이기 때문입니다.

이에 비해 중국음 표기는 전혀 다릅니다. 우선 모음 표기부터 다릅니다. 예컨대 '訓導'란 한자는 '슌단'으로, '敎閱'은 '쟌훠'로 쓰였는데, 이는 완전한 중국음 표기를 위해 마련된 것이었습니다. 특히 중국음 표기는 오늘날의 한글 표기에서 음절 글자 11,172자 속에 포함되지 않는 것이 많습니다. 《용비어천가》(권7, 23b)에 보이는 독특한 표기인 '닌쥐시'는 여진 지명 '紉出闊失'을 외국어 표기 방식으로 표기한 것입니다. 마찬가지로 《용비어천가》(권7, 22a)에 보이는 '갑불어'나 '뵈모월쥬'도 역시 각각 지명인 '高卜兒閼'과 '甫莫兀兒住', 즉 외국어를 표기한 것입니다.

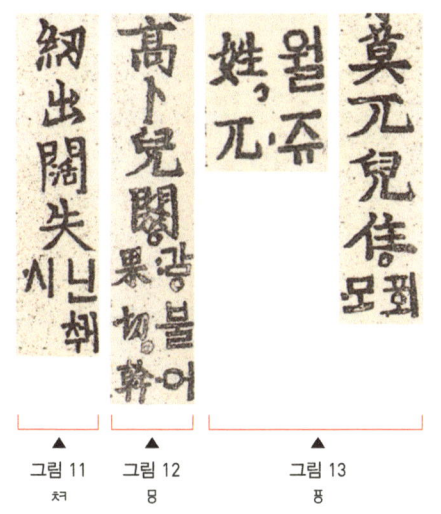

▲
그림 11
쳐

▲
그림 12
뭉

▲
그림 13
푕

앞에서 보인 자모 중 'ㅿ, ㅸ, ㆆ, ㆁ, ㅥ, ㆅ, ㆀ, ·' 등은 우리말 중 고유어를 표기하는 데 사용되었고, 'ㅅ, ㅈ, ㅊ, ㅿ, ㅉ, ㅅ, ㅈ, ㅊ, ㅅ, ㅉ'나 '명, 뼝, 퐁' 등은 외래어나 외국어를 표기하는 데 사용되었습니다. 물론 고유어를 표기하는 데 사용되었던 자모 중에는 외래어나 외국어를 표기하는 데에도 함께 쓰였습니다. 이들 자모는 그 이름이 무엇이었을까요? 그리고 지금 이 자모의 명칭은 무엇일까요? 이들 자모는 도대체 어떤 음을 표기하기 위해 만든 것일까요? 그리고 언제, 왜 없어졌을까요?

없어진 자모의 명칭

우선 궁금한 것은 이 글자들을 창제하였을 때에 이 글자의 이름을 무엇이라고 했을까 하는 점입니다. 오늘날 우리가 알고 있는 한글 자모의 명칭은 주지하는 바와 같이 최세진이 1517년에 편찬한 《훈몽자회》라는 책의 범례에 나오는 명칭을 따른 것입니다. 이 명칭은 훈민정음 창제 당시의 자모의 명칭과는 다른 것으로 보입니다. 훈몽자회 범례에 나오는 자모의 명칭을 보면 다음과 같습니다.

ㄱ[其役] ㄴ[尼隱] ㄷ[池(末)] ㄹ[梨乙] ㅁ[眉音] ㅂ[非邑] ㅅ[時(衣)] ㅇ[異凝]
ㅋ[箕] ㅌ[治] ㅍ[皮] ㅈ[之] ㅊ[齒] ㅿ[伊] ㅎ[屎]
ㅏ[阿] ㅑ[也] ㅓ[於] ㅕ[余] ㅗ[吾] ㅛ[要] ㅜ[牛] ㅠ[由]
ㅡ[應(不用終聲)] ㅣ[伊(只用中聲)] ·[思(不用初聲)]

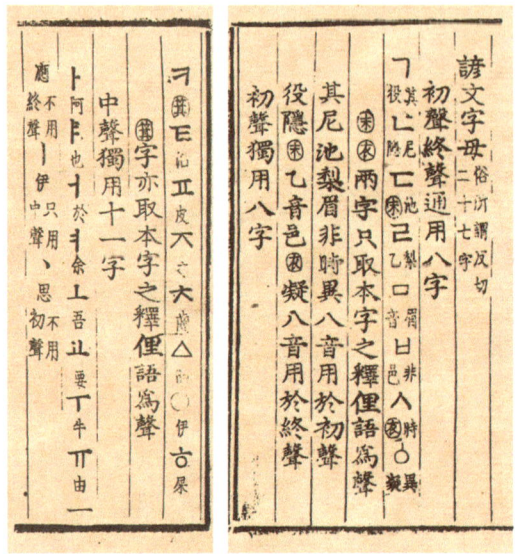

그림 14 《훈몽자회》 범례 중 자모의 명칭이 있는 부분

훈민정음 창제 당시 한글 자모의 명칭은 아직 명쾌하게 밝혀져 있지 않지만, 대부분의 학자는 자음이 각 자음 글자 뒤에 모음 'ㆍ'나 'ㅣ'가 연결된 것, 즉 'ㄱ'은 'ㄱ'나 '기', 'ㄴ'은 'ㄴ'나 '니'가 그 이름이었을 것으로 추정하고 있는데, 매우 설득력이 있습니다. 이들 글자를 설명한 《훈민정음》 언해본에는 "ㅿ는 반니쏘리니", "ㆆ는 목소리니", "ㅇ는 엄쏘리니" 등으로 설명되어 있는데, 모두 '-는'이라는 조사가 붙은 것으로 보아 앞 음절이 모음으로 끝나거나 양성모음 또는 중성모음으로 끝나는 음절을 가진 것이 그 자모의 이름일 것으로 추정합니다. 이러한 추정과 가장 가까운 음절은 'ㄱ'에 대해서는 'ㄱ'나 '기'가, 'ㄴ'은 'ㄴ'나 '니'가, 그리고 'ㅿ'는 'ㅅ'나 '시'일 것입니다.

그러나 《훈몽자회》에서도 초성에만 쓰이는 한글 자모 8글자 'ㅋ, ㅌ, ㅍ, ㅈ, ㅊ, ㅿ, ㅇ, ㆆ'의 이름이 각각 '키, 티, 피, 지, 치, 시, 이, 히'로 쓰인 것으로 보아, 훈민정음 창제 당시의 한글 자모들은 각각의 자모에 'ㅣ' 모음이 붙은 것이 그 이름이었을 가능성이 가장 큽니다. 그래서 '기역, 니은, 디귿, 리을' 등의 이름이 아니라 '기, 니, 디, 리' 등이 그 이름이었을 가능성이 가장 크다고 할 수 있습니다. 그리고 모음 'ㆍ'는 다른 모음들과 마찬가지로 'ㆁ'였을 것입니다.

없어진 자모, 오늘날 명칭 제각각

그렇다면 오늘날에는 이들을 무엇이라고 부르는 것이 좋을까요. 오늘날 이들을 일컫는 명칭은 제각각입니다. 'ㅿ'은 '반치음, 빈치음 시옷, 반시옷' 등으로 부르고 심지어는 '삼각형, 세모꼴'로 부르기도 합니다. '반치음'은 《훈민정음》 언해본에 "ㅿ는 半齒音이니ㅿ는 半니쏘리니"에서 따온 것이 분명합니다. 'ㆆ'은 '여린 히읗' 또는 '된이응'이라고 부르기도 하고, 심지어는 '꼭지 없는 히읗'이라고도 불러서 웃기도 하지요. 'ㆁ'은 '된이응'이라고 부르지만, 일반적으로 '꼭지 있는 이응, 꼭지 이응, 옛이응'이라고 많이 부릅니다. 'ㅸ'은 '순경음 비읍, 비읍 순경음, 경순음 비읍, 비읍 경순음, 가벼운 비읍' 등으로 불리고 있지요. 'ㆍ'는 '아래아' 이외의 다른 이름은 없어서 통일되어 있는 셈입니다.

이들 옛한글은 현대의 문자 생활에서 사용되지 않기 때문에, 현대국어의 정서법을 대상으로 한 '한글맞춤법'에는 그 자모의 명칭이 규정되어 있지 않습니다. 따라서 옛한글 자모의 명칭은 사용자에 따라 제각각 사용하고 있습니다. 옛한글 자모의 이름은 국립국어원에서 결정한 일이 있습니다. 1992년에 국립국어연구원에서 원장이셨던 안병희 선생님께서 주관한 UCS 및 UNICODE에 제출할 '자모 선정 및 배열'에 관한 회의에서 옛한글 자모의 명칭을 정하였습니다. 이 회의에서 결정된 옛한글의 자모 명칭을 국어사전에 명시된 명칭과 함께 제시하도록 합니다. 국립국어원에서 결정한 이 명칭이 공식적으로 사용되어야 하기 때문입니다.

	한글학회(1955), 우리말큰사전	이희승(1982), 국어대사전	신기철(1986), 표준국어사전	금성(1991), 국어대사전	국립국어원 결정안
ㅁ		경미음	경미음	순경음 미음	가벼운 미음
ㅸ	가벼운 비읍	가벼운 비읍	가벼운 비읍	순경음 비읍	가벼운 비읍
ㅿ	반시옷	반시옷	반시옷	반시옷	반시옷
ㆆ	된이응	된이응	된이응	된이응	여린 히읗
ㆁ	옛이응	옛이응	옛이응	옛이응	옛이응
ㆄ		경피읖	경피읖	경피읖	가벼운 피읖
ㅹ					가벼운 쌍비읍
ㆀ					쌍이응
ㆅ					쌍히읗
◇					마름모 미음
ㆍ	아래아	아래아	아래아	아래아	아래아
ㆎ	아래애	아래애	아래애	아래애	아래애
ㆍㆍ					쌍아래아
ㅢ					쌍으

◇(마름모 미음)과 ··(쌍아래아)의 소리

이 표에 보이는 '◇'은 박성원(朴性源)의 《화동정음통석운고(華東正音通釋韻考)》(1747)에 나오는 자모입니다. 'ㅇ ㅇ ◇ 此三者 出聲相近'(ㅇ ㅇ ◇, 이 세 개는 그 소리가 비슷하게 나온다)이라고 설명하고 있어서 'ㅱ'을 표기하기 위한 것으로 추정됩니다. 그래서 이것은 [w] 음을 표기하기 위해 만든 글자로, 국어를 표기하기 위해 만든 것이 아니라 중국음을 표기하기 위해 만든 것입니다. 《화동정음통석운고》에서 제시하고 설명한 'ㅿ(마름모 미음)'의 모습을 그림으로 보시기 바랍니다.

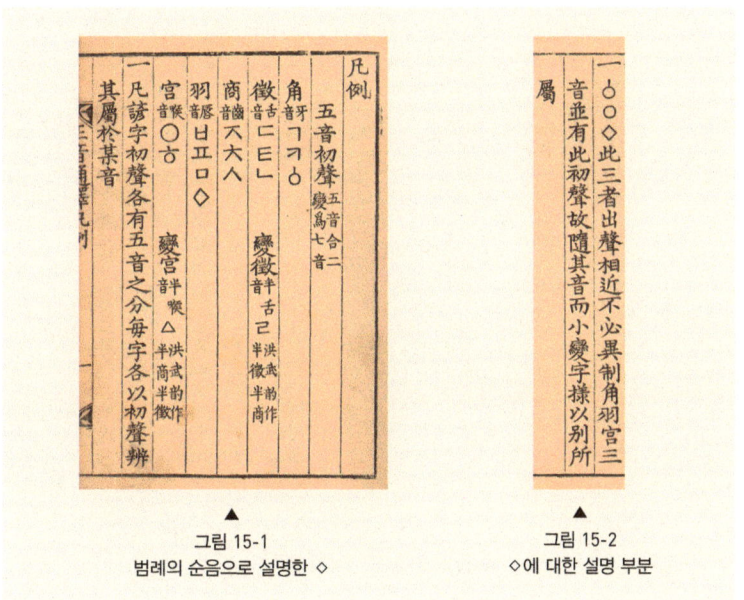

▲ 그림 15-1
범례의 순음으로 설명한 ㅿ

▲ 그림 15-2
ㅿ에 대한 설명 부분

'ᅟퟜ'는 신경준(申景濬)의 《운해훈민정음(韻解訓民正音)》(1750)에 등장하는 자모입니다. 'ᅟퟜ 其聲 比·差重 其氣 比·差長'(ᅟퟜ는 그 소리가 ·보다 무겁고, 그 기운은 ·에 비해 길다)이라고 설명하고 있습니다.

신경준의 《운해훈민정음》의 중성도(中聲圖)에 보이는 'ᅟퟜ(쌍아래아)'와 그 설명을 그림으로 확인하시기 바랍니다.

이 'ᅟퟜ(쌍아래아)'는 유희(柳僖)의 《언문지(諺文志)》(1824)에 다음과 같은 기록이 있어, 그 음가가 무엇인지를 알 수 있습니다.

李信齋令翊謂當又有ᅟퟜ

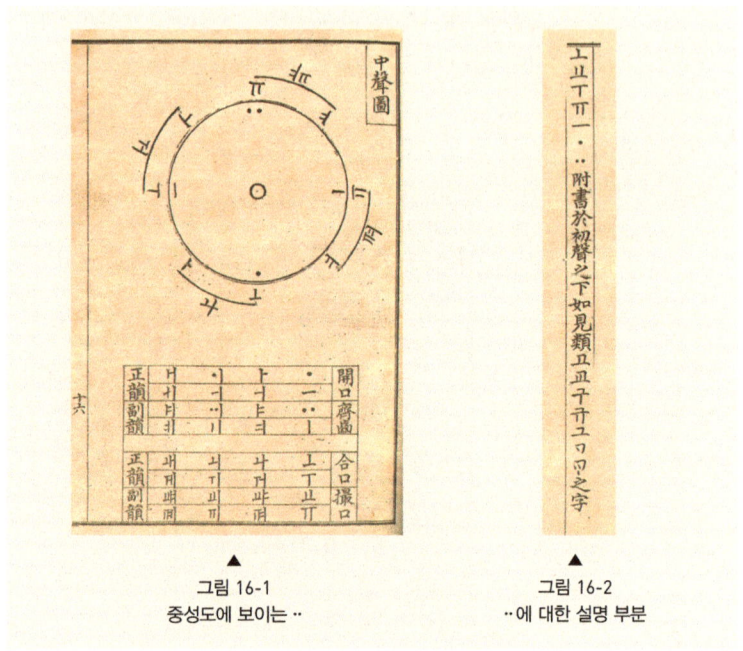

▲ 그림 16-1
중성도에 보이는 ··

▲ 그림 16-2
··에 대한 설명 부분

(信齋 李令翊은 마땅히 또한 ··가 있어야 한다고 하였다.)

信齋之言 今俗여듧ㅅ 或謬爲ㆍ듧ㅅ 乃比音

(信齋의 말은 지금 시속에서 '여듧ㅅ'을 발음하기를 혹 잘못하여 'ㆍ듧ㅅ'이라고 하는데, 이 음이라는 것이다.)

이 발음은 "이제 영 글렀어"라고 말할 때, '영'의 발음과 같은 모음입니다. 유희는 '··'의 제안자를 '이영익'으로 알고 있는데, 이것은 '신경준'을 '이영익'으로 착각한 데에서 기인한 것으로 생각합니다. 이영익은 양명학자입니다. 이 '··'의 발음은 지금도 제주도 방언에서 흔히 들을 수 있는데, '열다'를 '울다'로 말합니다.

막 ㅇ는 문 ㅇ는 문
지게문도 이거 ㅇ는 거마씨
일곱 씨 ㅇ답 씨 뒈영으네

막 여는 문, 여는 문
지게문도 이거 여는 겁니다.
일곱 시 여덟 시가 되어서

공식화해야 하는 자모들

물론 앞서와 같이 자모의 명칭을 결정하였지만, 이 목록에서도 빠진 글자들이 있습니다. 이들의 명칭도 정식으로 제정했어야 옳았으나 그때에는 이들 자모가 정식으로 제시되지 않아서 그 명칭을 공식화하지 못했습니다. 그러나 이들 명칭은 다음과 같이 공식화하는 것이 좋을 듯합니다.

자모	명칭
ㅅ	치두음 시옷
ㅆ	치두음 쌍시옷
ㅅ	정치음 시옷
ㅆ	정치음 쌍시옷
ㅈ	치두음 지읒
ㅉ	치두음 쌍지읒
ㅈ	정치음 지읒

ㅆ	성치음 쌍지읏
ㅅㄱ	시옷기역
ㅜ	어우
	나머지 합용병서 자음과 복모음 글자는 생략

    그런데 하나 덧붙여 설명할 것이 있습니다. 'ㆍ'를 '아래아'라고 부르는 이유입니다. 'ㆍ'가 자음 글자의 아래에 쓰인다고 생각하여 이를 '아래아'로 알고 있는 사람이 많습니다. 그러나 그렇지 않습니다. 이 '아래아'란 명칭은 소위 '언문 반절표'에 기인합니다. 언문 반절표는 한글을 배우기 위한 교재로 만들어진 것인데, 받침으로 쓰였던 자음과 초

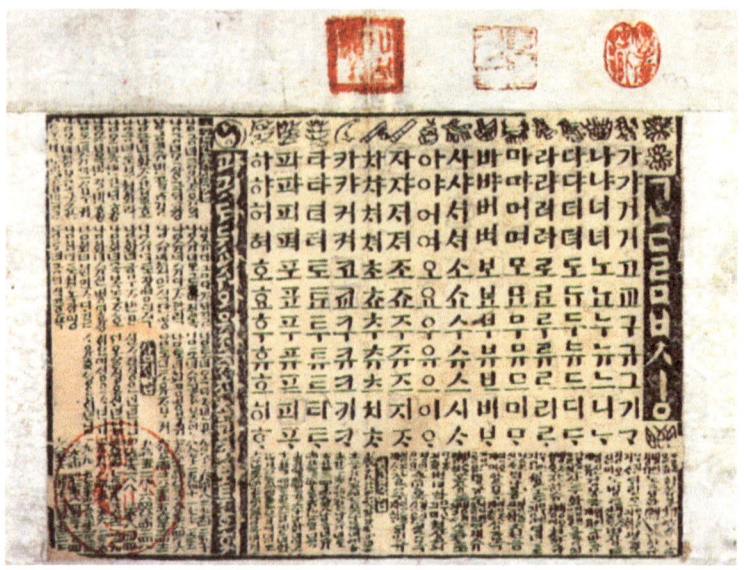

그림 17 언문 반절표

성자와 중성자가 결합한 글자들을 배열해 놓은 글자표입니다.

　이 그림을 보면 받침자들이 오른쪽에 오고, 이어서 '가행'에서부터 '하행'까지가 오른쪽에서 왼쪽으로 배열되어 있습니다. 그리고 '가행'을 보면 아래로 '가갸거겨고교구규그기ᄀᆞ'가 적혀 있습니다. '가'가 맨 위에 있고, 'ᄀᆞ'가 맨 아래에 있습니다. 마찬가지로 'ᄂᆞ'부터 'ᄒᆞ'까지 모두 그 행의 맨 아래에 있습니다. 그래서 이들을 '아래아'라고 하고, 대신 '가나다라마바사아자차카타파하'에 보이는 'ㅏ'는 '위아'라고 하는 것입니다.

　그러면 이들은 어떤 소리를 표기하기 위해서 만들었을까요? 그리고 언제까지 사용되었고 어느 문헌에 마지막으로 보일까요? 하나하나 살펴보도록 하겠습니다.

'ㅿ'(반시옷)

　'ㅿ'은 발음기호 [z]로 표시합니다. 훈민정음 창제 당시에는 우리말에 이 발음이 있었지만, 지금은 그 소리를 우리말에서 들을 수가 없습니다. 그 당시 말[言]을 많이 가지고 있던 제주도 말이나 경상도 말에서도 이 발음은 들을 수가 없습니다. 원래 'ㅿ'은 'ㅅ'의 유성음인데, 우리말에서는 없어진 소리입니다. 현재 그 소리는 일본어에서 들을 수 있는데, 가나에 보이는 'ざ, じ, ず, ぜ, ぞ'를 한글로 표기하면 'ᅀᅡ, ᅀᅵ, ᅀᅳ, ᅀᅦ, ᅀᅩ'가 됩니다. 곧 'さ, し, す, せ, そ'의 유성음인 것입니다.

　'ㅿ'은 18세기 문헌까지 나타납니다. 그러나 18세기에 'ㅿ'이 나타나는 문헌들은 중간본이거나 또는 외국어를 표기한 것들로 한정됩니다. 중간본들은 초간본을 거의 그대로 옮겨 판각한 것이 많아서 중간본이 출간된 당시에 이 'ㅿ'이 쓰였다고 말하기 어렵습니다.

니슬 쇼(紹) 〈신증유합(중간본, 1711년) 下:43a〉

술브슬 쟉(酌) 〈신증유합(중간본, 1711년) 下:40a〉

이 예들은 1576년에 간행된 초간본과 같은 표기입니다. 18세기 문헌인 《방언유석(方言類釋)》(1778)에도 'ㅿ'이 보이는데, 이들 예는 모두 중국음을 나타낸 것입니다. 외국어를 표기하기 위해서는 그 당시 우리 국어 표기에 쓰이지 않는 글자도 사용했음을 보여 줍니다.

구슬(孤兒) 〈방언유석(1778년) 亥, 17a〉

갸슝 슬(家生兒) 〈방언유석(1778년) 申, 35a〉

버이신(白衣人) 〈방언유석(1778년) 申, 35a〉

초간본으로서, 그리고 우리말을 표기하는 문자로서 'ㅿ'이 쓰인 예들은 17세기 말까지만 볼 수 있습니다. 16세기 말까지는 자주 나타나다가 17세기에 와서 드물게 보이고, 1690년에 간행된 《역어유해》에 마지막 모습을 보입니다.

원망홈을 말믜삼아 〈소학언해(도산서원본, 1588년) 6:90a〉

믈이 나ᅀᅡ가디 안이 홈이라 ᄒᆞ니라 〈논어언해(초간본, 1590년) 2:8a〉

이슥ᄒᆞ야는 洋洋ᄒᆞ야 攸然히 逝ᄒᆞ더이다 〈맹자언해(1590년) 9:9b〉

혼인 ᄀᆞᅀᆞᆷ 쟝만ᄒᆞ야 〈동국신속삼강행실도(1617년) 忠1:78b〉

ᄀᆞᅀᆞᆷ아다 管 〈어록해(초간본, 1657년) 2a〉

다른 딋 마ᅀᆞᆯ이 ᄯᅩ 그 도적을 자바 〈노걸대언해(1670년) 上:25b〉

사ᄅᆞᆷ의 ᄆᆞᅀᆞᆷ을 보ᄂᆞ니라 〈박통사언해(1677년) 中:14b〉

오ᅀᆞ리 貛子 〈역어유해(1690년) 下:33b〉

鴇子 너시 〈역어유해(1690년) 下:27b〉

마지막으로 보이는 예문을 그림으로 보도록 합시다.

여기에 보이는 '너시'는 '느시' 또는 '너새'라고 하는 새입니다. 그리고 '오ᅀᆞ리'는 오늘날의 '오소리'를 말합니다. 다음은 오늘날의 표준어와 일부 방언에서 'ㅿ'이 변화된 모습입니다.

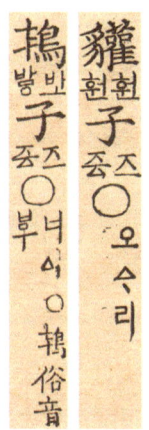
▲ 그림 18 너시
▲ 그림 19 오ᅀᆞ리

중세국어	표준어	일부 방언
ᄆᆞᅀᆞᆷ	마음	ᄆᆞ음(제주도)
여ᅀᆞ	여우	여수(충남, 충북, 전북 등) 여시(충남, 충북, 전북 등)
무ᅀᆞ	무	무수(전남, 충남, 강원 등) 무시(전북, 전남 등)

'ㅿ'은 어느 단어에서는 'ㅇ'으로 변하였고, 어느 단어에서는 'ㅅ'으로 변한 것을 알 수 있습니다. 특히 오늘날 'ㅅ 변칙동사'의 어간에 모음이 오면 이러한 사실을 더 명확히 인식할 수 있을 것입니다. '잇다〔連〕'의 활용형을 표준어에서는 '이어, 이어서'로 말하는데, 어느 방언에서는 '이서, 이서서'로 말하기도 합니다.

'ㅸ'(가벼운 비읍)

오늘날에도 'ㅸ'은 우리말에서 쉽게 들을 수 있는데, 단지 사람들이 'ㅂ'과 'ㅸ'을 구분하지 못할 뿐입니다. 발음 기호로는 [β]로 표시합니다. '부부(夫婦)'라는 발음을 할 때에 앞의 '부'와 뒤의 '부'는 그 발음이 다릅니다. 앞의 '부'는 [pu]이고 뒤의 '부'는 [βu]입니다. 오늘날

이 두 '부'의 발음은 같은 소리로 인식하고 있지만, 훈민정음을 창제하던 당시에는 이 두 소리를 구분했던 것입니다.

오늘날 일부 지역 사람들은 '춥다'의 활용형 '추워'를 '추워'로 발음하지 않고, '추버' 또는 '추버'로 발음합니다. 우리가 들을 때에는 같은 소리로 인식하지만, 그 지방 출신의 국어학자들은 '추버'와 '추버'를 구분하기도 합니다. 이 '추버'는 15세기 문헌에서 '치버'로 표기되어 나타납니다. 이 발음은 두 입술을 가볍게 대고 그 사이로 공기가 나가면서 마찰이 되어 나오는 소리입니다. 소위 'ㅂ 변칙동사'의 어간은 뒤에 모음이 오면 'ㅂ'이 유성마찰음이 되어 'ㅸ'으로 표기하였습니다.

이 'ㅸ'이 우리말을 표기하는 데 사용된 것은 16세기 중기까지이지만, 이미 15세기 중기에도 표기법에서 혼란이 나타납니다. 'ㅸ'이 마지막으로 보이는 문헌은 1569년 경상도 풍기 희방사에서 간행된《칠대만법(七大萬法)》입니다. 그러나 주로 16세기 초까지만 사용되었습니다. 1517년에 간행된《몽산화상법어약록언해(蒙山和尙法語略錄諺解)》(고운사판)에 보이고, 나머지는 이 책의 후대본인《몽산화상법어약록언해》(심원사판)(1525), 빙발암판(1535), 송광사판(1577) 등에 보이지만, 모두 중간본이어서 초간본을 그대로 옮겨 놓은 것일 수 있습니다.

하늘 흔 곳苦를 볼 이리 업서 〈칠대만법(1569년) 16a〉
어즈러봄도 업스며 〈몽산화상법어약록언해(빙발암판, 1535년) 51a〉

그 이외에도《역어유해(譯語類解)》(1690)와《방언유석》(1778)에도 등장하지만 모두 한자음을 표기하기 위한 것입니다. 이것은 19세기 말의《화어유초(華語類抄)》에도 보이지만, 역시 중국음을 표기하기 위한 것입니다. 'ㅸ'이 현대국어에서 어떻게 사용되는지 다음 표를 보면 알 수 있을 것입니다.

중세국어	표준어	일부 방언
치뷔	추위	추비(경남, 경북, 함북, 함남 등) 치비(경남, 경북, 함북, 함남 등)
고바	고와	고바서(경남, 경북 등)

'ㆁ'(옛이응)

옛이응은 발음기호로 [ŋ]입니다. 즉 '강'을 발음할 때 받침 'ㅇ'이 옛날에는 'ㆁ', 즉 옛이응으로 표기됐던 것입니다. 그런데 '이응'(ㅇ)과 자형에서 혼동되어 '옛이응'(ㆁ)은 사라지고 'ㅇ'으로 합류된 자모입니다. 옛이응은 어두에서 사용된 적이 없지만, 음절의 초성에서는 사용되었던 글자입니다. 그래서 '솘방울'을 '솘바올', '봉오리'를 '보오리', '당당이'를 '당다이' 등으로도 썼습니다. 오랫동안 'ㅇ'과 혼용되어 사용되었지만, 그 표기에도 'ㆁ'의 꼭짓점의 유무를 확인하기 어려워 그 사용이 언제까지 이루어졌는지 파악하기 어렵습니다. 단지 음절의 초성으로 쓰인 예들은 16세기 초까지 보이며, 어미 '-이다'에 주로 나타납니다.

당다이 〈석보상절(1447년) 3:2a〉
스스ㅇ이 드외오라 〈석보상절(1447년) 3:7b〉
밠드을 〈석보상절(1447년) 3:38a〉
쳔랴을 〈월인석보(1459년) 9:29a〉

당다시 〈금강경삼가해(1482년) 3:11a〉

칠십만을 바도려 ᄒᆞᄂᆞ이다 〈번역소학(1518년) 10:16a〉

'ㆆ'(여린 히읗)

'ㆆ'은 'ㅇ'의 된소리 발음을 표기한 것입니다. 그래서 원래 명칭도 '된이응'이라고 하는 것이 합당할 듯합니다. 그러나 오늘날에는 'ㆆ'을 'ㅇ'과 연관시키기보다는 'ㅎ'과 연관시키는 사람이 더 많아서 그 명칭을 '여린 히읗'으로 정한 것입니다.

또한 오늘날에는 'ㆁ'의 음가가 없는데, 'ㅇ'의 된소리라고 하였을 때 이해하기 어렵기 때문입니다. 'ㆆ'은 발음기호는 [ʔ]로, 목구멍을 막는 소리입니다. 예를 들어서 '하'는 목구멍을 막고 있다가 갑자기 터뜨리면서 'ㅏ'를 발음하는 것입니다. 이 'ㆆ'는 국어에서는 어두에나 첫음절에 쓰인 일이 없습니다. 주로 한자음 표기에서 사용하였고, 국어에서는 관형사형 'ㅭ'으로만 쓰였습니다. 16세기 초까지 사용되었습니다.

어린 百빅姓성이 니르고져 홇 배 이셔도 〈훈민정음언해본(1446년) 2a〉

사오나븨 너굟 뜨들 내디 말라 〈석보상절(1447년) 20:36b〉

기들우디 마롫 디니라 〈몽산화상법어약록언해(고운사판, 1517년) 4a〉

'홇 배'는 후에 '홀 빼'로 쓰였다가, 다시 '홀 배'로 표기되어 오늘날에 이르렀습니다.

'ㅇㅇ'(쌍이응)

'ㅇㅇ'은 동사에서 피동을 만들 때 사용되었습니다. 'ㅇㅇ'은 [jə]와 [jo]를 세게 발음하기 위한 음성표기입니다.

使는 히여 ᄒᆞ논 마리라 〈훈민정음언해본(1446년) 3a〉
机는 안자 지ᅇᅧᆫ 거시라 〈석보상절(1447년) 11:34b〉
結은 미ᅇᅵ며 屬ᄒᆞᆯ씨니 〈월인석보(1459년) 11:52b〉

이 'ㅇㅇ'은 1517년에 간행된 《몽산화상법어약록언해》에 마지막으로 나타납니다. 현재는 모두 'ㅇ'으로 변화하였습니다. 이전의 문헌들에서도 'ㅇㅇ'과 'ㅇ'은 서로 혼동되어 사용했습니다.

즉자히 香湯애 沐浴 히여 〈석보상절(1447년) 11:28b〉 - 제 쓰거나 ᄂᆞᆷ 히여 쓰거나 ᄒᆞ고 〈월인석보(1459년) 9:39a〉
帝釋손ᄃᆡ 미ᅇᅵᄂᆞ니라 〈석보상절(1447년) 13:9b〉 - 相迷호ᄆᆞᆯ브터 자바 取ᄒᆞ야 미이며 〈원각경언해(1465년) 상2-2:42a〉

'ㆅ'(쌍히읗)

'ㆅ'은 'ᅘᅧ'의 형태로만 나타납니다. 이 'ᅘᅧ'의 발음기호는 [xjə]로 표시됩니다.

그 사ᄅᆞᆯ ᄡᅡᅘᅧ 忉利天에 가아 〈석보상절(1447년) 3:14a〉
도ᄅᆞ ᅘᅧ 〈석보상절(1447년) 9:27b〉
자바 니르ᅘᅧ니 〈월인석보(1459년) 1:44a〉

'ㆆㆆ'도 'ㅇㅇ'과 운명을 같이하여 1517년에 간행된 《몽산화상법어약록언해》를 마지막으로 사라집니다. 오늘날에는 모두 'ㅎ'으로 변했거나, 어느 방언형에서는 'ㅋ' 또는 'ㅆ'으로도 변했습니다.

도ᄅᆞ혀 〈석보상절(1447년) 6:5b〉

블 혀리이다 〈월인석보(1459년) 7:54 2b〉

主人아 등잔블 켜 오라 〈노걸대언해(1670년) 上:22b〉

등잔켜다點燈 〈동문유해(1748년) 下:15a〉

호룽불 써노면 〈한국구비문학대계 3-4, 853〉

저녁마다 불 써 놓고 〈한국구비문학대계 6-6, 310〉

'ㆍ'(아래아)

'ㆍ'의 발음기호는 [ʌ]나 [ɐ]로 'ㅏ'와 'ㅗ'의 중간음입니다.

訓은 ᄀᆞ르칠 씨오 〈훈민정음언해본(1446년) 1a〉

命終은 목숨 ᄆᆞ출씨라 〈석보상절(1447년) 6:3b〉

ᄆᆞᅀᆞᆷ을 내혀ᅀᆞᄫᆞ니 〈월인천강지곡(1447년) 26b〉

지금도 제주도에 가면 그 발음을 들을 수 있지만, 전문가가 아니면 'ㅏ'와 잘 구분하지 못할 것입니다.

ᄀᆞ리치다(가르치다)

ᄍᆞ르다(자르다)

ᄀᆞ튼 마리우다(같은 말입니다)

'ㆍ'는 그 음소로서의 가치가 소실되었어도 문자로서는 늦게까지 사용되었습니다. 1933년에 한글맞춤법이 제정되어 'ㆍ'를 사용하지 말아야 함에도 불구하고 1930년대까지도 쓰였습니다. 1960년대에도 담배 가게의 간판이 모두 '담빅'로 표기되어 있던 것이 생각납니다.

널리 알려진 바와 같이, 'ㆍ'는 비어두음절에서는 주로 'ㅡ'로 변화하고, 어두음절에서는 주로 'ㅏ'로 변화했습니다. 그러나 어휘에 따라 다른 양상을 보이기도 합니다. 예를 들어 '흙'은 '핡'이 아니라 '흙'으로 변했고, 'ᄉᆞ매'도 '사매'가 아닌 '소매'로 변화했습니다. 그러나 비어두음절에서는 주로 'ㅡ'로 변해 '하ᄂᆞᆯ'은 '하늘'로 변했습니다.

또한 'ㆍ'가 비어두음절에서 먼저 변화하고, 이어서 어두음절에서도 변한 것도 잘 알려진 사실입니다. 대체로 16세기부터 이러한 변화가 시작되어 18세기에는 그 변화가 마무리된 것으로 보입니다. 그 변화한 모습을 도표로 몇 가지만 보도록 하지요.

중세국어	표준어	일부 방언
ᄆᆞᆯ(馬)	말	몰(제주도) 몰(전남, 경남 등)
하ᄂᆞᆯ(天)	하늘	하눌(강원, 경기 등)
ᄉᆞ매(袖)	소매	사매(경북, 함남, 함북 등)
ᄒᆞᆰ(土)	흙	헐(경남, 경북, 평북, 함남 등) 헉(강원, 경기 등)

요즘 예스럽게 이름을 지을 때, 이 'ㆍ'를 사용하기도 합니다. 과자 이름에 '츰'을 써 놓은 것도 있고, 잡지 이름에도 '씨ᄋᆞᆯ의 소리'와 같이 쓴 것도 있습니다.

새로운 문자를 제안한 책들

지금까지 알려진 문자들 이외에 다른 문자를 제안한 책들도 있습니다. 예를 들어서 조선 후기의 학자인 유신환(兪莘煥)의 문집인《봉서집(鳳棲集)》(1909)의 권5, 6에 보이는 '삼십육성역(三十六聲譯)'에서는 한자음에서 설음(舌音)의 설두음(舌頭音)과 설상음(舌上音)을 구분하기 위하여, 그리고 설두음인 'ㄷ, ㅌ, ㄸ, ㄴ'에 대한 설상음의 표기를 위하여 새로운 자형을 제시한 부분도 있습니다. 그 부분만을 그림으로 보면 다음과 같습니다.

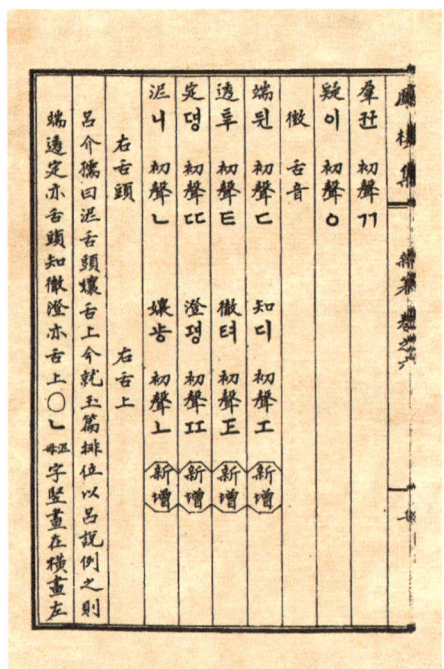

그림 20 《봉서집》

이외에도 1947년에 전남 장성의 백양산 운문도량(雲門道場)의 스님 김타(金陀)란 분이 30여 년 동안 연구하여 '증보 정음 관음문자(增補 正音 觀音文字)'를 제안한 적도 있습니다. 다음 페이지의 그림 21을 함께 보도록 하지요. 오른쪽에 있는 것이 현대의 한글과 한자이고, 이에 대한 관음문자가 왼쪽에 있는 것입니다.

한글은 창제된 후에도 수많은 우여곡절을 겪은 뒤 오늘날 사용하는 한글 자모로 정리된 것입니다. 국어가 변하면서 문자가 사라지기도 하고, 또 필요에 따라 만들어지기도 했습니다. 그러나 지금까지 공용으로 사용되는 자모들은 세종대왕이 창제한 한글 자모에서 벗어난 적이 없습니다. 이것은 훈민정음이 매우 과학적이고 체계적이며 구조적으로 만들어졌음을 다시 한 번 증명하는 것이라고 할 수 있습니다. 이제 우리에게

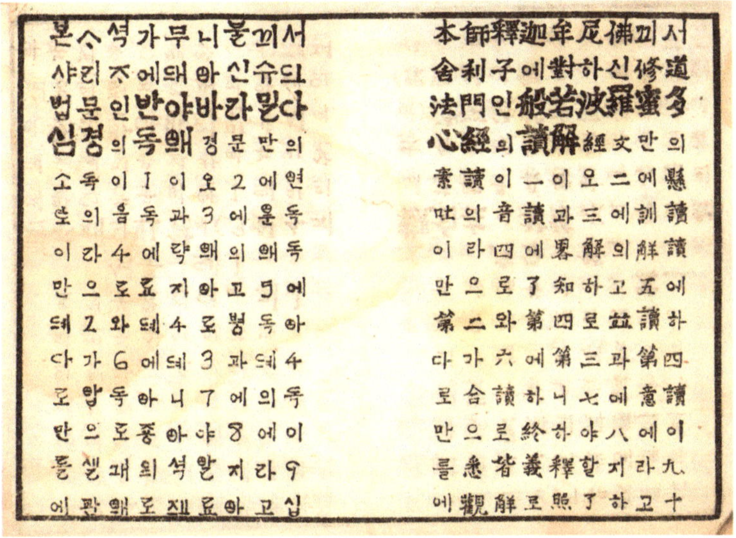
本師釋迦牟尼佛께서
舍利子에對하신修道
法門인般若波羅蜜多
心經의讀解經文만의
素讀이一이오二에懸
吐의音讀과三에訓讀
이라四에畧解의解讀
만으로了知하고五에
第二와第四로並讀하
다가六에第三과第四
로合讀하니七에意讀
만으로終하야八에이
를悉皆義釋할지라九
에觀解로照了하고十

그림 21 관음문자

남겨진 일은 이러한 자모들을 활용하여 우리의 정확하고 빠른 의사소통을 통해 문화를 창조하고 전달하는 일일 것입니다.

4　한글이 쓰이는 모양은 어떻게 바뀌어 왔을까요?

한글은 훈민정음이 창제된 이후 오늘날까지 쓰이는 모양이 많이 바뀌어 왔습니다. 한글이 쓰이는 방향이 바뀌었고, 한글 자형이나 서체도 많이 바뀌었습니다. 그리고 글의 성격에 따라 글자의 굵기와 크기도 변화하였고, 한글로 다 표현하지 못할 때에는 다른 기호도 사용하였습니다. 어떤 때에는 글자의 색깔을 바꾸어서 그 글의 특성을 보이기도 하였습니다.

세로쓰기에 띄어 쓰지 않기 ⇒ 가로쓰기에 띄어쓰기

훈민정음이 창제되었던 15세기에 한글은 세로쓰기 방식이었습니다. 그것도 글자와 글자 사이에 아무런 공간도 두지 않는, 즉 띄어 쓰지 않고 이어 쓰는 방식이었습니다. 19세기 말부터 가로쓰기와 띄어쓰기가 시작되었고, 최근에 와서 이것이 거의 일반화되었습니다.

15세기의 문헌과 20세기 중반기의 책을 비교해 보면 500년에(1447~1946) 걸친 한글 쓰임의 차이를 느낄 수 있습니다.

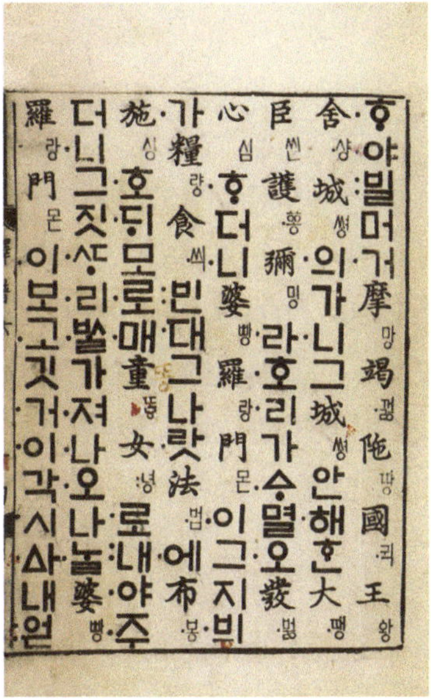

그림 1 《석보상절》(1447)

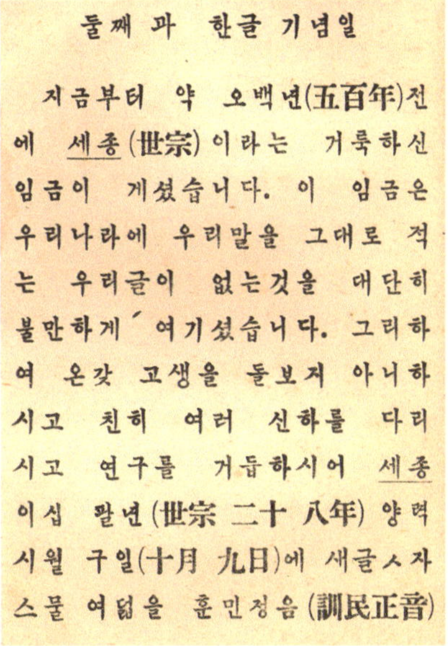

둘째 과 한글 기념일

지금부터 약 오백년(五百年)전 에 세종(世宗)이라는 거룩하신 임금이 계셨습니다. 이 임금은 우리나라에 우리말을 그대로 적는 우리글이 없는것을 대단히 불만하게 여기셨습니다. 그리하여 온갖 고생을 돌보지 아니하시고 친히 여러 신하를 다리시고 연구를 거듭하시어 세종 이십 팔년(世宗 二十 八年) 양력 시월 구일(十月 九日)에 새글ㅅ자 스물 여덟을 훈민정음(訓民正音)

그림 2 군정청 공민교과서(1946)

선과 점과 원의 변화

한글 자모는 오늘날 창제 당시의 기본적인 선을 그대로 유지하고 있는 것 같지만, 실제로는 창제 당시의 모습을 그대로 유지하고 있지는 않습니다.

훈민정음의 모든 자모는 '—(가로선), ㅣ(세로선), /(왼쪽 삐침), ＼(오른쪽 삐침), ○(원), ·(점)'의 여섯 가지 선과 점과 원으로 이루어집니다. 'ㄱ'은 '— + ㅣ', 'ㅅ'은 ' / +＼', 'ㅎ'은 'ㅣ+—+○'으로 이루어져 있고, 'ㅊ'은 'ㅣ+—+/+＼'으로 되어 있습니다. 다만 세로선이 옛날 전서(篆書)를 만드는 방식에 따라 그 길이를 반 정도로 줄인 것입니다. 모음 글자 'ㅏ'는 'ㅣ+·'으로, 그리고 'ㅠ'는 원래 '— + · + ·'으로 구성되어 있습니다. 그래서 한글은 세계에서 가장 단순한 획으로 이루어져 있는 셈입니다.

1. 직선 ⇒ 곡선

창제 당시 한글의 자모는 'ㅇ'과 'ㆍ'을 제외하고는 모두 직선이었습니다. 이 직선은 자모가 쓰이는 위치에 따라 차츰 곡선으로 변했습니다. 대표적인 것이 '가'의 'ㄱ'이라고 할 수 있습니다. 물론 이것은 모음 글자의 배열 위치에 따라 음절 글자의 전체적인 조화를 맞추기 위해 이루어진 변화입니다. 뿐만 아니라 글자를 쓰는 도구와 방법의 변화로 이루어진 것이라고 할 수 있습니다. 대표적으로 '가'의 'ㄱ'에 대한 시대별 변천상을 보도록 하지요.

명칭 \ 시기	15세기	16세기	17세기	18세기	19세기
'가'의 'ㄱ'	ㄱ	ㄱ	 ㄱ	 ㄱ	 ㄱㄱ

2. 점 ⇒ 선

점은 모두 모음 글자와 연관된 것이었는데, 모두 선으로 바뀌었습니다. 예컨대 '구'의 'ㅜ'는 'ㅡ'와 'ㆍ'의 조합이었는데, 오늘날에는 '구'라고 써서 'ㅜ'는 마치 'ㅡ'와 'ㅣ'의 조합처럼 보입니다. 《훈민정음》 해례본의 '구' 자와 오늘날의 '구' 자를 비교해 보시면 금세 아실 것입니다. 이것은 'ㅣ'와 'ㆍ'의 조합인 'ㅏ'에서도 마찬가지입니다. 다음 그림들에서 모음 글자들을 비교해 보시지요.

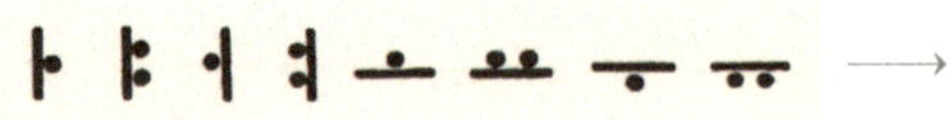

그림 3 《훈민정음》 해례본 모음 글자(1446)

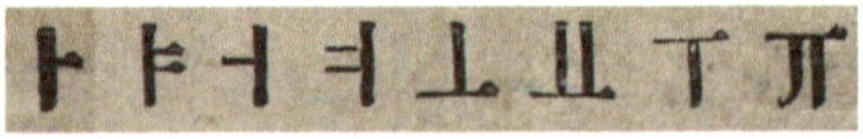

그림 4 《한글공부》(동아일보사, 1934)

점이 모두 선으로 바뀌어서, 오늘날의 한글 자모는 'ㅡ, ㅣ, ╱, ╲, ㅇ'의 다섯 가지 선과 원으로 구성된 것으로 변화하였습니다.

3. 꼭지 없는 원 ⇒ 꼭지 있는 원

원은 원래 꼭짓점이 있는 옛이응(ㆁ)과 꼭짓점이 없는 이응(ㅇ)으로 구분되어 있었는데, 이 두 글자의 구별이 명확하지 않아서, '옛이응'은 없어지고 '이응'만 남았습니다. 그 결과로 '이응'을 '옛이응' 자처럼 쓰기도 합니다. 이것은 붓으로 원을 쓰기 시작할 때 자연적으로 발생한 것입니다. 다음 그림에서 보는 《훈민정음》 해례본의 '이아'의 'ㅇ'과

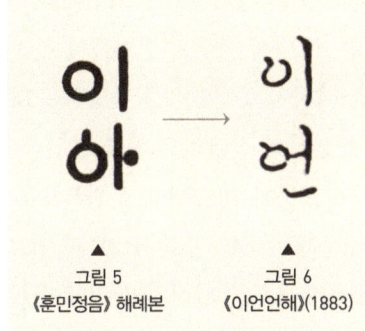

▲
그림 5
《훈민정음》 해례본

▲
그림 6
《이언언해》(1883)

'ㆁ'은 다른 글자입니다. 그러나 1883년에 간행된 《이언언해》에 보이는 '이언'의 'ㅇ'은 《훈민정음》 해례본의 '아'에 해당하는 'ㆁ'이 아니라 '이'의 'ㅇ'에 해당하는 글자입니다.

이 'ㅇ'은 19세기에는 삼각형으로 쓴 적도 있습니다. 이런 때에는 원을 붓으로 한 획으로 쓰지 않고 두 획으로 나누어 쓴 결과로 보입니다. 그래서 간혹 이 'ㅇ'의 자형을 보고 'ㅿ'인 것으로 착각하여 이 문헌을 15세기의 문헌으로 추정하는 웃지 못할 일도 일어납니다. 그림 7은 19세기에 간행된 《증보언간독》의 한 부분입니다. "하량ᄒᆞᆸ소셔 슈이 나아가"를 쓴 것인데 '하'와 'ᄒ'의 'ㅇ', '량'의 받침 'ㅇ', 'ᄋᆸ'과 '이'와 '아'의 'ㅇ'이 모두 'ㅿ'으로 보입니다. 'ㅇ'을 쓸 때 먼저 '∠'을 쓰고, 다음에 '╲'을 쓰는 순서로 쓴 결과입니다.

▲
그림 7
《증보언간독》
부분

한 문헌에 하나의 한글 서체 ⇒ 한 문헌에 등장하는 다양한 한글 서체

20세기 이전의 한글 문헌들에서는 한글 서체가 거의 한 가지임이 특징입니다. 오늘날처럼 컴퓨터상에서 다양한 서체를 자유롭게 선택하여 사용할 수 있었던 것이 아니라, 어느 한 서예가의 글씨를 판하(板下)로 하여 활자본(금속활자본이나 목활자본 등)이나 목판본을 만들었기 때문에 이러한 모습은 당연하였습니다. 오늘날 서예가들의 작품은 한 지면에 쓰는 한글 서체가 대부분이 한 가지인데, 이것은 그러한 전통이 이어져 온 결과일 것입니다. 이러한 현상은 한글 문헌뿐만 아니라 한문 문헌에서도 발견되는 공통점입니다. 책의 체재로부터 서체에 이르기까지 다양화하는 것을 기피하였던 것입니다. 체재를 단순화하려 한 것입니다. 이것은 그 당시 문헌 편집자들이 한글의 의사 전달 이외의 기능에 대하여 인식하지 못하였음을 증명하는 것입니다.

그러나 가끔 한 문헌에서 한글의 서체를 달리한 것이 보입니다. 다음 그림들에서 볼 수 있듯이 1852년에 목판본으로 간행된 《태상감응편도설언해》에는 대문해(大文解) 부분과 권1과 권2의 서체가 모두 다릅니다. 그러나 이것은 서체를 달리하기 위해서 이루어진 결과가 아니라 판하를 쓴 사람이 다르거나 또는 한 사람이 필체를 달리하여 쓴 결과입니다. 주로 후자의 경우가 많은데, 필체를 달리한 이유는 많은 글자를 쓰면서 발생한 권태감을 글자의 변형을 통해 분위기를 달리해 보려는 의도에서 이루어진 것으로 해석됩니다. 한국학중앙연구원에 소장되어 있는 구장서각 소장 장편 고소설들은 한 사람이 궁체로 필사하였으면서도 그 서체를 정자체, 반흘림체, 진흘림체 등으로 바꾸어 쓴 것을 볼 수 있는데, 이것은 바로 글씨를 쓰면서 이루어진 권태감에서 비롯된 것으로 보입니다. 짧은 한글 가사를 전사한 문헌에서는 위와 같은 서체의 변화는 보이지 않는 사실이 이러한 주장을 증명하는 근거라고 할 수 있습니다.

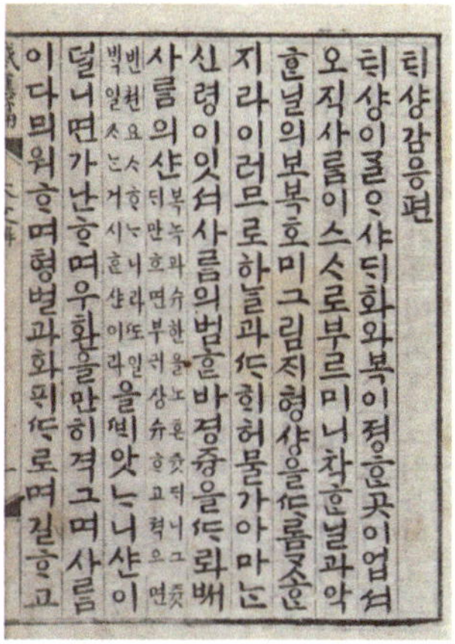

그림 8 《태상감응편도설언해》 권1의 《대문해(大文解)》

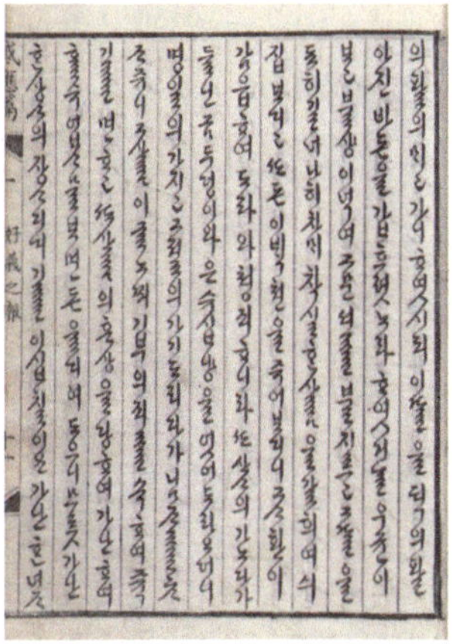

그림 9 《태상감응편도설언해》 권1, 34a

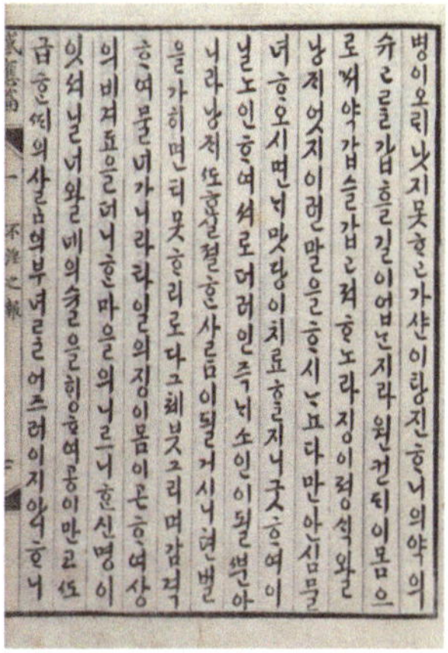

그림 10 《태상감응편도설언해》 권1, 7a

한글의 크기와 굵기와 변화로 글의 성격 구분 ⇒ 다양한 서체로 글의 성격을 구분

한 문헌에 사용된 동일한 서체의 한글을 크기와 굵기만을 달리하여 글의 성격을 구분하기도 하였습니다. 본문에 비해 주석문에 쓰인 한자음 표기의 한글을 한자에 비해 그 크기를 작게 하고 그 획을 가늘게 하여 구별하려고 하였습니다.

1. 주석문 ⇒ 주석문은 각주로

한글 주석문은 한글 본문에 비해 글자의 크기가 작고 획이 가늡니다. 본문은 한 줄에 한 글자가 꽉 차도록 썼지만, 주석문은 본문의 한 줄을 구분선이 없는 좌우의 두 줄로 나누고 둘로 나눈 줄에 한글을 한

글자씩 썼습니다. 주석문의 한글은 세로 폭이 반으로 줄어들었지만, 세로의 길이는 본문의 한글 길이와 동일합니다. 따라서 본문의 한 줄에 쓰인 글자 수와 주석분 한 술의 글자 수가 동일하게 되었습니다. 그림에 보이는 《훈민정음》 언해본에서 그런 모습을 쉽게 발견할 수 있습니다. 한글의 크기와 굵기를 달리한 것은 문장이나 글의 성격을 구분하려 한 것입니다.

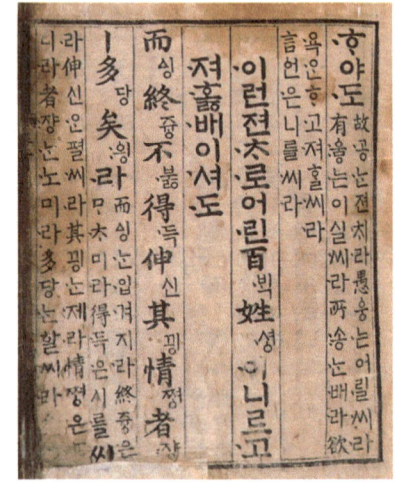

그림 11 《훈민정음》 언해본

그러나 오늘날에는 이 주석문이 주로 각 페이지의 아래에 쓰는 각주나 각 장이나 책의 맨 뒤에 쓰는 미주로 바뀌었습니다.

2. 한자음 괄호 병기

한자음은 각 한자 아래의 오른쪽에 작은 글씨로 썼습니다. 그러나 17세기 초부터는 한자 아래의 가운데에 작은 글씨로 쓰기 시작하였습니다. 《월인석보》에서는 한자음이 한자의 아래 오른쪽에, 《주역언해》에서는 한자음이 한자 아래의 가운데에 쓰여 있음을 알 수 있습니다.

그러나 오늘날에는 한자음은 한자를 쓴 다음에 괄호를 열고 한자음을 써넣는 방식으로 바뀌었습니다. 아니 오히려 한글을 밖으로 내놓고 한자를 괄호 안에 넣는 방식으로 한자와 한글의 위치도 바뀌었습니다.

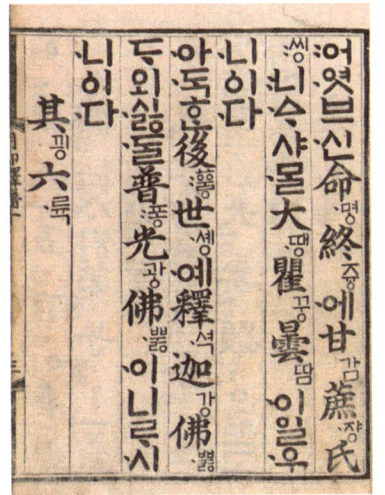
그림 12 《월인석보》

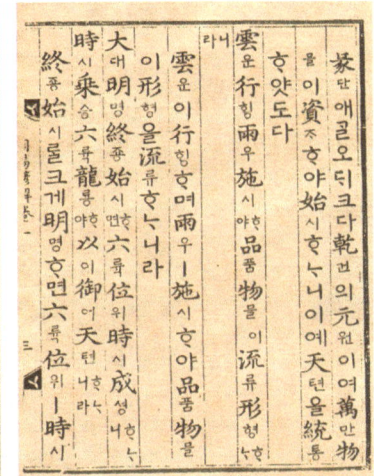
그림 13 《주역언해》

한글의 위치에 따른 글의 성격 구분 ⇒ 위치의 변화

한글의 배열 위치로서 문자나 문장의 성격을 구분하기도 하였습니다. 즉 다음과 같은 특징을 가지고 문장을 쓰게 되었습니다.

책의 제목은 위에서부터 한 칸을 비우지 않고 씁니다. 오늘날 제목을 그 글의 가운데에 정렬하는 방식과는 다른 것입니다. 《명의록언해》에 보이는 책 제목인 《명의록언히》가 그러합니다.(그림 14)

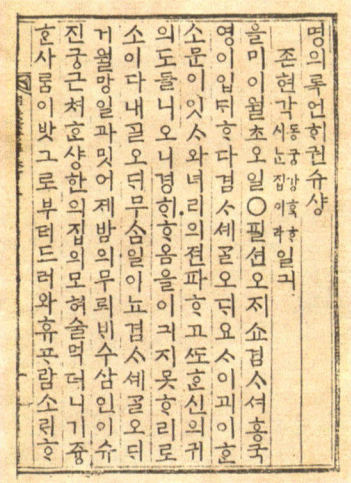
그림 14 《명의록언해》

인해본에서 한문 대문은 원래 한 글자 공간을 두지 않고 처음부터 썼습니다. 앞의 그림에서 보인 《훈민정음》 언해본에 "而終不得伸其情者ㅣ多矣라"의 부분이 그러합니다. 그러나 오늘날에는 번역본이라고 해도 이러한 차이를 두지 않습니다. 오히려 원문은 네모 괄호 안에 넣어 두기도 합니다.

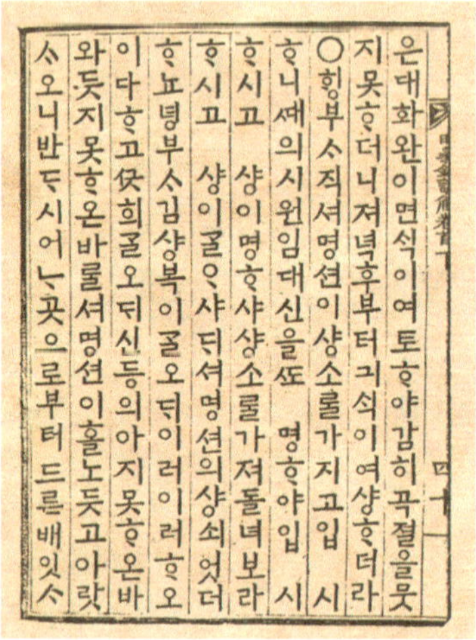
은대화완이면식이여토ᄒᆞ야감히곡절을뭇
지못ᄒᆞ더니져녁후부터긔식이여샹ᄒᆞ더라
○힝부ᄉᆞ직셔명션이샹소ᄅᆞᆯ가지고입시
ᄒᆞ니ᄣᅢ의시원임대신을또 명ᄒᆞ야입 시
ᄒᆞ시고 샹이명ᄒᆞ샤샹소ᄅᆞᆯ가져돌녀보라
ᄒᆞ시고 샹이ᄀᆞᆯᄋᆞ샤ᄃᆡ셔명션의샹쇠엇더
ᄒᆞ뇨병부ᄉᆞ김샹복이ᄀᆞᆯ오ᄃᆡ이러이러ᄒᆞ오
이다ᄒᆞ고伏희ᄀᆞᆯ오ᄃᆡ신등의아지못ᄒᆞ온바
와듯지못ᄒᆞ온바ᄅᆞᆯ셔명션이홀노듯고아랏
ᄉᆞ오니반ᄃᆞ시어ᄂᆞᆫ곳으로부터드ᄅᆞᆫ배잇ᄉᆞ

그림 15 《명의록언해》

임금을 지칭하는 단어(예컨대 '上' 등)가 올 때에는 문장이 계속되다가도 그 단어를 그 다음 행의 위로 올려 쓰거나 한 칸을 띄고 씁니다. 그림 15의 《명의록언해》에서도 '샹(임금)'이란 단어가 오면 한 칸을 비워 둔 후에 씁니다.

이것은 '대두법'이라고 해서 19세기 말의 기독교 서적이나 〈독립신문〉 등에도 그대로 쓰였던 것인데, 오늘날에는 이러한 방식이 전혀 쓰이지 않습니다.

다양한 문장부호의 사용으로 한글의 기능을 보완

문장부호는 언어를 표기하기 위한 보조 수단입니다. 즉 문자로서는 표기할 수 없는 생각이나 감정을 압축적으로 표기하는 한 방법인 것입니다. 그래서 문장부호에는 그 글을 쓴 사람의 언어에 대한 인식이 표현되어 있다고 할 수 있습니다. 옛 문헌에 쓰였던 문장부호의 몇 가지 예를 살피면 다음과 같습니다.

1. 음각 기호

원문 글자는 양각 글자인 데 비해, 음각 글자를 사용하여 강조하여 구별하는 표시를 합니다. 《십구사략언해》(1832), 《규합총서》(1869) 등에서 대표적으로 사용되고 있습니다.

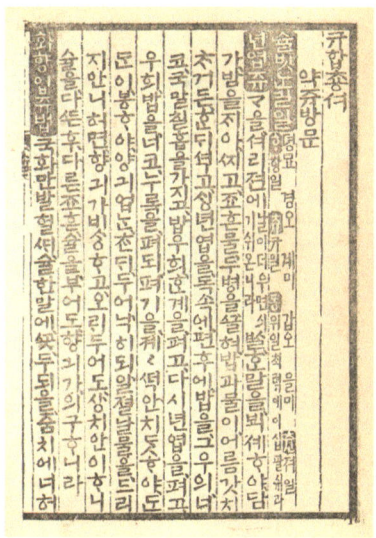

그림 16 《규합총서》

2. 원부호

원부호 'ㅇ'는 내용의 단락을 구분하는 기호입니다. 《법화경언해》를 참조할 수 있습니다. 이 기호의 사용은 매우 다양했는데 그 보기는 다음과 같습니다.

- 한문 원문의 대문에는 사용하지 않았습니다.
- 한문 원문과 언해문의 경계에 사용했습니다. 이때에는 동그라미가 한 줄을 차지할 정도로 크게 사용하였습니다.

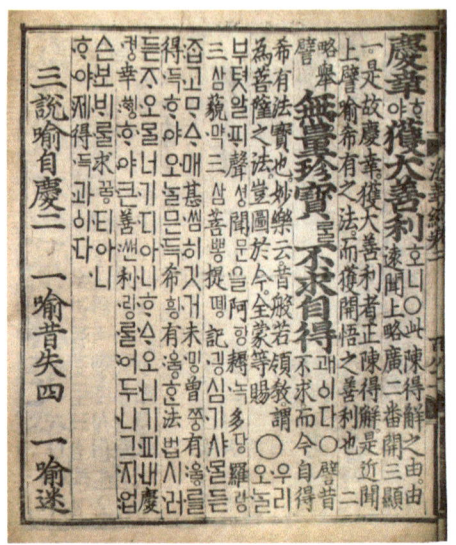

그림 17 《법화경언해》 권2

- 한문 원문에 대한 한문 주석이 시작되는 곳에 사용하는데, 한문 원문이 끝나고 그 한문의 구결자가 쓰인 마지막 글자 아래(즉 오른쪽 아래)에 원 'ㅇ'을 사용하여 한문 원문과 그것에 대한 한문 주석문의 경계임을 표시합니다.

3. 어미

가끔 이용되는 부호 중에 '어미(魚尾)'가 있습니다. 주로 15세기에 간경도감(刊經都監)에서 간행된 문헌에 사용되었습니다. 《능엄경언해》의 '흑어미'가 그러합니다. 한글 주석문에 나타난 단어들을 다시 주석할 때 사용하는 방식입니다. 주석이 시작될 때에는 '하향 흑어미'를, 그리고 그 주석을 닫을 때에는 '상향 흑어미'를 사용하였습니다. 다음에 나오는 《능엄경언해》 그림에서 확인할 수 있습니다.

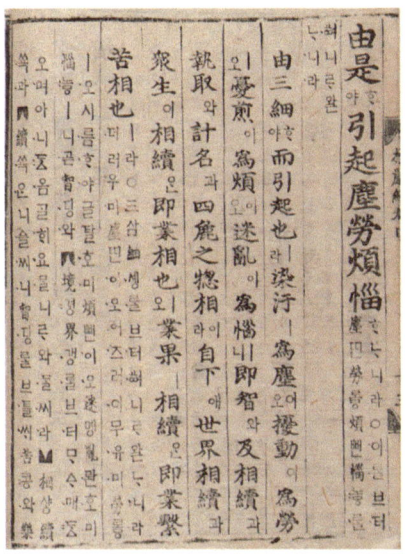

그림 18 《능엄경언해》

4. 권점

가장 오래된 기호는 '권점(圈點)'입니다. 《용비어천가》(1445), 《훈민정음》 해례본(1446), 《훈몽자회》(1527), 《신증유합》(1576), 《석봉천자문》(1583) 등의 문헌에 등장하는데, 이 권점은 주로 '한자에 친 권점'으로서 본래 그 기능은 성조를 표시하는 것이지만, 원래의 기능은 의미의 구별에 초점이 있었습니다. 이 예는 이전의 글에서 제시한 것이 있기에 여기에서는 그림으로 보이지 않습니다.

5. 동일 문자 기호

동일 문자를 지칭하는 기호는 주로 '<'나 '″'와 같은 기호를 사용하였습니다. 방각본 등의 판본(고소설이나 《규합총서》 등)이나 필사본 등에 사용되었으나 관판본의 목판본 등에서는 사용되지 않았습니다.

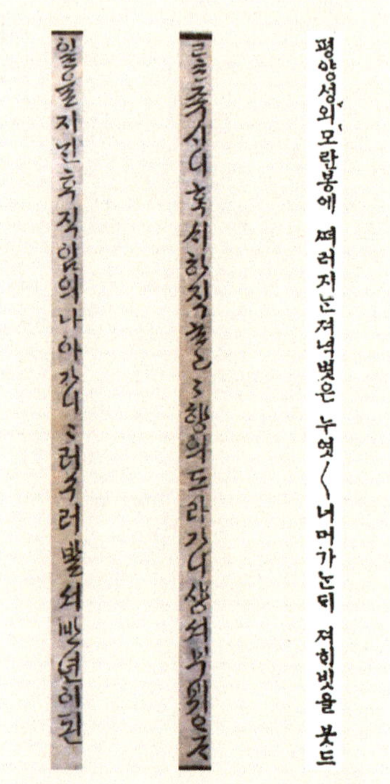

그림 19에서는 "임의나아가니〃러구러"로 되어 있는데, 이때의 '〃'는 "임의 나아가니 니러구러"의 '니'를 되풀이한 것입니다. 그림 20에서도 "ㅎ직ㅎ고 〃 향의 도라가니"는 "ㅎ직ㅎ고 고향의 도라가니"처럼 앞의 글자인 '고'를 되풀이한 것입니다. 그림 21은 '＜'가 쓰인 모습을 보인 것입니다. 그림 19와 그림 20은 고소설《월왕전》에서, 그리고 그림 21은《혈의 누》에서 뽑아 놓은 것입니다. 오늘날에도 필사할 때에는 위의 것과 같다는 표시로 위의 기호들을 사용하지만, 인쇄본에서는 거의 사용하지 않습니다.

▲ 그림 19 ▲ 그림 20 ▲ 그림 21

6. 구별 기호

외국어 학습서에는 구별 기호들이 보입니다. 예컨대 '√'와 같은 기호가 그것인데, 이것은 만주어와 몽고어의 발음을 구별하여 표기한 것입니다. 다음 그림의《동문유해》와《몽어유해》에서는 한글의 글자 오른쪽에 '√'와 같은 구별 기호가 쓰였음을 볼 수 있을 것입니다. 주로 외국어 표시에 사용된 것입니다. 그러나 오늘날에는 그러한 구별 기호를 전혀 사용하지 않습니다.

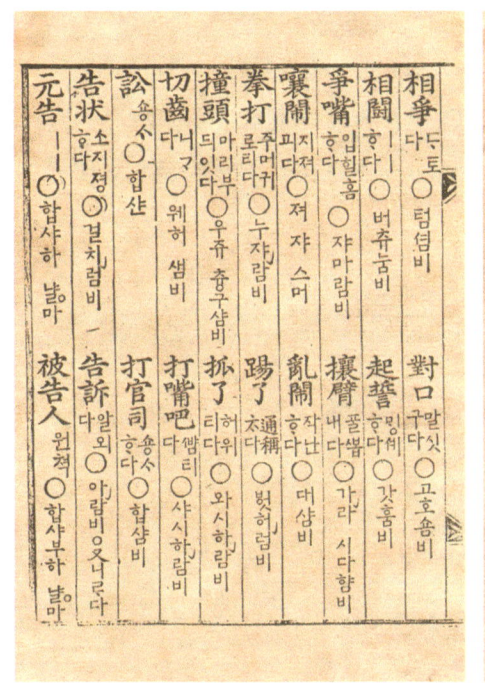

그림 22 《동문유해》   그림 23 《몽어유해》

7. 동일 의미 기호

동일한 의미를 나타내기 위한 기호로서 'ㅣ'를 사용하고 있습니다. 이것은 대개 유해류(類解類)의 문헌에 나타나는 것으로, 예를 들면 '현인 ㅣ ㅣ'(세로로 쓰인 것임)처럼 사용된 것입니다. 이것은 '賢人'의 의미가 역시 한국어에서도 '賢人'임을 나타내는 것인데, 결국 'ㅣ'는 앞 문자의 동일한 한 음절을 표시한다고 할 수 있습니다. 음절 수에 따라 그 기호의 수도 달라지기 때문입니다. 위의 그림 《동문유해》에서 표제항 '元告' 아래의 설명항이 그러합니다.

8. 표제항 표시

표제항을 표시하기 위한 방법으로 사용하였던 '⌒'과 '⌣'를 들 수 있습니다. 이것은 세로로 된 괄호 부호인 셈입니다. 《방언유석》에서 표제항과 풀이말 사이를 구별하기 위해 썼던 것인데, 오늘날에 이 부호는 괄호로 바뀌었습니다.

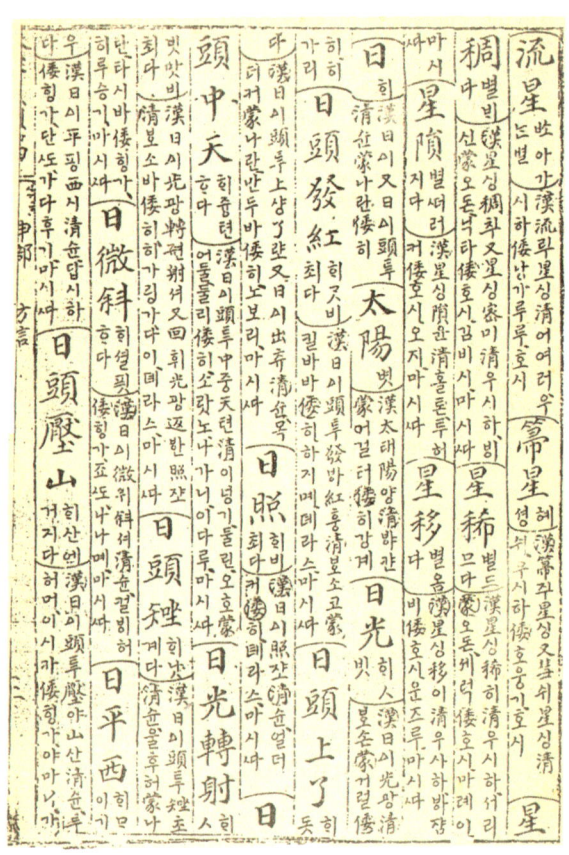

그림 24 《방언유석》

한글 서체의 특성화

대개 한 문헌에 한 가지 서체를 사용하였음에도 불구하고, 어느 특정한 종류의 문헌은 어느 일정한 서체만을 사용함으로써 그 한글 서체가 문헌의 특성을 창조해 낸 결과로 일어나기도 하였습니다. 대표적인 것으로 고소설을 들 수 있습니다. 고소설 중 장서각 소장본의 한글 장편소설들은 대부분이 궁체로 되어 있어서 궁중 한글 소설을 특징짓고 있습니다. 또한 방각본 고소설 중 완판본은 소위 방각본 민체(民體)로, 그리고 경판본은 주로 반흘림 궁체를 사용함으로써 오늘날 한글의 서체만 보고서도 그 책의 성격을 가려낼 수 있습니다. 이것은 의도적으로 만들어진 서체가 아니라, 인습적인 것으로 해석됩니다.

한편으로 어느 한 시대의 명필이 그 시대의 한글 서체를 특징지어서, 그가 쓴 한글 서체가 어느 한 시대의 어느 특정한 종류의 문헌을

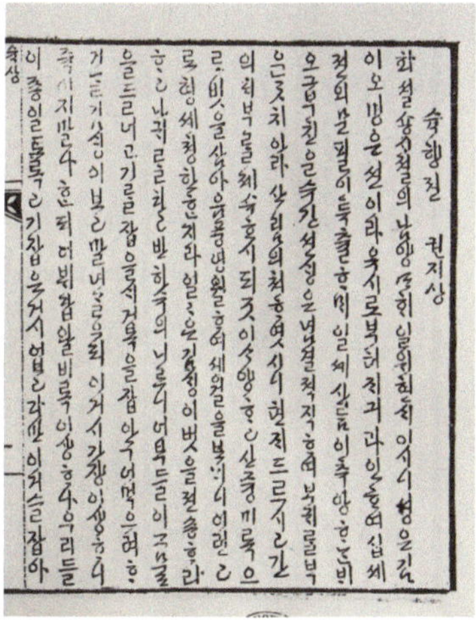

그림 25 경판본 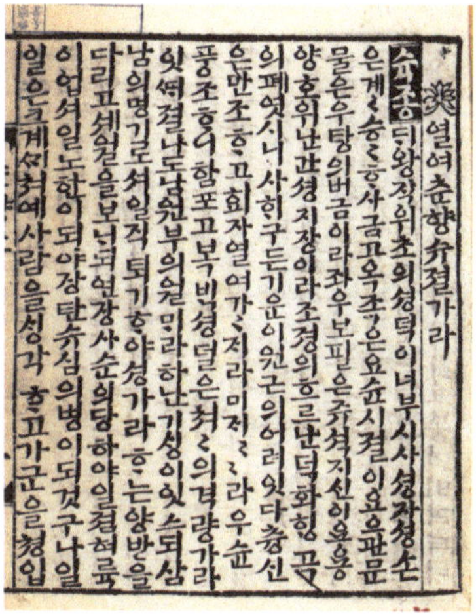 그림 26 완판본

특성화시키는 경우도 있습니다. 예컨대 정조 시대에 불암사에서 개간된 한글 불경은 모두 정조 시대의 명필이었던 홍태운(洪泰運)의 글씨를 판하로 하여 판각한 것이어서, 18세기 말의 불경 및 도교 문헌의 특성을 보여 주고 있습니다. 《경신록언석》에 쓰인 한글은 홍태운의 글씨입니다.

19세기 말에 간행된 각종 도교 관계 한글 문헌들도 그 한글 서체가 대체로 일정하여 도교 관계 문헌의 특성이 되고 있는데, 이러한 현상들은 그 당시에 민간에서 유행하던 한글 서체에 말미암은 것으로 해석됩니다.

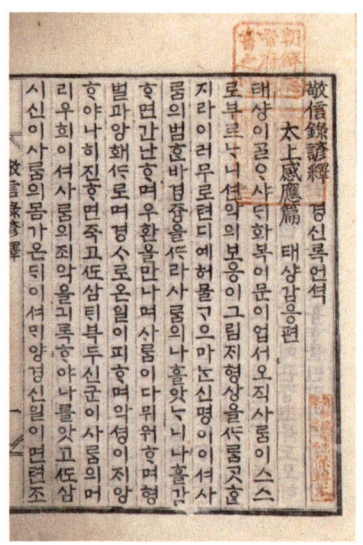

그림 27 《경신록언석》

글자의 색깔을 통한 문헌의 성격 구분

목판을 쇄출할 때에는 검은 색깔의 먹을 써서 인출하지 않고 주사(朱砂)를 이용하여 붉은 색깔로 쇄출하는 경우가 있습니다. 이것은 주로 종교적인 의미를 지니는 것으로 해석됩니다. 이 책의 소유 자체가 부적(符籍)을 지니는 효과가 있음을 암시하기 때문입니다. 부적이 주서(朱書)로 되어 있어서 이 문헌들을 주서로 쇄출한 것입니다. 19세기에 간행된 《기령현묘경》이 그러합니다. 오늘날에는 다양한 색깔의 책이 간행되어 그 색깔을 보고 책의 성격을 구분하기는 어렵습니다.

그림 28 《기령현묘경》

현대의 한글 운용 방식

20세기에 들어서 신문과 잡지들이 활판으로 간행되기 시작하고, 각종 교과서가 간행되었음에도 불구하고 한글 문헌에서의 한글 운용 방식은 그 이전의 인습에서 크게 벗어나지 못했습니다. 서양 문화를 가장 빨리 받아들였다고 하는 기독교계의 문헌에서조차 한글 운용 방법이 크게 개선되지 못했습니다. 그리고 일제 강점기 시대가 되면서 한글의 수난기가 시작되어 이와 같은 현상이 8·15 광복 때까지도 지속되었습니다. 그러나 일제 강점기 시대에서 해방되었어도 한글의 운용 방법은 금방 크게 개선되지 못했습니다. 예컨대 1946년에 간행된, 미국 군정청 간행의 국어 교과서에서도 글의 제목과 본문이 동일한 한글 서체를 사용하고 있었습니다. 다만 다음과 같은 점이 19세기 말과 달라진 모습이라고 할 수 있습니다.

- 한글의 띄어쓰기가 전면적으로 이루어지고 있습니다. 이것은 1933년에 한글학회에서 제정한 '한글 맞춤법 통일안'에 의거한 것입니다.
- 각종 문장부호(마침표, 쉼표, 물음표, 느낌표, 큰따옴표, 그리고 소괄호와 밑줄 등)들이 전면적으로 사용되고 있습니다.
- 문자와 문장의 배열에 변화를 보이고 있습니다. 그래서 문단의 첫 글자는 한 칸 들여 쓰는 등의 한글 운용 방안이 일반화되고, 동요와 동시는 줄을 바꾸어서 쓰는 등의 변화가 보이고 있습니다.

20세기 중반에 활판 인쇄술이 발달하면서 서체 개발이 다양하게 이루어졌습니다. 다양한 서체의 개발은 1953년 이후의 일로 알려져 있습니다. 즉 국정교과서 인쇄 회사에 사진 식자기와 벤톤 조각기가 도

입된 것이 한글 서체의 발달 요인이라고 합니다. 이후로 지금까지 서체 연구자들이 많은 서체를 개발하여 오늘날에 이르게 되었습니다. 특히 컴퓨터가 도입되고 탁상출판이 가능해지면서 각종 서체가 개발되어 봇물 쏟아지듯 출현하게 되었습니다.

5 한글의 자형은 언제 어떻게 변화하여 왔을까요?

획수의 차이로 보는 자모의 변화

이미 잘 아는 것처럼 훈민정음의 자모는 '상형이자방고전(象形而字倣古篆)', 즉 발음기관을 본떠서 만들었고 또 옛 전서(篆書)를 본떠서 만들었습니다. 그렇게 해서 28자모를 만들었는데, 그 글자들을 설명한 《훈민정음》 해례본에 보이는 자모의 모습은 다음과 같습니다. 여기에서는 현대에 쓰이지 않는 'ㅿ, ㅸ, ㆆ' 등은 제외하고 현대에 쓰이는 글자만을 보도록 하겠습니다. 다만 'ㆍ'만은 별도로 보기로 합니다.

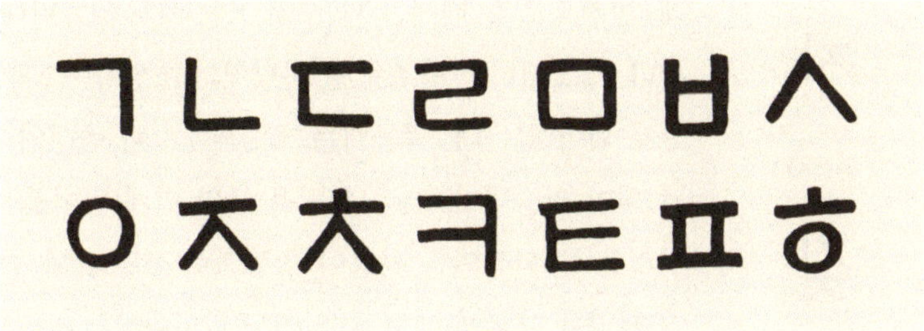

ㄱㄴㄷㄹㅁㅂㅅ
ㅇㅈㅊㅋㅌㅍㅎ

그림 1 자음 글자

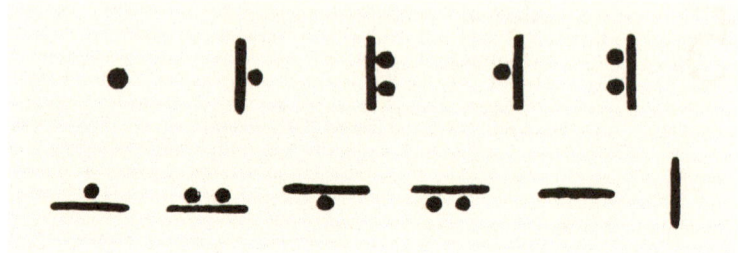

그림 2 모음 글자

여러분이 보기에 이들 자형이 오늘날 우리가 쓰는 한글의 자형과 같아 보이시나요? 모음 글자만 다를 뿐이지, 자음 글자는 오늘날의 모습과 다를 바 없는 것처럼 보이지요? 그러나 하나하나 찬찬히 살펴보면 오늘날 쓰는 자모와 차이가 난다는 점을 발견할 수 있을 것입니다. 제일 먼저 눈에 띄는 것은 'ㅈ'입니다. 현재 'ㅈ' 자는 대개 2획으로 쓰지요. 'ㅈ'의 가로 줄기 끝에서 왼쪽 삐침 줄기가 시작되는 2획이지만, 원래는 3획이었습니다. 즉 가로 줄기의 중간에서 왼쪽 줄기의 삐침 줄기와 오른쪽의 삐침 줄기가 시작되었던 것입니다. 오늘날에는 필기체일 때에는 3획으로 쓰는 경우가 거의 없지요.

바탕체
잦
돋움체
잦

어느 경우에는 한 음절에 쓰는 'ㅈ' 자가 초성에 쓰일 때에는 2획인데, 받침으로 쓸 때에는 3획으로 쓰는 예도 있습니다. '잦' 자가 그렇습니다. 명조체나 신명조체 등 바탕체의 초성자는 2획이고 종성자는 3획으로 되어 있는데, 돋움체는 초성의 'ㅈ'과 종성의 'ㅈ'이 모두 3획으로 되어 있습니다. 다음 그림을 보면 쉽게 알아볼 수 있을 것입니다. 이것을 본 외국인은 자음이 초성으로 쓰일 때와 종성으로 쓰일 때에 그 모양을 다르게 쓰는 줄 알기도 합니다.

'ㅈ', 3획에서 2획으로 언제 변했을까

　3획이었던 자형이 2획으로 변화한 모습은 필사본부터 보입니다. 바로 16세기 필사본인《순천김씨언간》(1556)입니다. 그 이전의 필사본인《상원사중창권선문》(1464)이나《구황촬요》(만력본, 1554)에서는 3획으로 쓰다가《순천김씨언간》부터 시작하여 이 이후의 필사본에서는 대부분 2획으로 나타납니다. 그 이후에도 필사본 중에서 궁체로 쓰인 것은 대부분 2획으로 썼습니다.

　다음에 15세기 문헌인《석보상절》과 16세기의《순천김씨언간》의 'ㅈ' 자를 예로 보도록 하지요. '짐작'의 '짐' 자와 '쟉' 자의 'ㅈ'이 2획으로 되어 있지요? 그리고 궁체로 쓰인 문헌들인 18세기의《낙성비룡》,《경세편언해》(1765)를 예로 들어 보입니다.

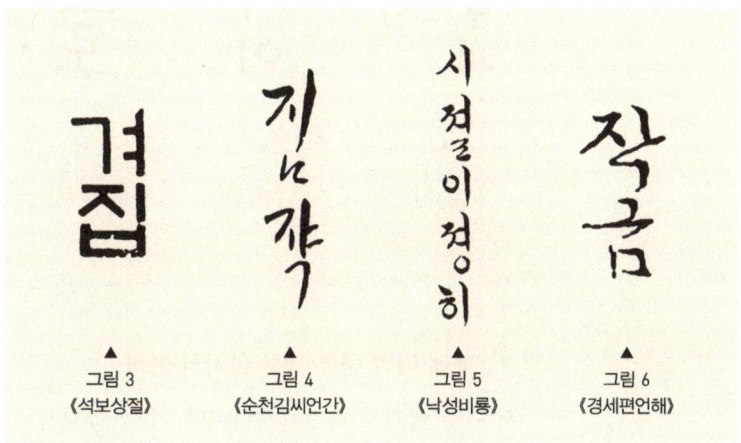

▲ 그림 3　　▲ 그림 4　　▲ 그림 5　　▲ 그림 6
《석보상절》　《순천김씨언간》　《낙성비룡》　《경세편언해》

　판본일 경우에는 그 변화 시기가 다릅니다. 목판본도 필사해서 나무에 새기니까 필사본과 자형이 같을 것이라 생각할 수도 있겠습니다만, 일반적으로 필사본이 주로 개인적이라고 한다면 목판본에 쓴 글씨는 공공적인 성격을 띱니다. 그래서 필사본에 비해 자형의 변화가 늦게 나타납니다. 목판본에서 'ㅈ'이 처음 2획으로 보이는 것은 17세기 초의 《연병지남》에서입니다. 그 이후에는 모두 3획으로 쓰다가 19세기에 와서 2획으로 일반화되기 시작했습니다. 《연병지남》(1612)에서는 'ㅈ'을 2획으로 쓴 글자와 3획으로 쓴 글자가 혼용되고 있습니다. 《조군영직지》(1881), 《태상감응편도설언해》(1852), 《열녀춘향수절가》(19세기)의 예도 함께 들겠습니다.

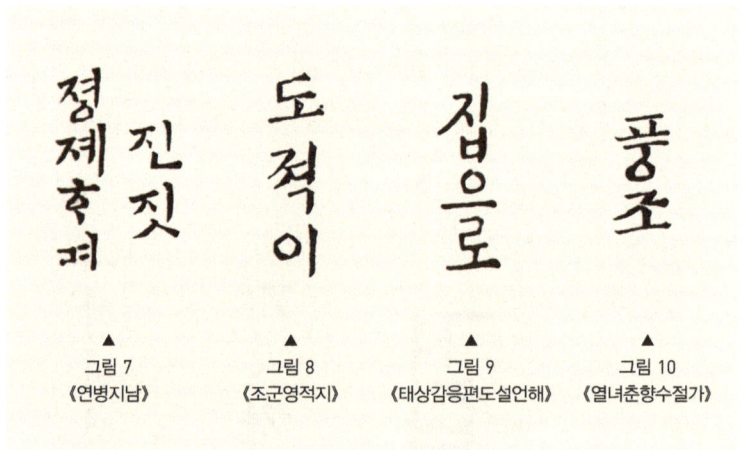

그림 7
《연병지남》

그림 8
《조군영적지》

그림 9
《태상감응편도설언해》

그림 10
《열녀춘향수절가》

'ㄱ', 때에 따라 다른 세로 줄기의 변화

'각'이란 글자도 마찬가지입니다. 모음 글자가 'ㄱ'의 아래에 올 때나 받침으로 쓰일 때는 'ㄱ'의 세로 줄기를 수직으로 내려 긋는데, 모음 글자가 오른쪽에 올 때에는 'ㄱ' 자의 세로 줄기를 왼쪽으로 삐치도록 쓰지요.

모음자가 아래에 올 때	모음자가 왼쪽에 올 때	받침으로 쓸 때
구	가	각

이렇게 변화한 것도 필사본부터입니다. 이것은 'ㅈ'의 변화보다 후대에 이루어집니다. 특히 궁체가 널리 쓰이던 18세기부터 이러한 변화가 두드러집니다. 그러다가 19세기 중기 이후에 일반화되어서 오늘에 이르렀습니다. 《석보상절》(1447), 《남계연담》(18세기), 《삼성훈경》(1880)의 예를 들어 보지요.

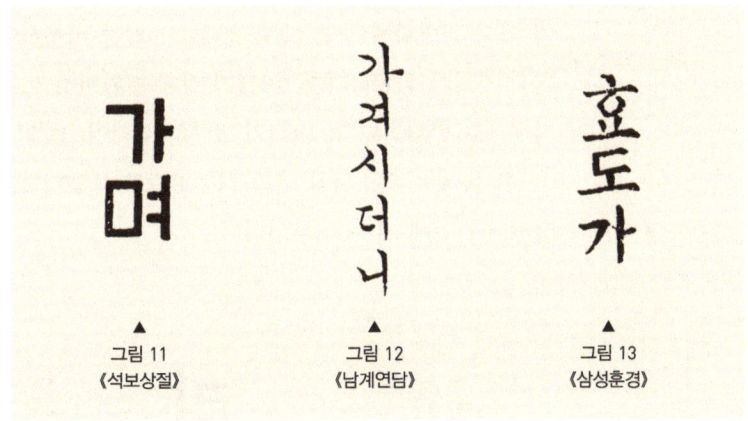

▲ 그림 11 《석보상절》　　▲ 그림 12 《남계연담》　　▲ 그림 13 《삼성훈경》

다양한 자형을 가진 'ㅌ'

'ㅌ' 자는 안 그런가요? 원래 'ㅌ'은 'ㄷ'의 가운데 공간에 가로로 가획한 것입니다. 그러나 요즈음은 'ㄷ' 위에 가로로 가획한 것처럼 쓰는 경우가 더 많습니다. 북한에서는 심지어 이 'ㅌ'을 'ㄷ'에 세로로 가획한 글자처럼 쓰기도 합니다.

길을 가다가 어느 호텔의 간판에서 'ㅌ' 자가 세 가지로 쓰인 것을 본 적이 있습니다. '호텔, 터어키탕'이라는 간판이었는데, '텔, 터, 탕'에 보이는 'ㅌ' 자의 자형이 모두 달라서 간판 글씨를 쓴 사람이 의도적으로 쓴 것 같다는 생각을 한 적도 있습니다.

'ㄷ'의 가운데에 가획한 것	'ㄷ'의 위에 'ㅡ'를 가획한 것	북한의 'ㅌ'의 한 예
타 도	타 토	튼

'ㅌ' 자의 변화는 《마경초집언해》(1682)에서부터 보이다가 18세기에 와서 일반화됩니다. 《동문유해》(1748)를 비롯하여 많은 문헌에 두 가지 자형이 공존하다가, 19세기 말에는 완전히 'ㅡ'에 'ㄷ' 자를 붙인 자형으로 변화합니다. 19세기 말에는 심지어 'ㄷ'의 위에 가로 줄기인 'ㅡ'를 아래로 비스듬히 내리긋는 자형도 보입니다. 《태상감응편도설언해》(1852)에 그 예가 보입니다.

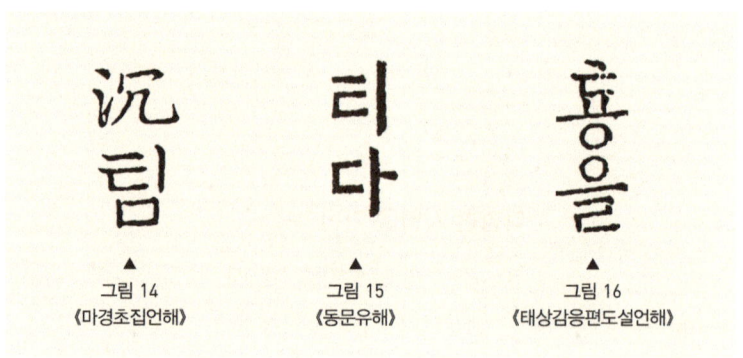

▲ 그림 14 《마경초집언해》

▲ 그림 15 《동문유해》

▲ 그림 16 《태상감응편도설언해》

삐침 줄기 시작점이 변화한 'ㅅ'

'ㅅ' 자도 자형이 바뀐 셈이지요. 원래 'ㅅ' 자는 왼쪽 삐침 줄기의 시작점과 오른쪽 삐침 줄기의 시작점이 같은 위치에 있습니다. 그래서 훈민정음에 보이는 'ㅅ' 자와 같은데, 오늘날에는 왼쪽 삐침 줄기의 시작선 위에서 약 삼 분의 일가량 밑에서 오른쪽 삐침 줄기가 시작되는 자형으로 바뀌었습니다. 그러니까 옛날의 'ㅅ'은 왼쪽 삐침 줄기의 끝과 오른쪽 삐침의 끝을 이으면 정삼각형이 되지만, 오늘날의 'ㅅ'은 정삼각형의 꼭짓점에서 오른쪽으로 선이 삐죽 하나 올라가게 됩니다.

| 사수 | 사수 |

'ㅅ'의 변화는 17세기 초부터였습니다. 《연병지남》(1612), 《동의보감》(1613) 등에 명확히 나타납니다. 'ㅅ'이 'ㅓ, ㅕ' 등과 통합될 때에 오른쪽의 삐침 줄기가 아래로 처진 것은 1762년 경상도에서 간행된 《지장경언해》에서부터 보이기 시작하여 19세기 말에는 일반화되었습니다.

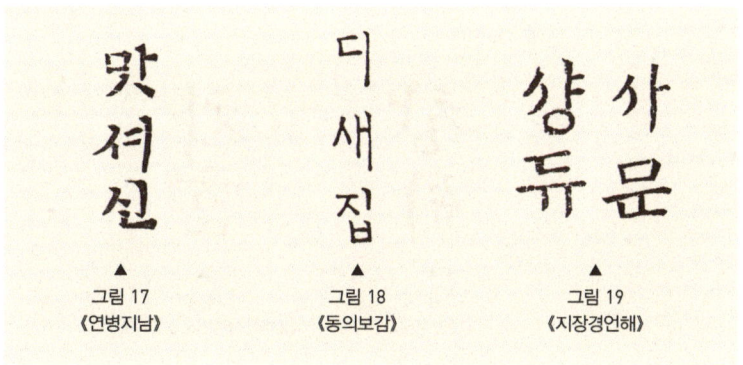

▲ 그림 17
《연병지남》

▲ 그림 18
《동의보감》

▲ 그림 19
《지장경언해》

세로선이 변한 'ㅊ'과 'ㅎ'

'ㅊ' 자와 'ㅎ' 자는 변화하지 않은 것 같지요? 아닙니다. 세로선이 변했습니다. 'ㅊ' 자는 원래 'ㅈ'에 세로로 한 획을 가획한 것이고, 'ㅎ' 자도 'ㅇ'에 세로로 한 획을 가획한 것입니다. 그러나 가로선과 같은 길이로 가획한 것이 아니라 그 선의 길이를 반 이하로 줄여서 가획한 것입니다. 가로로 가획할 때에는 같은 길이로 가획하지만, 세로로 가획할 때에는 짧게 가획합니다. 이것을 한자 전서를 만들 때의 한 방법인 미가법(微加法)이라고 합니다.

그런데 오늘날의 'ㅊ'과 'ㅎ'의 꼭짓점은 수직으로 긋지 않고, 왼쪽에서 비스듬히 오른쪽으로 내려 그어서 가로 줄기와 직접 연결되지 않도록 쓰고 있습니다. 그래서 그 자형이 바뀌었다고 보는 것입니다.

'ㅊ'의 변화는 필사본에서 처음 나타나는데, 판본에서는 《연병지남》(1612)에서 보이기 시작하였으며 일반화된 것은 19세기 중반 이후입니다.

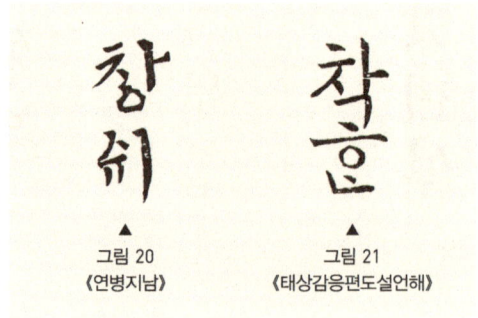

▲
그림 20
《연병지남》

▲
그림 21
《태상감응편도설언해》

'ㅎ'의 변화도 'ㅊ'과 같습니다. 필사본에 처음 보이다가 판본에서는 역시 《연병지남》에서 비롯되어서 18세기 문헌에 자주 나타나다가 19세기 말에 일반화되었습니다.

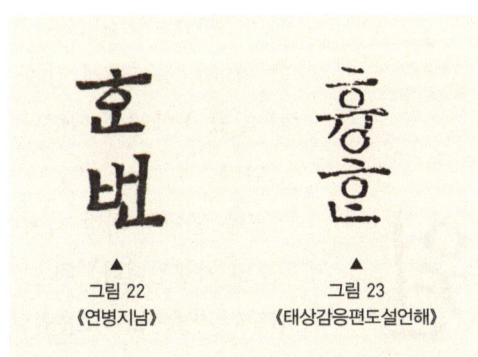

▲
그림 22　　　　　　　그림 23
《연병지남》　　　　《태상감응편도설언해》

모음 중 가장 특이하게 변한 '워'

　모음 글자도 모두 바뀌었습니다. 원래 천지인(天地人)을 각각 본떠서 'ㆍ, ㅡ, ㅣ'를 만들었다는 사실은 잘 아실 것입니다. 그런데 'ㆍ'가 점에서 선으로 바뀌었습니다. 그래서 '아'는 '아'로, 그리고 '우'는 '우'로 변했는데, 흥미로운 것은 'ㅣ'에 'ㆍ'가 결합할 때보다, 'ㆍ'가 'ㅡ'의 아래에 결합할 때에 그 선의 길이가 더 길어졌다는 것입니다. 그래서 'ㅏ'의 가로로 그은 선보다는 'ㅜ'의 세로로 그은 선의 길이가 더 길게 보입니다.

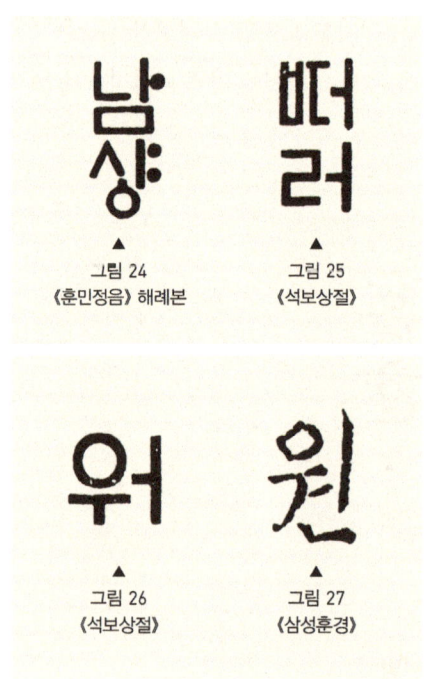

그림 24
《훈민정음》 해례본

그림 25
《석보상절》

그림 26
《석보상절》

그림 27
《삼성훈경》

'ㆍ'가 점으로 표기된 문헌은 《훈민정음》 해례본(1446)과 《동국정운》(1448)뿐입니다. 나머지 문헌은 모두 선으로 바뀝니다. 그러니까 훈민정음 창제 당시에 그러한 변화가 이미 일어난 것입니다. 이것은 붓으로 글씨를 쓸 때, 동그랗게 점을 쓰는 일이 수월하지 않았기 때문에 일어난 자형의 변화일 것입니다.

모음 중에서 가장 특이한 변화 중 하나가 '워'의 자형입니다. '워'는 원래 'ㅜ'와 'ㅓ'가 합하여 만들어진 모음입니다. 따라서 'ㅜ'의 위에 'ㅓ'가 합쳐져서 'ㅓ'의 가로 줄기가 'ㅜ'의 가로 줄기 위에 자리 잡았던 것입니다. 그것은 'ㅣ'에 'ㆍ'가 결합할 때, 'ㆍ'가 'ㅣ'의 가운데에 놓여야 하기 때문입니다.

우리나라 주화 중 이전에 나온 주화나 지폐에 보이는 '원'의 모습이 본모습입니다. 그러던 것이 17세기부터는 'ㅓ'의 가로 줄기가 'ㅜ'의 가로 줄기 아래에 놓이는 모습이 보입니다. 《역어유해》(1690), 《오륜전비언해》(1721), 《지장경언해》(1762), 《박통사신석언해》(1765) 등에 나타나며, 19세기 중기 이후부터 일반화되었습니다.

오늘날 국립국어원의 로고를 보시면 국립국어원의 원 자가 어떻게

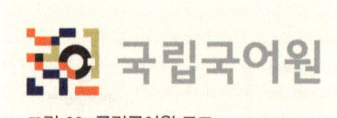

그림 28 국립국어원 로고

되어 있나요? 'ㅜ'의 아래로 'ㅓ'의 가로 줄기가 들어가 있지요? '워'의 표준 자형을 그렇게 정했기 때문입니다. 마찬가지로 최근에

나온 지폐나 동전의 '원'은 그림과 같은 '**위**'를 '**원**'으로 바꾸었을 것입니다.

한글 자형의 변화는 주로 필사본에서

한글 자모는 모든 글자가 가로 직선(ㅡ), 세로 직선(ㅣ), 동그라미(ㅇ), 왼쪽 삐침선(／), 오른쪽 삐침선(＼), 점(·)으로 구성되어 있습니다. 즉 한글 자모는 직선과 점과 원으로 구성되어 있습니다. 'ㄱ'은 가로선과 세로선으로 구성되어 있고, 'ㅈ'은 가로선과 왼쪽 삐침과 오른쪽 삐침으로 구성되어 있습니다. 'ㅏ'는 세로선과 점으로 되어 있습니다. 외국인이 한글을 배울 때 쉽게 터득할 수 있는 이유 중의 하나가 이렇게 한글이 단순한 직선과 점과 원으로만 이루어졌기 때문입니다. 위에서 나타난 결과로 볼 때에, 한글 자형의 변화는 주로 필사본에서, 그리고 지방에서 간행된 문헌에서 비롯되었다는 것이 그 특징이라고 할 수 있습니다. 관아에서 간행된 문헌에서는 어느 정도 표준적인 자형을 유지하고 있지만, 지방에서 간행된 문헌에서는 변화를 보이고 있음을 증명하는 것이라고 할 수 있습니다.

다양한 자형, 표준 명칭 있어야

펜과 연필이 나오기 이전에는 필기도구가 모두 붓이었기 때문에 붓으로 직선을 긋거나 점을 치거나 원을 그리는 일이 그리 쉬운 일이 아니었을 것입니다. 붓은 오히려 곡선을 그리는 데 유리한 도구입니다. 그래서 그림은 아직도 붓으로 그리지요.

한글의 자형이나 서체는 직선을 곡선으로, 점을 짧은 선으로, 그리고 원을 꼭시가 있는 원으로 바꾸는 방향으로 변화하게 되었습니다. 아마도 직선을 최대한으로 곡선화하고, 점을 선으로 바꾸고, 원을 꼭지가 있는 원으로 바꾼 서체가 궁체일 것입니다. 다음 그림에서 궁체 정자체와 궁체 반흘림체를 보지요.

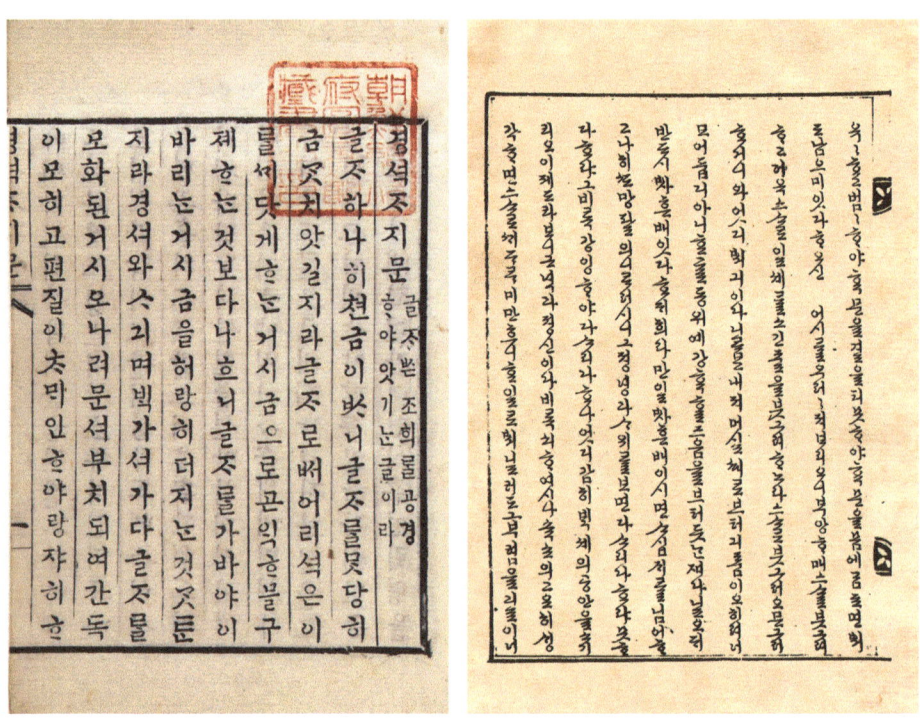

그림 29 《경석자지문》 궁체 정자체   그림 30 《경세편언해》 궁체 흘림체

그러면 이러한 다양한 자형 중에서 표준 자형을 정해야 하지 않을까요? 표준 자형을 정해 놓고 변이 자형을 어느 정도 허용해야 할 것입니다. 1993년 문화체육관광부에서 '한글 글자본'이라는 표준 자형을 정한 적이 있습니다. 그 총칙만을 보도록 합시다.

한글 글자본

제1항 한글 글자본은 한글의 가독성과 변별성을 높이며, 조형적 아름다움을 담도록 함을 원칙으로 한다.

제2항 한글 글자본은 한글의 기계화를 용이하게 할 뿐만 아니라 손으로 쓰는 데에도 편리하도록 함을 원칙으로 한다.

제3항 한글 글자본 제정의 대상인 한글은 한글맞춤법(문교부 고시 제88-1호, 1988. 1. 19.)에 규정된 낱자와 이들 낱자에 의하여 이루어지는 낱내글자로 하되, 옛한글도 포함시킨다.

제4항 한글의 외곽 모양은 네모꼴을 원칙으로 하되, 경우에 따라서는 변형할 수도 있다.

제5항 한글 각 낱자의 기본 꼴은 글자체의 종류와 크기에 관계없이 통일시킴을 원칙으로 하되, 낱내글자를 구성할 때 쓰이는 위치에 따라 낱자의 모양이나 크기를 변형할 수 있다.

제6항 한글 각 낱자의 기본 꼴은 다음과 같이 정한다.

그림 31 닿소리 글자

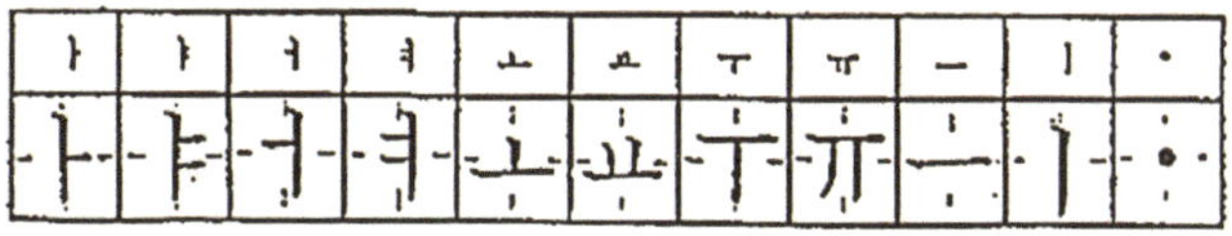

그림 32 홀소리 글자

이 자형이나 서체를 설명할 때 가장 어려운 점은 한글 자모의 각 부분 명칭이 정해져 있지 않은 것입니다. "'ㄱ'의 가로선과 세로선을 무엇이라고 할까요?", "'ㄴ'의 세로선과 가로선을 무엇이라고 할까요?" 등등도 문제입니다. 그 표준 명칭을 만든 것도 앞에서 제시한 '한글 글자본' 붙임에 나와 있습니다. 그러나 국어학자와 한글 서예가, 한글 디자인 전공자들의 의견이 분분히여, 다시 한 번 표준안을 다듬어봄 직하다고 생각합니다.

6 띄어쓰기는 언제부터 왜 하기 시작했을까요?

띄어쓰기는 왜 하나요

어느 남자가 아내에게 "서울 가서 방을 얻으시오"라고 글을 써서 보냈는데, 아내가 '방(房)'을 얻지 않고 엉뚱하게 '서방(書房)'을 얻었다면 어떻게 될까요? "서울 가서 방을 얻으시오"를 "서울가서방을얻으시오"처럼 띄어 쓰지 않아서, 아내가 이 글을 "서울 가 서방을 얻으시오"로 이해하여 일어난 일이라고 한다면 잘못된 띄어쓰기로 엄청난 일이 벌어진 사건일 것입니다. 이 문장은 띄어쓰기를 잘못했을 때 발생할 수 있는 중의성을 재미있게 설명하기 위해 어느 국어학자가 만든 예문입니다만 "아버지가방에들어가신다", "장비가말탔다" 등보다는 실감 나는 예문입니다.

띄어쓰기는 한 문장이 한 가지 이상의 뜻으로 해석되는 일을 막아 줄 뿐만 아니라 문장의 의미를 빠르게 이해하는 데에도 매우 효과적입니다. 문장을 단위별로 읽어 가기 때문입니다. 같은 내용의 글을 띄어쓰기한 것과 띄어쓰기하지 않은 것을 만들어 독해 실험을 해 보아도 쉽게 알 수 있을 것입니다. 다음과 같이 띄어쓰기를 하지 않은 글과 띄어쓰기를 한 글을 직접 읽어 보지요.

축대위에우뚝솟은우리집은이층은거의불이켜진적이없고,아래층도높은담장과정원수에가려결코외부에안의동정을엿뵈는법이없다.다만바가지를엎어놓은모양의수은등의창백한빛을받은정원의상록수들이낮에보는것보다훨씬울창해흡시숲처럼보이고집도성처럼보인다.

축대 위에 우뚝 솟은 우리 집은 이층은 거의 불이 켜진 적이 없고, 아래층도 높은 담장과 정원수에 가려 결코 외부에 안의 동정을 엿뵈는 법이 없다. 다만 바가지를 엎어 놓은 모양의 수은등의 창백한 빛을 받은 정원의 상록수들이 낮에 보는 것보다 훨씬 울창해 흡사 숲처럼 보이고 집도 성처럼 보인다. _박완서,《도시의 흉년》상권(1993)

눈으로 읽든 소리 내어 읽든 상관없이 띄어 쓴 문장을 띄어 쓰지 않은 문장보다 더 정확하고 빠르게 읽을 수 있습니다. 문자는 시각적인 부호이기 때문에 글을 눈으로 읽을 때에는 언어 경계를 표시하는 띄어쓰기에 따라 단위별로 읽고 이해하게 되어 이렇게 빨라지게 되는 것입니다. 띄어 쓰지 않는다면 문장의 경계를 찾는 데 시간을 소비하게 될 것이며, 소리를 내어 읽을 때에도 동일한 현상이 일어날 것입니다.

띄어쓰기는 언제부터 시작됐나요

그렇다면 이러한 띄어쓰기는 언제부터 시행된 것일까요? 우리나라에서 처음으로 띄어쓰기를 공식적으로 규정한 것은 1933년의 한글 맞춤법 통일안입니다. 그러나 이 통일안은 이전부터 띄어쓰기가 이루어져 온 것을 규정한 것일 뿐, 이때부터 띄어쓰기가 시작되었다는 의미는 아닙니다.

실제로 우리말을 띄어쓰기로 표기하기 시작한 것은 외국인에 의해서입니다. 물론 영어 등을 알파벳으로 표기할 때에 띄어쓰기를 한 것에 영향을 받았을 것으로 생각합니다.

지금까지 알려진 문헌 중에서 처음으로 띄어쓰기를 한 문헌은 1877년에 존 로스(John Ross, 1841~1915)가 지은 《Corean Primer》(조선어 첫걸음)로 알려져 있습니다. 이 책은 서양인에 의해 최초로 가로쓰기를 한 책인 동시에 최초로 띄어쓰기를 한 책으로 알려져 있습니다. 이 책의 제1과를 보지요.

이것을 다시 써 보면 다음과 같습니다.

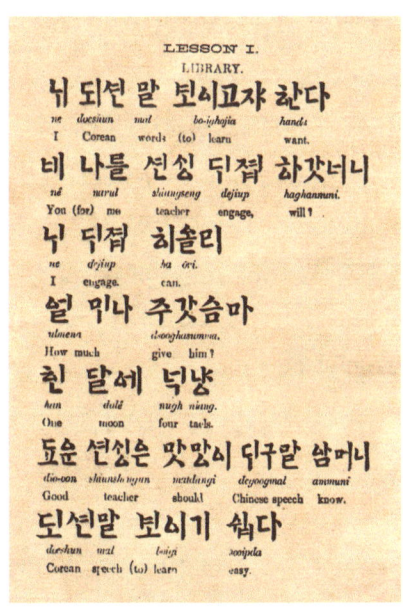

그림 1-1 《Corean Primer》

늬 됴션 말 보이고쟈 한다
네 나를 션싱 듸졉 하갓너니
늬 듸졉 히올리('히'는 '하'의 오기)
얼미나 주갓슴마
힌 달에 넉냥('힌'은 '한'의 오기)
됴운 션싱은 맛당이 듸구말 암머니
됴션말 보이기 쉽다

이 띄어쓰기는 오늘날의 띄어쓰기와 거의 유사한 모습을 보입니다. 존 로스는 1872년에 중국 산둥 반도의 즈푸[芝罘]에서 1910년에 은퇴할 때까지 38년 동안 중국의 선교사로 활동한 영국의 목사입니다. 1876년에 압록강을 건너

왔던 한약 장수 이응찬(李應贊)을 만나고, 그를 한국어 선생으로 삼아 한국어를 배워 성경을 번역하였습니다. 역시 이성하(李成夏), 김진기(金鎭基), 백홍준(白鴻俊), 서경조(徐景祚)를 만나 세례를 주고, 이를 계기로 1877년에 《Corean Primer》를 쓰게 되었습니다. 따라서 이 책에 보이는 한국어는 이들로부터 나온 것이 분명합니다. 그래서 이 책에는 평안도 지역어와 함경도 지역이가 반영되어 있습니다. 비록 여기에 쓰인 언어는 한국인의 방언을 반영한 것이지만, 띄어쓰기는 아마도 존 로스 목사의 판단일 가능성이 높습니다. 처음에는 이 책의 띄어쓰기도 원칙이 없었던 것 같습니다. 그림 1-2에서 보는 바와 같이 이 책의 제2과에는 띄어쓰기를 하지 않은 것도 보입니다. 반면에 그림 1-3의 제3과에는 다시 띄어쓰기가 계속되고 있습니다.

이 책의 수정판인 《Korean Speech with Grammar and Vocabulary》(1882)에도 역시 띄어쓰기가 되어 있어서 일관된 모습을 보입니다.

스코트(J. Scott)가 1887년에 쓴 《언문말칙(A Corean Manual or Phrase Book)》에도 띄어쓰기가 되어 있습니다. 장로교 선교사인 언더우드(H. Underwood)가 1890년에 쓴 《An Introduction to the Korean Spoken Language》(韓英文法)에서는 로스와 스코트의 저서처럼 국문과 영문을 아래위로 대역 배치하였습니다. 왼쪽에는 국문, 오른쪽에는 영문을 대역시키는 좌우 배치 방식도 보이며, 왼쪽의 국문에는 어절형 띄어쓰기를 하고 있습니다. 그림 3에서 확인이 됩니다.

이 이외에도 1895년에 간행된 《구세교문답》은 순 한글로 표기되어 있는 연활자본 성격인데, 띄어쓰기가 철저히 지켜지고 있습니다. 어느 학자는 《쟝원량우샹론》이란 책이 1893년에 출간된 것이어서 〈독립신문〉보다 앞선 시기에 띄어쓰기를 한 문헌으로 이를 소개한 적이 있습니다. 그러나 이 《쟝원량우샹론》은 1893년이 아니라 1898년에 간

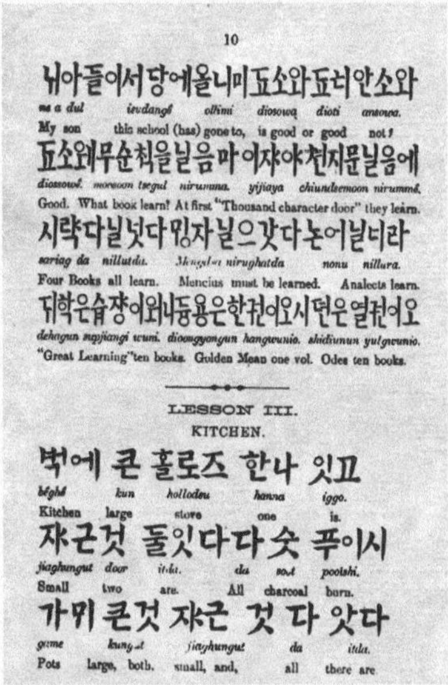

그림 1-2 《Corean Primer》

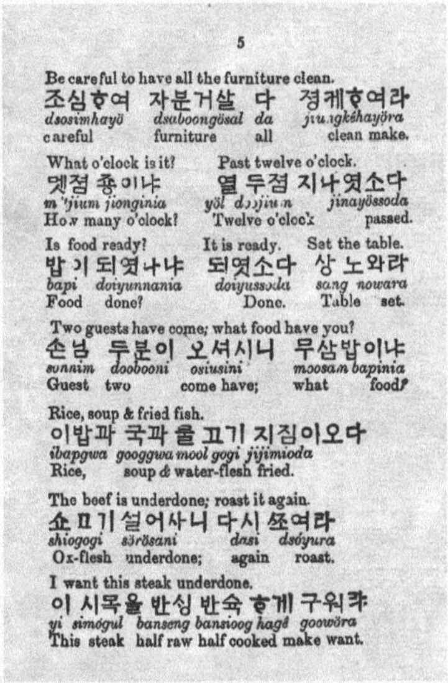

그림 1-3 《Corean Primer》

그림 2 《A Corean Manual or Phrase Book》

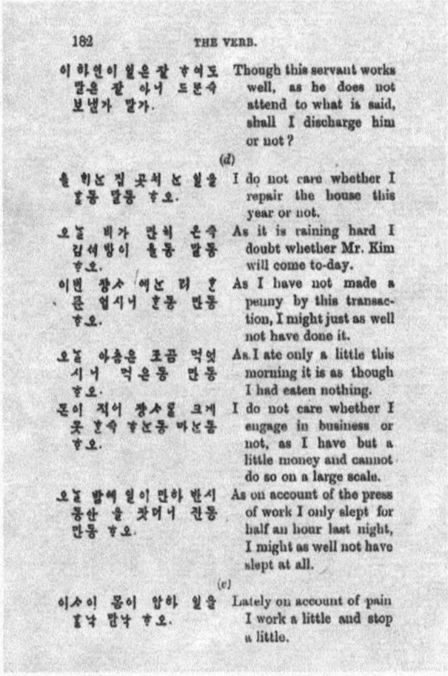

그림 3 《An Introduction to the Korean Spoken Language》

행된 것이어서 시기적으로 뒤에 일어난 것입니다.

　이처럼 띄어쓰기는 외국인에 의해서 시작되었으며, 영어를 쓸 때 알파벳을 단어별로 띄어 쓰는 방법을 우리말에 적용하여 쓴 것이라 추정하고 있습니다.

우리나라에서 최초로 띄어쓰기를 시행한 문헌은?

　그렇다면 우리나라 사람에 의해서 처음으로 띄어쓰기가 되어 있는 문헌은 무엇일까요? 우리나라에서 띄어쓰기가 처음 이루어진 책은 《사화기략(使和記略)》으로 알려져 있습니다. 이 책은 1882년에 박영효가 쓴 글로 한글로 쓰인 부분에 띄어쓰기가 되어 있지만, 엄밀한 의미에서 전면적인 띄어쓰기라고 하기는 어렵습니다. 그 예를 보도록 하지요.

余捧觴向諸人頌祝曰 朝鮮이亞細亞洲에잇셔 外國을 通한일이 없더니 當今世界盛運이大開 미年前에日本으로더부러시로온條約을 다시定하고또米國, 英國, 德國을 ᄎ례로스괴여ᄂᆞᆫ듸意外에 本國亂變이있기ᄂᆞᆫ 不幸ᄒᆞᆫ일이나 우리主上聖德으로 卽時亂盟을掃除ᄒᆞ야 萬年和約이 굳게되였으니 各國이慶賀ᄒᆞᄂᆞᆫ일이요 또우리中宮殿下께오셔, 그러한 暴亂을 피ᄒᆞ셔 復位ᄭᅡ지ᄒᆞ시고 맞츰本大臣이 日本에와셔 日前에中宮殿下千秋節을 지니니, 慶祝흠을 측량치 못ᄒᆞ오며 오날날 ᄒᆞ자리의 諸公을 뫼흠을驩樂ᄒᆞ미 이러ᄒᆞᆫ 慶事를아르시게 攢祝ᄒᆞ오며 우리朝鮮主上날 또 이왕사괸나라흠을장찻 친헐나라 各帝王이 聖壽無彊ᄒᆞ셔 天下이 ᄒᆞᆫ집갓치 昇平ᄒᆞ기를 祝手ᄒᆞ오며 兼ᄒᆞ여 우리도 兄弟갓치 萬國에泰平ᄒᆞᆫ 福을누리기 願ᄒᆞ노이다. 讀畢, 諸公亦皆擎杯攢賀 外務卿井上馨答頌曰, 日本과朝鮮이 隣國이되여 멋

百年和好하더니 이번에 不幸이 亂變이잇다가 朝鮮主上聖德洪福과우리皇上善隣之意로 兩國에親睦홈이 더욱깁기는 亞細亞大慶이요 오날밤朝鮮公使祝을드르미 우리도各各 慶賀ᄒᆞ오며 從此로 萬國이 兄弟오며 人民을保護ᄒᆞ고 各帝王聖壽萬年을 願ᄒᆞ노이다. 讀畢, 英國公使璞須以首公使로 亦頌賀曰, 朝鮮國이 시로이 各國을親ᄒᆞ여 風氣가大開ᄒᆞ미 天下各國이 다 깃버ᄒᆞ오니 오날밤盛會에 朝鮮, 日本兩國慶事를 드르미 各公使의 깃분 마음 一般이오며 朝鮮술잔에 처음 各國帝王聖壽를 祝ᄒᆞ오미 우리도 갓튼 虔誠을 부치나이다.

이 문헌의 띄어쓰기는 일관성이 없습니다. "미년前에日本으로더부러시로온條約을"이 한 단위로 묶여 있고, 또 "ᄎ례로ᄉ괴여ᄂᆞᆫ듸意外에"가 하나로 묶여 있는 모습에서 그러한 불규칙성을 볼 수 있습니다. 따라서 이 문헌을 우리나라에서 띄어쓰기를 한 최초의 문헌이라고 하기는 어려울 것 같습니다.

본격적으로 띄어쓰기가 이루어진 것은 〈독립신문〉부터입니다. 널리 알려져 있는 것처럼 〈독립신문〉은 창간호 논설에서부터 우리말의 중요성을 강조하고 있습니다. 이 논설에서는 두 가지를 주장하고 있는데, 국문 전용과 띄어쓰기입니다. 국문 전용을 하는 이유는 "우리 신문이 한문은 아니 쓰고 다만 국문으로만 쓰는 거슨 샹하 귀쳔이 다 보게 홈이라"라고 하여 모든 사람이 이 글을 읽게 하기 위한 것이라고 하였고, 띄어쓰기를 한 이유는 "ᄯᅩ 국문을 이러케 귀졀을 쎼여 쓴 즉 아모라도 이 신문 보기가 쉽고 신문 속에 잇는 말을 자세이 알어 보게 홈이라"라고 하여 쉽게 알고 자세히 알게 하기 위한 것이라고 하였습니다.

특히 띄어쓰기에 대해서는 더 자세히 설명하였는데, "ᄯᅩ 국문을 알아보기가 어려운 건 다름이 아니라 첫지는 말마듸을 쎄이지 아니ᄒ고 그져 줄줄 늬려 쓰는 까닭에 글ᄌ가 우희부터는지 아리 부터는지 몰나셔 몃 번 일거 본 후에야 글ᄌ가 어듸 부터는지 비로소 알고 일그니 국문으로 쓴 편지 ᄒᆫ 쟝을 보자 ᄒ면 한문으로 쓴 것보다 더듸 보고 ᄯᅩ 그나마 국문을 자조 아니 쓴는 고로 셔틀어셔 잘못 봄이라"라고 하여 띄어쓰기가 되어 있지 않아서 국문으로 쓴 글을 한문으로 쓴 것보다 더디 보게 된다고 주장하였습니다. 그 주장을 쓴 〈독립신문〉의 내용을 그림으로 보기 바랍니다.

그리고 띄어쓰기가 되어 있는 〈독립신문〉의 모습은 그림 5와 같습니다.

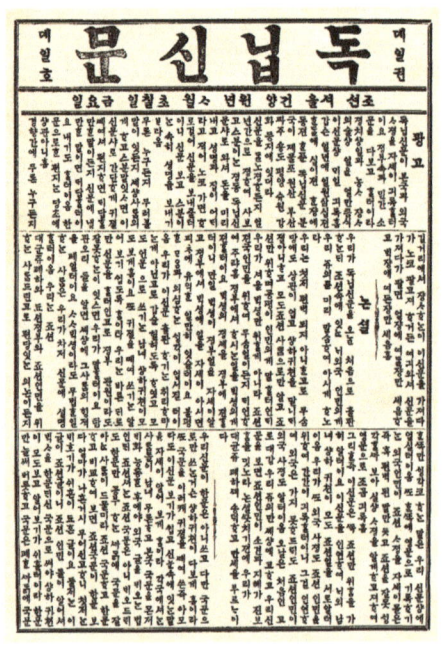

그림 4 〈독립신문〉의 띄어쓰기에 대한 주장   그림 5 〈독립신문〉 창간호

주시경 선생이 주도하여 최초로 띄어쓰기를 하다

〈독립신문〉은 서재필과 개화파가 합작하여 1896년 4월 7일에 창간한 우리나라 최초의 민영 일간지입니다. 서재필은 사장 겸 주필로 있으면서 〈독립신문〉의 국문판 논설과 영문판 사설을 맡았고, 주시경은 조필(助筆)로 국문판의 편집과 제작을 담당하였기 때문에 띄어쓰기는 서재필과 주시경의 합의로 이루어진 것으로 추정됩니다.

그러나 독립협회에서 서재필과 같이 일했던 윤치호의 일기에서 서재필이 쓰기와 말하기에서 모국어를 거의 잊어버렸다는 기록이 있는 것으로 보아 주시경 선생이 주로 논설을 쓰고 띄어쓰기를 주도한 것으로 보입니다. 특히 주시경 선생은 〈독립신문〉이 창간된 1개월 후인 1896년 5월에 독립신문사 안에 '국문동식회(國文同式會)'를 조직하여 국문과 국문 표기의 연구 및 그 통일을 목적으로 활동하였습니다.

띄어쓰기의 시초인 구두점

띄어쓰기는 글을 정확하고 빠르게 이해하기 위해서 고안된 방법입니다. 글을 쓰는 사람이 글을 읽는 사람에게 자기의 정확한 뜻을 전달하기 위해서도 띄어쓰기를 하는 것이겠지만, 실제로 띄어쓰기는 주로 글을 읽는 사람이 빠르고 정확하게 읽게 하기 위해 고안된 것이라고 할 수 있습니다. 띄어쓰기는 글을 읽는 사람을 위한 것이지만, 실제로 띄어 쓰는 일을 하는 사람은 글을 쓰는 사람입니다. 그래서 띄어쓰기 원칙이나 원리를 알아야 할 사람은 글을 쓰는 사람입니다. 결국 글을 쓰는 사람이 그 글을 읽는 사람을 위해서 하는, 글을 쓰는 행위라고 할 수 있습니다. 모눈종이인 원고지에 글을 썼던 것도 그 이유에서입니다.

띄어쓰기도 넓은 의미의 문장부호입니다. 문장부호에는 대개 경계 표시 부호, 상태 표시 부호(물음표, 느낌표, 따옴표 등), 관계 표시 부호(줄표, 괄호 등)가 있습니다. 경계 표시 부호에는 공백, 쉼표(,), 쌍점(:), 마침표(.) 등이 있는데, 공백에 해당하는 것이 띄어쓰기입니다.

띄어쓰기를 하지 않았다면 한 문장이나 글이 여러 뜻으로 해석되어 의사소통에 많은 문제가 발생했을 것입니다. 그래서 띄어쓰기 이전의 문헌들에서는 이러한 문제를 해결하기 위해 다른 방법을 사용했었습니다. 곧 구두점의 사용입니다.

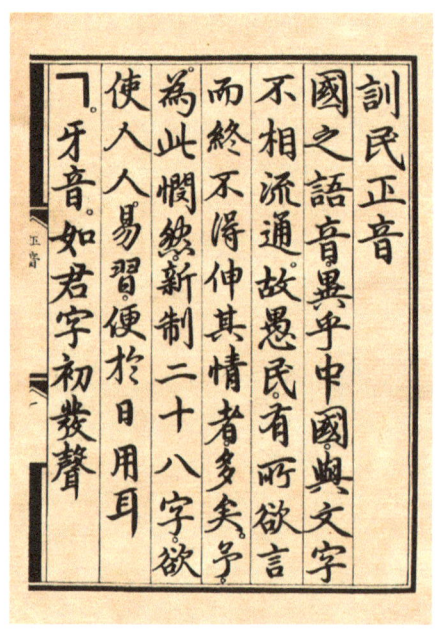

그림 6 《훈민정음》 해례본

이 구두점을 찍는 방식은 《훈민정음》 해례본에도 보입니다. 그림 6을 보면, "國之語音"과 "異乎中國" 사이에는 가운데에 권점이 하나 있고, "與文字不相流通"과 "故愚民" 사이에는 오른쪽에 권점이 있는 것을 볼 수 있습니다. 가운데의 작은 권점은 구(句)에, 그리고 오른쪽에 있는 권점은 두(讀)에 해당합니다. 구는 오늘날의 쉼표에, 두는 오늘날의 마침표나 쉼표에 해당합니다.

이 구두점은 한문을 읽기 위해 마련된 장치입니다. 중국뿐만 아니라 우리나라에서도 오래전부터 구두점을 찍는 방식이 있었습니다. 이 방식은 곧 한글 문헌에도 그대로 적용되었습니다. 《용비어천가》에서도 그러한 모습을 볼 수 있습니다. 그림 7은 《용비어천가》 제2장의 한글 가사 부분입니다.

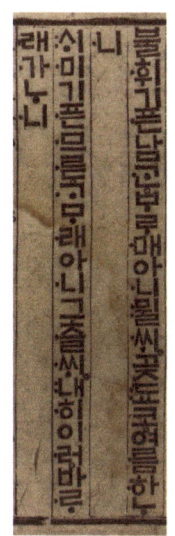

그림 7 《용비어천가》
제2장

불휘기픈남ᄀᆞᆫ ᄇᆞᄅᆞ매아니뮐ᄊᆡ곶됴코여름하ᄂᆞ니
시미기픈므른ᄀᆞᄆᆞ래아니그츨ᄊᆡ내히이러바ᄅᆞ래가ᄂᆞ니

이 문장에서 "불휘기픈남ᄀᆞᆫ"의 가운데 아래에 조그마한 동그라미가 보일 것입니다. 그리고 "ᄇᆞᄅᆞ매아니뮐ᄊᆡ"의 오른쪽 아래에 역시 자그마한 동그라미가 있는 것을 볼 수 있습니다. 역시 "시미기픈므른" 다음과 "ᄀᆞᄆᆞ래아니그츨ᄊᆡ"에도 같은 모습을 볼 수 있습니다.

불휘기픈남ᄀᆞᆫ ᄇᆞᄅᆞ매아니뮐ᄊᆡ 곶됴코여름하ᄂᆞ니
시미기픈므른 ᄀᆞᄆᆞ래아니그츨ᄊᆡ 내히이러바ᄅᆞ래가ᄂᆞ니

아무래도 오늘날 띄어쓰기와는 사뭇 다르다는 사실을 알 수 있을 것입니다. 현대국어를 띄어 쓰는 방식으로 하면 다음과 같이 될 것이기 때문입니다.

불휘 기픈 남ᄀᆞᆫ ᄇᆞᄅᆞ매 아니 뮐 ᄊᆡ 곶 됴코 여름 하ᄂᆞ니
시미 기픈 므른 ᄀᆞᄆᆞ래 아니 그츨 ᄊᆡ 내히 이러 바ᄅᆞ래 가ᄂᆞ니

그리고 이들을 쉼표와 마침표로 바꾸어 놓으면 어떻게 될까요?

불휘기픈남ᄀᆞᆫ, ᄇᆞᄅᆞ매아니뮐ᄊᆡ. 곶됴코여름하ᄂᆞ니.
시미기픈므른, ᄀᆞᄆᆞ래아니그츨ᄊᆡ. 내히이러바ᄅᆞ래가ᄂᆞ니.

불휘 기픈 남ᄀᆞᆫ ᄇᆞᄅᆞ매 아니 뮐 ᄊᆡ, 곶 됴코 여름 하ᄂᆞ니.
시미 기픈 므른 ᄀᆞᄆᆞ래 아니 그츨 ᄊᆡ, 내히 이러 바ᄅᆞ래 가ᄂᆞ니.

역시 마찬가지로 오늘날의 문장부호 사용법과 맞지 않는 문장부호가 되겠지요. 한문을 읽을 때 쓰이는 구두점을 우리말에 적용하였을 때에는 아무래도 국어의 읽기에 맞는 것 같지 않습니다.

구두점과 띄어쓰기의 차이

그러나 여기에 보이는 구두점과 19세기 말에 보이는 띄어쓰기는 전혀 다른 차원의 것입니다. 즉 권점은 문법 단위를 계층적 구조로 표시한 것이지만, 띄어쓰기는 문법 단위를 단순한 선형적 구조로 표시한 것입니다. 이것을 그림으로 표시하면 다음과 같이 될 것입니다.

구두점　　　　　　　　　　띄어쓰기

불휘기픈남ᄀᆞᆫ ᄇᆞᄅᆞ매아니뮐ᄊᆡ　　불휘기픈남ᄀᆞᆫ ＋ ᄇᆞᄅᆞ매아니뮐ᄊᆡ

　　　／　　＼
　　／　　　　＼

불휘기픈남ᄀᆞᆫ ᄇᆞᄅᆞ매아니뮐ᄊᆡ

구두점은 구조적이고 체계적이지만, 띄어쓰기는 단순한 경계 표시에 지나지 않습니다. 즉 구두점이 더 언어학적이란 뜻입니다.

구두점에서 점 찍기로

이러한 구두점은 한글 전용 문헌에서 점만 찍는 방식으로 변했습니다. 가운데에 찍는 점과 오른쪽에 찍는 점을 구분하지 않고, 단지 오른쪽에만 점을 찍는 방식으로 변한 것입니다. 이것은 구와 절을 구분

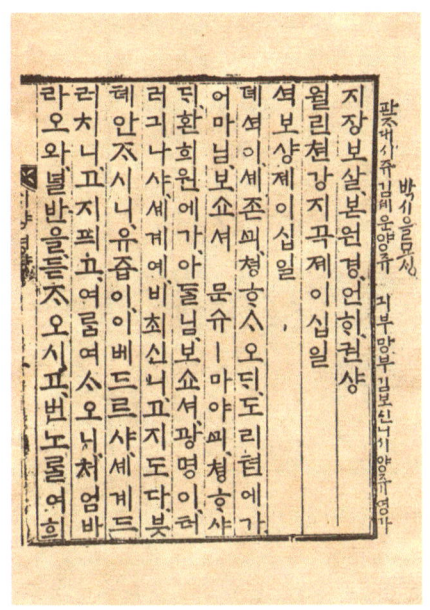

그림 8 《지장경언해(地藏經諺解)》(1765)

하던 문법적인 인식이 단순하게 어절별로 인식하는 방식으로 변했음을 뜻합니다. 그 시기는 18세기로 대표적인 문헌이 약사전판(藥師殿板) 《지장경언해(地藏經諺解)》입니다. 약사전판 《지장경언해》는 중간본이며, 초간본인 견성암판(見性菴板) 《지장경언해》에는 이러한 점이 찍혀 있지 않습니다. 아마도 복각을 하면서 그 복각의 저본인 초간본에 붓으로 찍어 놓은 것까지도 그대로 각인한 것이 아닌가 하는 생각이 듭니다.

역시 1799년(정조 23)에 순천 송광사에서 개간된 《묘법연화경언해(妙法蓮華經諺解)》(일반적으로 《법화경언해》라고 함)와 1869년(고종 6)에 간행된 《규합총서(閨閤叢書)》 등도 동일한 방식으로 오른쪽에 점을 찍어 놓은 문헌들입니다.(그림 9, 10)

19세기 말에는 학부에서 간행한 교과서에서도 이러한 점 찍기가 흔히 발견됩니다. 그리고 이러한 점 찍기는 20세기 초에도 계속됩니다. 1918년에 간행한 《장수경언해(長壽經諺解)》에도 이러한 점 찍기가 보입니다.(그림 12)

이제 앞에서 그림으로 보인 글들을 가로쓰기로 하여 보면 다음과 같습니다.

뎨석이. 세존씌. 쳥ᄒᆞᅀᆞ오ᄃᆡ. 도리텬에가. 어마님. 보쇼셔. 문슈ㅣ마야씌. 쳥ᄒᆞ샤ᄃᆡ. 환희원에가. 아들님. 보쇼셔. 광명이. 터러그나샤. 세계예.

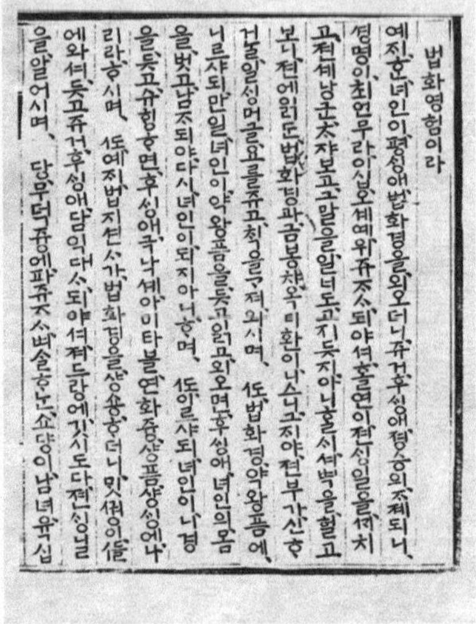

그림 9 《법화경언해(法華經諺解)》(1799) 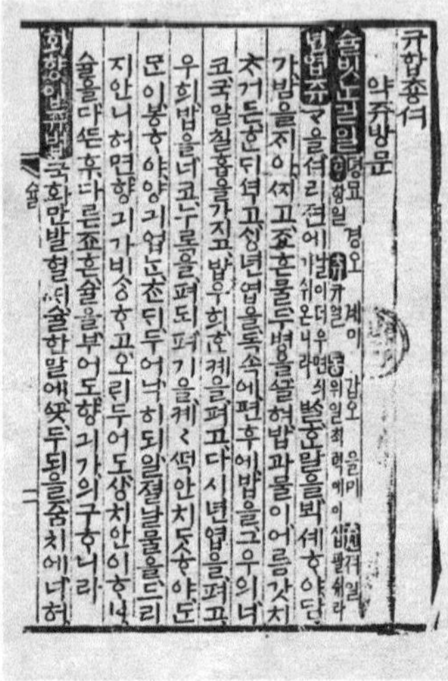   그림 10 《규합총서(閨閤叢書)》(1869)

그림 11 《신정심상소학(新訂尋常小學)》(1896) 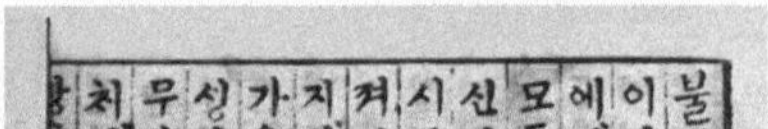   그림 12 《장수경언해》(1918)

비최신니. 고지도다. 〈地藏經諺解(1765년) 卷上:1a〉

녜젹. 흔. 녀인이. 평싱애. 법화경을. 외오더니. 쥬거. 후싱애. 졍승의. 즈졔되니. 셩명이. 최언무라. 이십. 오셰예. 위쥬즈ᄉ. 되야셔. 홀연이. 젼싱일을. ᄭᅵ치고. 젼셰낭군. ᄎᆞ쟈보고. 그말을. 일너도. 고지듯지. 아니ᄒᆞᆯ시. 셔벽을. 헐고보니. 젼에읽든. 법화경과. 금봉챠. 옥디환이. 니스니. 그직야. 젼부가. 신ᄒᆞ거ᄂᆞᆯ. (……) 〈妙法蓮花經諺解(1799년) 1,2a〉

ᄀᆞ을. 셔리젼에. ᄡᆞᆯ. 흔말을. 빅셰ᄒᆞ야. 담가. 밤을지아. ᄡᅵ고. 죠흔물. 두병을. 쓸혀. 밥과물이. 어름갓치 차거든. 흔듸셕고. 싱년엽을. 독속에. 편후에. 밥을. 그우의. 녓코. 국말칠홉을가지고. 밥우희. 흔계을. 펴고. 다시 년엽을. 펴고. 우희. 밥을. 너코. 누룩을. 펴되. 〈閨閤叢書(1869년) 1a〉

이상의 예를 살펴보면 그 점은 현대국어의 정서법에서 사용하고 있는 띄어쓰기와 매우 근접함을 알 수 있습니다.

결국 이러한 띄어쓰기가 등장한 역사적 배경에는 구두점 찍기와 점 찍기가 그 바탕에 있었음을 알 수 있습니다. 그렇다면 왜 이전에는 이러한 띄어쓰기를 하지 않고 점을 찍어서 표시하기만 했을까요? 원래 띄어 쓴다는 인식이 없었을까요? 그렇지 않습니다.

옛날 우리 문헌의 편집 양식에는 몇 가지 특징이 있는데, ① 세로쓰기 ② 글자의 크기와 위치에 따라 글의 성격을 구분하기 ③ 구별기호(원부호, 음각 기호, 권점 등) 이용하기 등이 그것입니다. 이 중에서 글자의 크기와 위치에 따라 글의 성격을 달리 표시하였는데, 그중에서 임금을 지칭하는 단어('上' 등)가 올 때에는 문장이 이어지더라도 그 단어를 그 다음 줄의 위로 올려 쓰거나 한 칸을 띄어서 썼습니다. 이것을 '대두법(擡頭法)'이라고도 하는데, 우리 문헌의 일반적인 관습이었습니다. 옛 문헌은 물론 〈독립신문〉에도 '대군쥬, 님군, 성군, 하느님, 왕후, 션왕' 등의 단어가 나올 때에는 줄을 바꿔 쓰거나 한 칸을 띄어 썼습니다. 마찬가지로 한글로 쓰인 기독교 서적에서도 '하느님, 쥬, 키리스토, 예수, 텬부' 등의 단어에서는 앞을 띄어 두고 있습니다. 앞의 그림 중 1896년에 간행된 《신정심상소학》의 끝에서 셋째 줄 '國家'와 다음에 "군주폐하롤"이 이어지지 않고 그 다음 줄 위에 오게 된 것은 '君主'를 높이기 위해서입니다.

옛 문헌에서 점 찍기만 하고 띄어 쓰지 않은 이유는?

띄어 써야 한다는 인식은 있으면서도 옛 한글 문헌에서 띄어쓰기를 하지 않은 이유는 무엇일까요? 그 이유는 두 가지로 들 수 있습니다.

첫 번째는 띄어 쓰지 않아도 문장상의 중의성이 발생하지 않았기 때문입니다. 즉 중의성의 문제는 한글 전용 문헌에서만 일어나는 문제이지, 국한 혼용일 때에는 중의성의 문제가 많이 발생하지 않았기 때문입니다. 예를 들어서 맨 앞에서 예를 든 "서울가서방을얻으시오"를 "서울가서房을求하시오"라고 쓰면 '서방(書房)'을 구할 리가 없습니다. 만약에 그랬다면 "서울가書房을求하시오"로 썼을 것입니다. 국한 혼용일 때에는 한자가 이미 뜻글자이므로 의미상의 혼란을 방지할 수 있어 띄어 쓸 필요가 없었던 것입니다. 오늘날 일본에서는 한자를 혼용하기 때문에 띄어쓰기를 하지 않고 있습니다.

두 번째는 문화사적인 문제입니다. 옛날에는 목판본이나 금속활자본이 많기 때문에, 목활자본에서 띄어쓰기를 한다면 상당한 지면을 차지했을 것이고, 그 결과로 종이와 재목이 상당량 더 들어가 나무와

종이의 엄청난 낭비를 초래했을 것입니다.

이러한 이유 때문에 띄어쓰기 방식을 택하지 않고 점 찍기가 발달한 것이라고 생각합니다. 지금까지 점 찍기가 등장한 문헌은 19세기 말을 제외하고는 모두 한글 전용 문헌이거나 한글 전용 부분입니다. 물론 그 역은 아닙니다. 즉 한글 전용 문헌이 모두 점 찍기를 한 것은 아니라는 뜻입니다. 《지장경언해》, 《원각경언해》, 《규합총서》, 《국문정리》, 《장수경언해》 등 점 찍기를 하고 있는 문헌은 모두 한글 전용 문헌입니다. 한글 전용 문헌은 점 찍기가 없으면 그 단위를 구분하기가 어려워서 자칫 잘못하면 중의성이 발생할 수 있습니다. 그래서 한글 전용 문헌은 대부분 점을 찍어 그 중의성을 해소하려고 한 것입니다.

띄어쓰기를 촉진한 문화사적 동기

또 한 가지 흥미로운 사실은 띄어쓰기를 한 문헌은 모두 목판본이나 금속활자본, 목활자본이 아니라 연활자본이라는 것입니다. 뿐만 아니라 이 문헌들은 모두 한지가 아닌 양지에 인쇄한 문헌이라는 점입니다. 이것은 띄어쓰기가 문화사적으로 인쇄술의 발달과 양지의 수입 및 제조와 연관이 있다는 점을 증명합니다.

우선 연활자는 글자의 크기가 목판본이나 금속활자본 또는 목활자본에 보이는 글자에 비해 훨씬 작기 때문에 띄어 쓰더라도 지면이 크게 늘어나지 않아 부담이 적습니다. 또한 양지의 사용으로 인해 종이, 즉 한지 사용에 제한이 있었던 시기는 지나게 되었습니다. 옛날에 편지를 쓸 때처럼 종이의 빈 곳을 찾아 뺑뺑 돌아가며 글씨를 빼곡히 쓰던 방식에서 벗어나게 된 것입니다.

이처럼 문헌에서 띄어쓰기가 가능했던 것은 곧 신식 활자와 양지의 도입과 매우 밀접한 관계가 있습니다. 아마도 목판이나 금속활자로 계속 출판하였거나 한자를 그대로 사용하였다면, 비록 띄어쓰기가 우리말을 이해하는 데 중요한 역할을 했어도 실제로 이를 시행하는 데 어려움이 많았을 것으로 생각됩니다.

점 찍기의 발전

점 찍기도 변화를 거칩니다. 구두점 치기, 즉 권점을 찍는 것은 문장과 어절, 즉 구(句)와 두(讀)를 구별하기 위한 것인데, 이를 더 세분화하기 위해 사용하기 시작했습니다. 문장(S)을 명사구(NP)와 동사구(VP)로 구분한다면 처음에는 문장 구분 표시를 하기 위하여, 그리고 다음에는 명사구(NP)와 동사구(VP)의 단위에 따라 점 찍기를 했습니다. 이것이 더 세분화되는 과정은 이 명사구(NP)와 동사구(VP)를 더 세밀화하는 과정으로 점이 더 많이 찍혀 나간 것이라고 볼 수 있습니다.

이러한 사실은 구두점을 찍은 초기 문헌부터 19세기 말까지의 문헌을 시대적으로 검토하여 보면 구두점을 찍는 단위가 처음에는 명사구(NP)와 동사구(VP)의 단위로 찍다가, 점차 명사구와 동사구를 세분하여 찍는 방법으로 변천하였음을 알 수 있습니다. 예컨대 명사구(NP)를 한정어(Det)+명사(N)로 구분하여 각 문법 단위별로 구두점을 찍고, 동사구(VP)는 명사(N)+동사(V)로 나누어 찍는 방법으로 변천하였음을 알 수 있습니다. 이러한 발달 과정은 문법에 관한 정보를 제공하여 주는 문헌이 없는 상황에서 그 당시 화자들의 문법 의식을 알 수 있게 해 준다는 점에서 문법 정보를 제공하여 주는 소중한 자료라고 할 수 있습니다.

띄어쓰기의 정착

이렇게 점 찍기가 세밀하게 진행될 때에 양지와 신식 활자가 도입되었고, 이에 따라 점 찍는 단위별로 띄어쓰기가 이루어져 명실상부한 띄어쓰기가 된 것입니다. 〈독립신문〉 이래 그 이후에도 〈죠선그리스도인회보〉(1897), 〈협성회회보〉(1898~), 〈뎨국신문〉(1902년 창간), 신소설 《혈의루》(1906) 등에서 계속 띄어쓰기를 하였습니다. 그러나 이는 불완전한 띄어쓰기입니다.

20세기 초에는 각종 교과서에서 점 찍기와 띄어쓰기를 동시에 하기도 하였습니다. 1909년에 간행된 《초등본국역사(初等本國歷史)》란 책을 보면 띄어쓰기와 점 찍기가 동시에 이루어지고 있음을 볼 수 있습니다.

이것을 풀어서 가로로 쓰면 다음과 같습니다. 띄어쓰기와 점 찍기

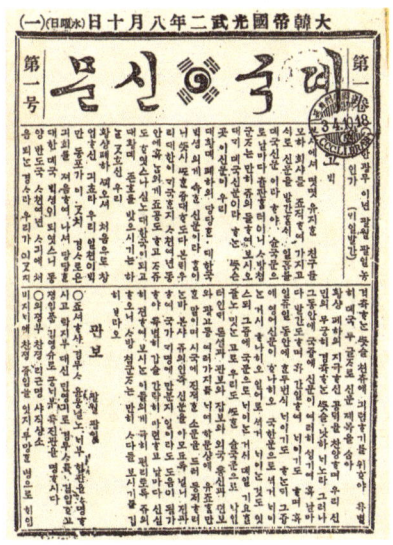

그림 13 〈제국신문〉(1902년 창간호)   그림 14 《혈의루》(1906)

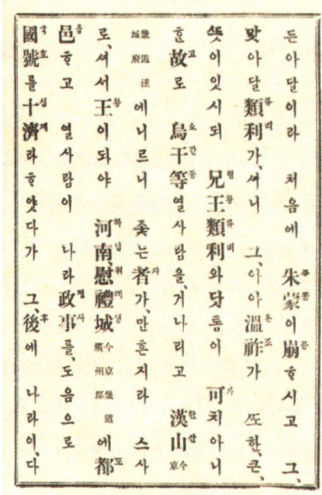

그림 15 《초등본국역사》(1909)

를 동시에 하고 있는데, 띄어쓰기는 큰 단위로 나눌 때 쓰고 점 찍기는 작은 단위를 구분할 때 사용하고 있음을 볼 수 있습니다.

처음에 朱蒙이崩ᄒ시고 그,맞아달類利가,서니 그,아아 溫祚가 소ᄒᆞᆫ,큰,ᄯᅩ이잇시되

이러한 과정을 거치면서 우리나라에 띄어쓰기가 정착된 것입니다. 1933년에 조선어학회에서 이를 한글맞춤법통일안에 반영하여 1988년 1월에 문교부에서 고시한 '한글맞춤법' 제1장 제2항에 "문장의 각 단어는 띄어 씀을 원칙으로 한다"라는 규정과 제5장의 '띄어쓰기' 항목이 오늘날에 이른 것입니다.

2부 한글과 문헌

1

한 책에 한글 서체를 구분해서 사용한 최초의 문헌은 무엇일까요?

다양한 한글 서체의 기원

오늘날의 한글 책들은 다양한 한글 서체로 간행됩니다. 책 제목에 쓰인 한글과 본문에 쓰인 한글의 서체가 다르고, 큰 제목과 작은 제목, 인용문 등에 쓰인 한글 서체도 모두 다릅니다. 이제 한글 서체의 종류는 그 수를 다 헤아릴 수 없을 만큼 많아졌습니다. 이처럼 한 책에 여러 가지 서체를 사용해 책을 출판하기 시작한 것은 컴퓨터가 등장한 이후니까 그리 오래전 일은 아닙니다.

훈민정음이 창제된 후 한글로 쓰인 최초의 책은 1446년에 간행한 《훈민정음(訓民正音)》 해례본(解例本)입니다. 이 책의 한글 서체는 모두 한 가지입니다. 그 다음 해에 간행된 《용비어천가(龍飛御天歌)》 역시 한글 서체가 모두 동일합니다. 그러나 같은 해에 나온 《월인천강지곡(月印千江之曲)》은 다른 책에 비해 그 체재가 다릅니다. 즉 다른 책에서는 한자를 먼저 쓰고 그 아래에 한자음을 달았지만, 이 책에서는 한자음을 먼저 쓰고 한자를 그 아래에 달았습니다. 그렇지만 한자음 표기의 한글이나 고유어 표기의 한글 서체는 크기와 모양이 전혀 다르지 않습니다. 1447년에 나온 《석보상절(釋譜詳節)》도 한 책에 한 서체입니다. 단지 《석보상절》에서는 한자음 표기에 쓰인 한글과 협주에 쓰인 한글은 본문에 쓰인 한글의 선의 굵기와 크기, 길이에만 차이를 두었을 뿐입니다.

이러한 방식은 20세기 초까지의 모든 한글 문헌이 동일하다고 말할 수 있습니다. 19세기에 한글로만 쓰인 성서들과 〈독립신문〉이나 〈제국신문〉 같은 신문들도 마찬가지이고, 심지어 8·15 광복 이후에 나온 연활자본 교과서들도 동일합니다. 큰 제목이나 작은 제목들도 본문에 쓰인 한글 서체에서 크기와 굵기만 달리했을 뿐입니다. 그러나 이것은 제목이나 본문, 또는 주석문과 같은 책의 형식에 따른 한글 서체의 변화일 뿐이지, 그 글을 구성하는 언어 요소에 따라 한글의 서체를 구별한 것은 아닙니다. 고유어, 한자어, 외래어, 외국어를 구분하기 위한 한글 서체의 변화는 아닌 것입니다.

최초로 여러 가지 서체를 쓴 《월인석보(月印釋譜)》

한 문헌에 그 글을 구성하는 언어 요소에 따라 한글 서체를 달리하는 문헌이 일찍 나타납니다. 그것은 놀랍게도 1459년에 간행된 《월인석보》입니다. 《월인석보》에는 글을 구성하는 내용에 따라 몇 가지의 한글이 등장합니다. 본문의 한글, 한자의 오른쪽 아래 작은 한자음 표기에 쓰인 한글, 한 행에 두 줄로 쓴 주석문에 쓰인 한글이 그것입니다. 그중에서 본문에 쓰인 한글 서체가 대표적인 서체일 것입니다.

책을 조금만 유심히 들여다보면, 한자음 표기의 한글이나 주석문에 쓰인 한글이나 모두 유사한 서체임을 금세 알 수 있습니다. 그것들은 본문에 쓰인 한글 서체를 가늘게 썼을 뿐입니다. 그리고 본문의 한글

보다 세로의 길이가 조금 길어진 것도 알 수 있습니다. 다음 두 개의 그림에서 한번 확인해 보시기 바랍니다.

그림 1 《월인석보》 권19, 79a

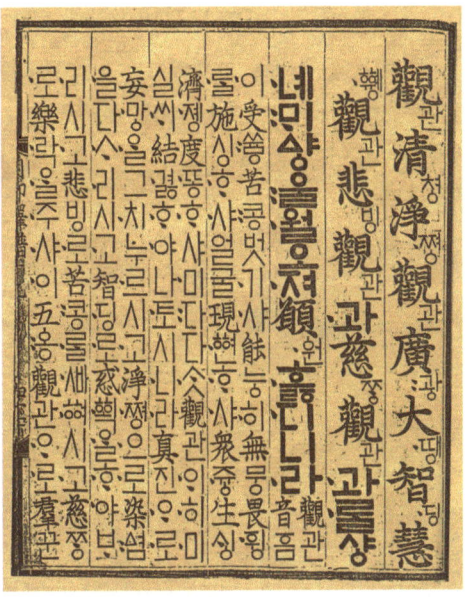

그림 2 《월인석보》 권19, 47a

그림 1에 보이는 글자가 본문에 쓰인 한글이고, 그림 2의 왼쪽에 있는 작은 글씨가 주석문에 쓰인 한글입니다. 단지 획의 굵기와 크기, 그리고 세로의 길이에만 차이가 있다는 것을 알 수 있습니다. 세로 길이는 본문에 쓰인 큰 글자인 한글의 세로 길이와 맞추려다가 길어진 것입니다. 가로 길이는 본문에 쓰인 한글보다 반으로 줄여서 썼지만, 세로 길이는 본문의 한글과 길이를 같게 쓴 것입니다. 즉 본문도 한 줄에 15자, 주석문도 한 줄에 15자를 썼던 것이지요. 그래서 본문 글씨는 납작납작하게 보이는데, 주석문의 글씨는 길쭉길쭉하게 보이는

것입니다.

이러한 것으로 보아《월인석보》에서는 본문의 한글을 크고 굵게 쓰고, 한자음 표기의 한글과 주석문의 한글은 이를 변화시켜 쓰고 있음을 알 수 있습니다. 다시 말해서 본문의 한글과 주석(한자음 표기도 일종의 주석이라고 할 수 있습니다)의 한글을 구분한 셈입니다.

그런데 이《월인석보》에 본문의 한글 서체도 구분하여 쓴 부분이 보입니다. 그것은 주로《월인석보》권19에 나타납니다. 그 이유는 '다라니경'이 등장하기 때문입니다.

그림 1에 보이는 한글이 본문의 일반적인 한글 서체입니다. 그런데 그림 3의 한글은 그림 1에 보이는 한글 글자와 판이하게 다르지 않나요? 우선 굵기가 다르지요. 그리고 크기도 약간 다릅니다.

그림 1에 보이는 한글은 같이 쓴 한자와 크기가 같습니다. 그런데

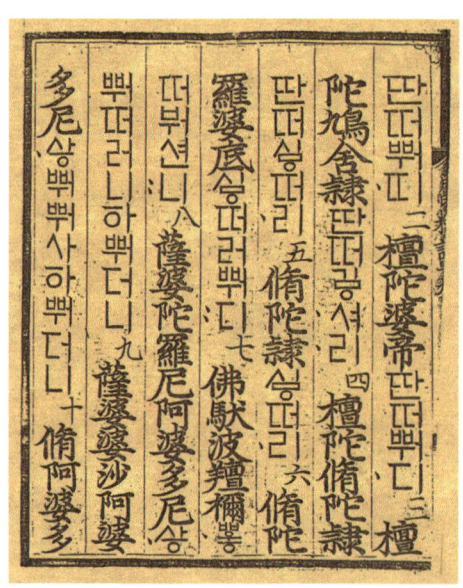

그림 3 《월인석보》 권19, 109b

그림 3의 한글은 한자에 비해 그 크기가 작습니다. 크기가 작아 보이는 것이 단지 선의 굵기에 의한 착시현상만은 아닙니다. 이 글자는 주석문에 보이는 한글 글자체와 대체로 동일한데 글씨 크기가 달라졌을 뿐입니다. 주석문에 쓰인 한글이 한 줄에 두 글자 들어가는 크기라면, 여기에 쓰인 한글은 한 줄에 한 글자가 들어가는 것이거든요. 그래서 주석문의 한글은 세로가 길지만, 그림 3 본문의 한글은 가로세로의 길이가 거의 차이가 없습니다. 그렇다면 여기에 쓰인 내용이 후대에 빠진 부분을 보완해서 넣었기 때문에

그림 4 《월인석보》 권19, 110b

생긴 현상은 아닐까요? 그렇지 않습니다. 그림 4를 보시지요.

그림 4에서 오른쪽의 네 줄의 한글('상뼈땅뭐싱붜리챵디'로 시작해서 '싱하삐깅리띠디'로 끝나는 부분)과 왼쪽의 세 줄의 한글('世尊하 ᄒᆞ다가 菩薩이'로 시작하여 '아롭디며 ᄒᆞ다가 法'으로 끝나는 부분)의 서체가 완전히 다르게 보이지 않나요? 그렇습니다. 한글 서체가 완전히 다르지요?

그러면 왜 본문에 쓰인 한글 서체를 이렇게 달리하였을까요? 오른쪽에 있는 한글 글자들은 국어를 표기한 것이 아닙니다. 왼쪽에 있는 한글, 즉 '世尊하 ᄒᆞ다가 菩薩이 이 陀羅尼를 드르면'은 그 뜻을 알 수 있겠지만, '상뼈땅뭐싱붜리챵디'는 무슨 뜻인지 잘 모르실 것입니다. 그것은 외국어 표기이기 때문입니다. 이 부분은 불경 중 '다라니경'에 해당하는 것인데, 범어로 된 '陀羅尼呪'를 음역해 놓은 것입니다. 그래서 표기가 달라진 것입니다.

그림 3의 앞에 보이는 '檀陀婆帝'는 그 음이 '딴떠붜디'라고 되어 있는데, 본문에 있는 각각의 한자들을 조합하면 '檀陀婆帝'의 동국정운식 한자음 표기는 '딴땅빵뎽'가 될 것입니다. '딴떠붜디'는 범어의 음을 표기한 것이고, '딴땅빵뎽'는 우리나라 한자음을 표기한 것입니다. 외래어 표기는 종성에 'ㅇ'을 넣어 초성, 중성, 종성을 다 갖추도록 하였고, 외국어 표기는 그렇지 않음을 알 수 있을 것입니다.

외래어와 외국어는 별도 표기해야

그렇다면 왜 이렇게 동일한 본문임에도 불구하고 한글 서체를 달리하여서 표기하였을까요? 그것은 훈민정음을 창제할 때 고유어와 외래어(그 당시의 한자음), 외국어(외국어에는 중국음과 범어 등이 있었습니다)를 모두 다 표기할 수 있도록 만들었지만, 그 표기법은 각각 달리하였기 때문입니다. 심지어 서체까지도 달리하였던 것입니다.

그래서 훈민정음 서문에 보이는 '世솅宗종御엉製졩訓훈民민正졍音흠', '中듕國귁', '文문字쭝'의 한자를 모두 떼어 놓고 '솅종엉졩훈민졍흠', '듕귁', '문쭝'로 쓴 부분은 외래어를 표기하는 방식이고, '나랏말쏘미' 등은 고유어를 표기하는 방식입니다. 그래서 '世솅宗종御엉製졩訓훈民민正졍音흠', '中듕國귁', '文문字쭝'을 '솅종졩훈민졍흠', '듕귁', '문쭝'으로만 쓰면 훈민정음 창제의 근본 뜻에 어긋나는 것입니다. 서울 지하철 교대 역사 안에 이러한 글이 보이는데, 어서 빨리 수정되어야 할 것입니다.

훈민정음 창제 당시에 벌써 고유어와 외래어, 외국어를 구분하였고, 그 표기법에 차이를 두어 표기하였습니다. 또 국어(즉 고유어와 외래어)를 표기하는 한글 서체와 외국어를 표기하는 한글 서체도 달리 만들어 썼습니다. 이 얼마나 놀라운 일인가요? 15세기에 이미 그 글을 구성하는 언어 요소에 따라 한글 표기법을 달리하였다는 사실이야 대부분의 국어사 연구자들은 잘 알 것이지만, 서체까지도 달리하여 표기하였다는 사실을 알고 있는 사람은 거의 없을 것입니다.

그러나 이렇게 내용에 따라 한글 서체를 달리했던 방식은 온데간데없이 사라져 버리고 근 500년을 한 문헌에 한 가지의 한글 서체만 써 왔으니 얼마나 부끄러운 일인지요? 앞에서 오늘날의 한글 서체는 그 종류를 셀 수 없을 만큼 많다고 하였습니다. 그러나 정작 외래어와 외국어를 별도로 표기하는 한글 서체는 개발된 적이 없습니다. 그러면서도 우리는 훈민정음 창제 당시의 창제 정신을 이어받았다고 큰소리만 칠 것인지요? 그러면서도 한글을 사랑하자고 외치기만 할 것인지요?

2. 우리나라 최초의 '한글 고문서' 어떤 것이 있을까요?

무엇을 '한글 고문서'라고 하나요

한글 고문서란 한글로 쓰인 옛 문서를 말합니다. 한글로만 표기된 고문서를 '한글 고문서'라고 해야 하지만, '한글로만' 표기된 고문서가 그리 많지 않기 때문에 보통은 한자를 비롯한 다른 문자와 혼용하여 쓴 자료도 '한글 고문서'라고 합니다. '문서'는 '문건이나 서류'이지만, 대개는 '공적(公的) 성격을 띤 글을 적은 종이나 책'이며, '고문서'는 '공적 성격을 띤 글을 적은 옛날의 종이나 책'을 의미합니다. 그러나 책으로 이루어진 것은 '문헌, 전적, 서적' 등에 포함되기 때문에 '책'은 '문서'에서 제외됩니다.

고문서는 '공적' 성격을 지니고 있기 때문에 '형식적 요건인 발급의 주체(발급자)와 객체(수급자)가 존재하고 그 사이에 관계성이 내재하여야 한다'는 조건을 요구합니다. 그러나 한글 고문서는 주로 사문서에 해당하는 경우가 많아서 사적인 것도 고문서 속에 포함해야 할 것입니다. 결국 고문서란 위에 제시된 형식적 요건을 갖추고 성책되지(책으로 만들어지지) 않은 낱장 수준의 옛날 기록을 일컫는 것입니다.

이때의 옛날은 시기적으로 1910년대 이전 문서를 칭하는 것이 고문서 학계의 일반적인 견해이기 때문에 한글 고문서를 간단히 정의하면 '사료로서 가치가 있는 성책되지 않은, 1910년대 이전의 한글로 표기된 기록류'를 말합니다.

최초의 한글 고문서는 어떤 것일까요

그렇다면 우리나라에서 지금까지 발견된 고문서 중에서 한글로 쓰인 최초의 고문서는 무엇일까요? 대부분의 고문서는 한문과 이두문으로 되어 있습니다. 한글로 쓰인 문헌은 훈민정음 창제와 더불어 등장하지만, 한글 고문서의 출현은 훨씬 후대에 나타납니다. 한글로 쓰인 문헌은 대개 관이나 사찰 또는 문중에서 간행할 수 있으나, 개인이 간행하기는 어렵습니다. 이에 반해 한글로 쓴 고문서는 개인도 사용할 수 있어서, 일찍 출현한 것으로 예상하지만, 실제로 한글이 일반 개인에게 널리 보급된 이후에야 출현하게 됩니다. 한글 고문서는 훈민정음이 창제된 이후 약 130년 후의 것만 남아 있습니다. 앞으로 그 이전의 한글 고문서가 발견될 가능성도 있지만, 일반인들이 고문서로 남길 정도로 훈민정음이 보급되려면 약 1세기는 걸릴 것으로 예상하며 앞으로 새로 발견될 한글 고문서도 역시 이 시기의 것이 아닐까 추정합니다. 만약에 앞으로 발견될 한글 고문서가 훈민정음을 창제하는 과정에 쓰인 것이라면, 그 발견은 아마도 《훈민정음》 해례본 발견 이상의 역사적 가치가 있으련만, 그 가능성이 얼마나 될지는 모르겠습니다.

한글 고문서로 알려진 유물 중 오래된 것으로는 1576년에 쓰인 안민학(安敏學)의 〈애도문(哀悼文)〉과, 같은 해에 이루어진 〈안락국태자

전변상도(安樂國太子傳變相圖)〉, 1586년에 쓰인 〈이응태 묘 출토 한글 편지(李應台墓出土 한글 便紙)〉와 1593년에 선조 임금이 내린 〈선조국문유서(宣祖國文諭書)〉 등이 있습니다. 임진란 전후로는 〈순천김씨묘출토언간(順天金氏墓出土諺簡)〉이 알려졌으나 정확한 연대를 알 수 없어 이 고문서는 제외될 수밖에 없습니다.

일본 청산문고(靑山文庫)에 소장된 〈안락국태자전변상도〉는 변상도여서 아무래도 그림으로 보는 편이 마땅할 것 같습니다. 〈선조국문유서〉는 보물 제951호로 지정되면서 〈선조국문교서(宣祖國文敎書)〉로 명칭이 붙여졌으나, 엄밀히 말해서 이 고문서는 '교서(敎書)'가 아니라 '유서(諭書)'입니다.

이른 시기의 한글 고문서는 〈선조국문유서〉를 제외하고 모두 무덤에서 출토되었다는 공통점을 가지고 있습니다. 책이 아니라 낱장으로 남아 있으면 아무래도 보존이 힘들었을 터인데, 그나마 무덤 속에 함께 묻혀 있어서 후에 이것이 세상에 알려지게 된 것입니다.

안민학의 〈애도문〉은 먼저 세상을 뜬 부인을 향한 애틋한 마음을 그린 글이고, 〈이응태 묘 출토 한글 편지〉는 먼저 간 남편에 대한 그리움과 애통함을 절절하게 쓴 편지글입니다. 이 두 편의 한글 고문서는 최초의 한글 고문서의 특징을 보이는 것이라고 하겠습니다.

하나는 남편이 아내에게 바치는 애도문 형식의 글로 아내의 무덤에 같이 넣은 것이고, 또 하나는 아내가 남편의 무덤에 같이 넣은 편지글입니다. 애절한 마음을 담을 수 있는 글은 이렇게 우리말을 담을 수 있는 한글로 쓸 수밖에 없었음을 증명하는 것이라고 할 수 있습니다. 한문으로 썼다면 아마도 먼저 간 아내가 그 글을 읽을 수 없었을지도 모르겠고, 또 남편에게 글을 쓴 아내도 아마 한문으로 쓰기는 어려웠던 것은 아닐까 하는 추측을 해 봅니다. 〈선조국문유서〉도 백성이 쉽게 알 수 있도록 국문으로 유서를 내린 것입니다. 이러한 한글 고문서를 통해서 오래전부터 우리 민족의 마음속에는 의사소통을 쉽게 하려면 한글을 써야 한다는 인식이 있었던 것임을 알 수 있습니다.

안민학의 〈애도문〉

지금까지 발견된 최초의 한글 고문서로는, 1576년에 안민학이 23세의 일기로 세상을 떠난 부인인 곽씨 부인(郭氏夫人)의 상중(喪中)에 애도의 정을 적어 입관할 때에 관 속에 넣어 준 〈애도문〉을 들 수 있습니다.

이 〈애도문〉은 원래 2매로 되어 있고, 세로 53센티미터, 가로 82센티미터의 크기로 되어 있습니다. 처음에 안민학이 이 글을 쓸 때에는 2매를 붙여서 1매로 썼던 것인데, 이어 붙인 부분이 세월이 지나면서 떨어져 버려 2매가 된 것입니다. 그래서 다음 그림에서는 이것을 네 부분으로 나누어 보도록 하겠습니다.

이 자료는 필자가 1987년 9월 26일과 11월 6일, 두 차례에 걸쳐 학생들과 함께 충남 당진군 당진읍에 있는 안민학의 14대 종손이신 안승환(安承煥) 선생 댁을 방문했을 때에 소개받은 것입니다. 마침 충남대학교의 모 교수가 연구하기 위하여 1978년에 가져가 반납하기 이전이라서 직접 실물을 보지는 못하고, 그 복사본만 볼 수 있었습니다. 이 〈애도문〉을 띄어 써서 소개하면 다음과 같습니다. 이 중에 괄호 안의 한자는 풀이하여 넣은 것입니다. 원문이 길어 나누어 소개합니다. 그리고 이에 대한 현대어 번역도 같이 싣습니다. 이 현대어 번역은 직역하면 뜻을 이해하기 어려우니 부분적으로는 의역하도록 하겠습니다.

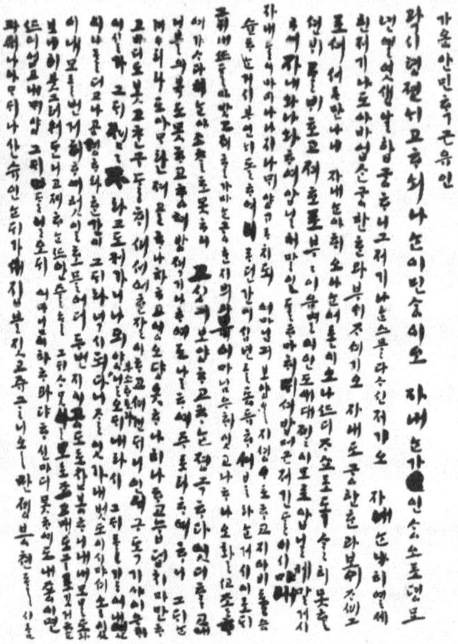

그림 1-2 〈애도문〉

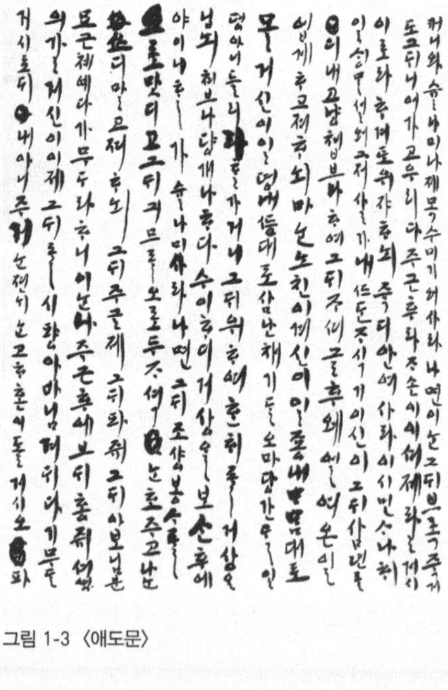

그림 1-1 〈애도문〉

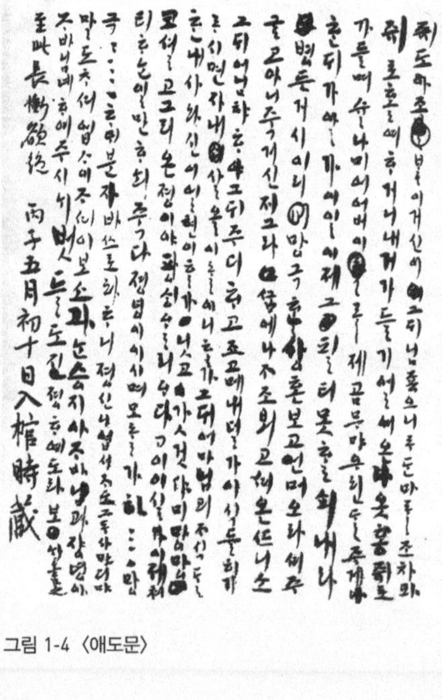

그림 1-4 〈애도문〉

그림 1-3 〈애도문〉

원문 1

원문 1

가옹(家翁) 안민ᄒᆞᆨ(安民學)근 유인(孺人) 곽시(郭氏) 령젼(靈前)늬 고ᄒᆞ뇌 나는 이민ᄉᆡᆼ(壬寅生)이오 자내는 갑인ᄉᆡᆼ(甲寅生)오로 뎡묘년(丁卯年) 열엿 ᄉᆡ낟 합궁(合宮)ᄒᆞ니 그저긔 나는 스믈 다ᄉᆞ신 저기오 자내는 나히 열세힌 저기 나도 아바 업슨 궁한(窮寒)ᄒᆞᆫ 과부(寡婦)이 ᄌᆞ셔기오 자내도 궁한(窮寒)ᄒᆞᆫ 과보(寡婦)이 ᄌᆞ셔그러셔 서ᄅᆞ 만나니 자내는 아히오 나는 어른이오 나 ᄡᅳ디 ᄌᆞ쇼(自少)로 독실히 못ᄒᆞᆯ 션비ᄅᆞᆯ 비호고져 호로 부부(夫婦)이 유별(有別) 인도(人道)애 대졀(大節)이모로 압닐(狎昵)케 말 거시 ᄒᆞ여 자내와 나와 ᄒᆞ여 압닐히 말인ᄃᆞᆯ ᄒᆞ마 히디셔 밥 머근 저긘들 이시먀 내 자내ᄃᆞ려 바미나 나지나 미양 ᄀᆞᄅᆞ치되 어마님긔 보양(奉養)ᄋᆞᆯ 지셩(至誠)으로 ᄒᆞ고 지아비ᄅᆞᆯ 승슌(承順)ᄒᆞᄂᆞᆫ 거시 부인늬 돌ᄒᆞ여 니ᄅᆞ던 간이 십년ᄅᆞᆯ 동듀 ᄒᆞ셔 볼라는 거시 이로되 그듸 내 ᄡᅳᆮᄃᆞᆯ 아 밧고져 ᄒᆞᆯ가마는 궁ᄒᆞᆫ 지븨 과부 어마님 우희 잇고 나 ᄒᆞ나 오활(迂闊)ᄉᆞ고 졸(拙)ᄒᆞ여 가ᄉᆞ다히ᄂᆞᆫ 아조 츌호 못ᄒᆞ니 고싯긔(孤媤)께 보양(奉養)ᄒᆞ고 ᄒᆞᄂᆞᆫ 졍 극(極)ᄒᆞ다 엇디 ᄒᆞ고

현대어 역 1

남편 안민학은 아내 곽씨 영전에 고합니다.

나는 임인생이고 당신은 갑인생으로 정묘년 열엿샛날 합궁하니(혼인하니), 그때가 나는 스물다섯인 때이고 당신은 나이 열셋인 때(입니다). 나도 아버지 없는 궁한한 과부의 자식이고, 당신도 궁한한 과부의 자식으로서 서로 만나니 당신은 아이고 나는 어른이었습니다. 그러나 (당신의) 뜻이 어려서부터 독실하지 못한 유학의 가르침을 배우고자 하여서, 부부유별이 사람의 큰 도리이므로 (이에 따라) 압닐하게 하지 말 것이라고(가깝게 지내지 말 것이라고) 하여 당신과 내가 함께 압닐하게(가깝게) 말인들 하였으며, 밝은 곳에서 밥 먹은 때인들 있나요? 내가 당신에게 밤이나 낮이

원문 2

나 늘 가르치되 어머님께 봉양을 지성으로 하고 지아비에게 순종하는 것이 부인네 도리라고 하며 말하더니, 십 년을 같이 살아서 그 바라는 것이 이루어지었습니다. 당신이 내 뜻을 안 받고자 할까마는 궁한 집에 과부 어머님이 위에 있고 나 하나 오활하고(사리에 어둡고 세상 물정을 모르고) 옹졸하여 가사로는 아주 챙기지 못하였습니다. 외로운 시어머님께 봉양하는 정이 지극하였습니다. 그런데 이 어찌하겠습니까?

원문 2

내 니블 의복(衣服)도 못ᄒᆞ고 ᄒᆞ여 방적(紡績)기나 ᄒᆞ여도 날ᄒᆞ여 주로라 ᄒᆞ여 ᄒᆞ니 그ᄃᆡᄂᆞᆫ 겨ᄋᆞ리라도 아무란 져골 ᄒᆞ나하 ᄒᆞ고 영오 댱옷 ᄒᆞ나히나 ᄒᆞ고 눕덥치마만 ᄒᆞ고 바디도 붓고 ᄎᆞᆫ 구들ᄒᆡ셔 서어ᄒᆞᆫ 잘이 ᄒᆞ고셔 견디니 인ᄂᆡ(忍耐) 구독(久毒)기야 이 우ᄒᆡ 이실가 그ᄃᆡ 졈졈 ᄌᆞ라 크도 커 가니 나 뫼양 부소ᄒᆞ로라 닐오ᄃᆡ 내라시 그ᄃᆡ를 길어 내여신이 나를 더고나 공경ᄒᆞ라 ᄒᆞ간이 그ᄃᆡ라 넉시 되다 니즐잇가

현대어 역 2

자기가 입을 의복도 하지 못하고, 행여 방적을 하여도 나에게 해 줄 것이라 하면서 방적을 하였지요. 당신은 겨울이라도 아무런 저고리 하나하고 영오장옷(외출할 때 입는 장옷의 하나) 하나하고 누더기 치마만 하고 바지도 벗고 찬 구들에서 불편한 자리 하고 견디니 그 인내의 구독하기가 (오래되고 독하기가) 이 위에 더 있을까요? 당신이 점점 자라 키도 커 가니 내가 (당신의) 외양을 (보고) 놀렸다고 말하니, 내가 당신을 길러 내었으니 나를 더욱 공경하였다고 (말한) 당신을 넋이 된들 잊을 수 있을 것인가요?

원문 3

원문 3

　　내 벗도 이시며 셔울 이신이 내 모(母)를 번거히 ᄒᆞ여 헛 일호믈 어더 두번지이 공도(公道)로 참봉(參奉) ᄒᆞ니 내 내 모믈 도라보니 이 붓그러워 ᄃᆞ니고져 ᄒᆞᄂᆞᆫ ᄯᅳ 안 줄를 그듸 ᄉᆞᄆᆞᆺ 알모로 죠고매도 글로 깃거ᄒᆞᄂᆞᆫ ᄯᅳ디 업고 내 미양 그듸를 닐오듸 어마님이 하 ᄒᆞ과댜 ᄒᆞ신 마디 못ᄒᆞ여도 내죵이면 파쥐(坡州)나 아모 듸나 산슈(山水) 인ᄂᆞ듸 가 새집[草家]를 짓고 쥬글 니올 만졍 봉쳔(崩天)를 시름고 슈셕가늬(水石間)에 가 사다가 죽쟈 ᄒᆞ니 그듸 그 마ᄅᆞᆯ 됴히 너겨 드르니 내 미양 그ᄅᆞᆫ니 믈욕(物慾) 젹근 이ᄂᆞᆫ 그듸 ᄀᆞᄐᆞᆫ 이 어도다 ᄒᆞ여 미양 살 싸ᄒᆞᆯ 못 어더 ᄒᆞ던이 엇ᄒᆞ여 내 모매 죄앙(罪殃)이 사히셔 병둔 나ᄂᆞᆫ 사랏고 병 업던 그듸ᄂᆞᆫ 빅년히로(百年偕老)ᄒᆞᆯ 언약(言約)글 져ᄇᆞ리고 엄홀(奄忽)히 일됴애 어드려 가신고 이 말 니ᄅᆞ간듸 ᄂᆞᆫ 텬디(天地) 무굼(無窮)ᄒᆞ고 우듀(宇宙) 곰활(空豁)ᄒᆞᆯ ᄯᆞᄅᆞᆷ미로 쇠 줄할이 주거 가 그듸과 녁시나 흔가 ᄃᆞ녀 이 언약(言約) 일오고 흘어 버이 고마ᄒᆞ여 우도 ᄆᆞ ᄆᆞᆷ대로 못ᄒᆞ거ᄃᆞᆫ 내 셜온 ᄯᅳᆯ 일올가

현대어 역 3

　　내 벗도 있으며 서울에 있으니 내가 어머니를 번거롭게 하여 헛이름을 얻어 두 번에 이르도록 (공도로 참봉을) 하니 내가 내 몸을 돌아보니 부끄러워서 다니고자 하는 뜻이 아닌 것을 당신이 잘 알다시피 그것으로 조금도 기뻐하는 뜻이 없었습니다. 내가 늘 당신에게 말하기를, 어머님이 너무 공도로 참봉을 하기를 시키고자 하는 것을 마지못해 하였지만, 나중에 파주나 아무 데나 산수 있는 데 가서 초가집을 짓고 죽을지언정 죽을 것을 시름하고 수석간(水石間)에서 가서 살다가 죽자 하니, 당신이 그 말을 좋게 여겨 들으니 내가 늘 그르구나(하고 생각하였습니다). 물욕이 적은 사람은 당신 같은 이가 없도다 하여 늘 살 땅을 못 얻어 하더니 어찌하여 내

몸에 죄앙이 쌓여서 병든 나는 살았고 병 없던 당신은 백년해로 언약을 저버리고 갑자기 하루아침에 어디로 갔습니까? 이 말을 이르건대 천지가 무궁하고 우주가 공활할 따름입니다. 차라리 죽어 가서 당신과 넋이나 함께 다녀 이 언약 이루었으면 (좋겠습니다). 홀어머니 공경하여서 우는 것도 마음대로 못하니 내 서러운 뜻을 (어찌) 이를까요?

원문 4

그딕 오륙녀븟트 미양 심열이 이셔 보미면 자다가 고 촌 닝슈(冷水) 달 ᄅ 하고 혓바를 돗고 하니 그딕 명 되긔 박하여 모ᄌ가닉(母子間)에 변도 만나고 나도 사오나와 그로 그딕 ᄆ 몸 쓰게 하이 만코 그도 하 셩식(性息)기 몰라 조고마한 일이라도 두어라 아니하니 그리하여 병이 만히 들고 겨울이만 의복도 그리 서어하니 슐라미를 구월리 나한 후브티는 됴리(調理)도 잘못하니 더옥 병이 드러 내죵애는 을튝년(乙丑年) 뉴월브터는 아리ᄌ셕 셔 두시 긔온이 편티 안여 누이락 닐락 하고 음식도 데먹고 하니 내나 그딕 어마님이 다 틱긔(胎氣)라 하여 ᄯ 아들이니 홀가 하여 깃거 닐ᄋ니 하더니 그리모로 나 미더셔 약 딘시(趁時)히 못하고 그힛 팔월(八月) 츄셕졔(秋夕祭)를 홍쥐(洪州) 부분닉 졔(祭)라 가셔 인하여 유산(流産)하고 구월(九月) 스므날 후에야 온 그딧 병이 듕하여 이신이 그졔븟터야 진짓 병인줄 알오 의약(醫藥)글 시작하여 호딕 그딕히 야글 아니 머그니 갓가스로 인슴(人蔘) 형개사(荊芥散)를 셜한나믄 복글 먹다 볼셔 병이 계웟고 그딕 명이 그만하거도 일력(人力)기 엇디 홀고 커니와 그리 병들게 하기는 고로 내 남진이 되여셔 무무상효 다시 이 한 넉시 디다(對答)플가

현대어 역 4

당신이 오륙 년 전부터 늘 심열이 있어 봄이면 자다가 코가 찬 냉수를

▲
원문 4

달라고 하고 혓바늘 돋고 하였습니다. 당신의 명이 되게 박하여서 모자간에 변도 만났습니다. 나도 (심성이) 사나워서 그것으로 당신 마음 쓰게 한 일이 많습니다. 그것도 너무 성정(性情)을 몰랐습니다. 조그마한 일이라도 그만두라고 아니하였습니다. 그리하여 병이 많이 들고 겨울이면 의복도 불편하니 술나미[안민학 아들의 어렸을 때의 이름, 본래 이름은 안관(安瓘)]를 9월에 낳은 후부터는 조리도 잘 못하니 더욱 병이 들어 나중에는 을축년 6월부터는 아래 자식이 서서, 다시 기운이 편치 아니하여 누울락 일어날락 하고 음식을 데먹고(충분히 먹지 못하고) 하였습니다. 그러나 나나 당신 어머님이 다 태기라 하여 또 아들일까 하여 기뻐 말하였습니다. 그래서 약을 진작 쓰지 못하고 그해 8월 추석제를 홍주(지금의 충남 홍성) 아버지 묘에 제사하러 가서 그로 인하여 유산을 하고 9월 20일 후에야 온 당신이 병이 중하여서 그제부터야 진짜 병인 줄 알고 의약을 시작하였지만, 당신이 약을 아니 먹으니 가까스로 인삼, 형개산(약 이름)을 서르남은(서른이 조금 넘는 수의) 복을 먹었으나 벌써 병을 당해 내기 어려웠습니다. 당신 명이 그만한 것도 인력으로 어찌할까 하지만, 그렇게 병들게 하기는 내가 당신의 남편이 되어서 어떻게 할 수 없으니, 이 어떠한 넋이 대답할 수 있을까요?

원문 5

ㅈ셔기 둘히 이신이 쏠이 과계(家計)홀 꺼니와 슐나미나 제 목수미 기러 사라나면 이는 그듸 브록 죽거도 그듸 니어가고 우리 다 주근 후라 ㅈ손이 이셔 졔(祭)랄 거시 이로라 ㅎ겨토 위쟈(慰藉)ㅎ뇌 죽디 안여 사라 이시민 ᄉ나히 일싱(一生)믈 셜외 그저 살가 내 쓰든 ㅈ식기 이신이 그듸 삼년롤 디내고 냥쳡(良妾)브나 ㅎ여 그듸 ᄌ셔글 후웨 얼여온일 업게 ᄒ고져 ᄒ뇌마는 노친(老親)이 겨신이 일 죵내 마ᄆ대로 몰 거신이 일뎡 내

▲
원문 5

쁟대로 삼난채 기들오마 당간들 일뎡 아니 들리라 훌가 거니 그듸 위ᄒᆞ
여 흔히를 거상(居喪)을 닙뇌 쳐브나 댱개나 ᄒᆞ다 수이 ᄒᆞ디 거상을 보숀
후에야 이니 훌가 슐나미 사라 나면 그듸 조샹(祖上) 봉ᄉᆞ(奉祀)를 오로 맛
디고 그듸 긔므룰(器物을) 오로 두 ᄌᆞ셕 ᄂᆞ호주고 나는 쓰디 말고져 ᄒᆞ뇌

현대어 역 5

자식이 둘이 있으니 딸이 집안을 이끌 것이니 슐나미가 자기 목숨이 길
어서 살아나면 이는 당신이 비록 죽어도 당신을 이어가고 우리 죽은 후라
도 자손이 있어 제(祭)라도 이루어질 것입니다. 그래서 위로도 됩니다. 죽
지 아니하고 살아 있으면 사나이 일생을 서러워하면서 그냥 살까요? 나
의 뜻으로는, 자식이 있으니 당신 삼년상을 지내고 양첩(良妾)을 얻어 그
대 자식을 후에 어려운 일 없게 하고자 합니다만, 노친이 계셔서 일을 종
래 마음대로 이끌어 갈 것입니다. 그러나 틀림없이 내 뜻대로 삼 년째 기
다리고 장가를 들지 않을 것입니다. 당신을 위하여 한 해를 거상(居喪)을
입을 것입니다. 첩을 얻거나 장가를 든다고 해도 머지않은 시간에 거상을
벗은 후에야 바로 할까요? 슐나미가 살아나면 당신의 조상 봉사를 오로
지 맡기고 당신 기물을 오로지 두 자식에게 나누어 주고 나는 쓰지 않고
자 합니다.

원문 6

그듸 주글 제 그듸 파쥬(坡州) 그듸 아보님 분묘(墳墓) 근쳬에다가 무드
라 ᄒᆞ니 이ᄂᆞᆫ 나 주근 후에 브듸 홍쥬(洪州) 셔영(先塋)의 갈 거시니 이제
그듸를 시퍙 아바님 겨듸다가 무들 거시로듸 내 아니 주거는 젼ᄂᆞᆫ 고
ᄒᆞ혼(孤魂)이 돌 거시오 파쥬(坡州)도 아조 ᄇᆞ리거신이 그듸 님죵(臨終)으
니ᄅᆞᆫ 마롤조차 파쥬로 ᄒᆞ여 ᄒᆞ거니 내 거긔 들기 얼여온 나옷 홍쥬로

원문 6

가 들며 슈나미어 어버이를 제곰 무먀 우린들 주게나 흔딕 가알가

현대어 역 6

당신이 죽을 때 파주의 당신 아버님 분묘 근처에다가 묻으라고 하였습니다. 나는 죽은 후에 홍주 선영으로 갈 것이지만, 이제 당신을 아버님 곁에다가 묻을 것입니다. 내가 죽기 전에는 고혼(孤魂)이 될 것이고, 파주도 아주 버릴 것이나 당신 임종 때 말하던 말을 따라 파주에 장사하려 하니 나는 그곳에 들기 어려울 것입니다. 나 곧 홍주로 가 들면 슈나미가 어버이를 제각각 묻는 것이어서, 우리인들 죽어서나 한곳에 갈까요?

원문 7

이일 이제 그 필티 못홀쇠 내라 병든 거시 이리 망극흔 상혼(喪魂) 보고 언머 오라셔 주글고 아니 죽거신 저그라 쑴에나 즈조 뵈고 셔온 ᄠᅳ 니소 그딕 어님 햐ᄒᆞ야 그딕 주디ᄒᆞ고 죠고메 내덜가 이식들히 기ᄅᆞ시면 자내 살올이를 아니홀가 그딕 어마님과 즈식들ᄒᆞᆫ 내 사라신이 얼현이 홀가 닛고 갓젓샤미 망망코 셜고 그리온 졍이야 팡싱(平生)을 니ᄋᆞ다 ᄀᆞ이 이실가

현대어 역 7

이 일 이제 끝내지 못할 것입니다. 내가 병든 것이 이리 망극한 상혼을 보고 얼마나 오래되어서야 죽을까요? 죽지 않은 적에는 꿈에나 자주 보이고 서러운 뜻을 말씀하십시오. 당신 어머님을 향하여 당신을 주지하고 조금이나마 내 덜까요? 다른 식구들이 기르시면 당신 살림을 아니할까요? 당신 어머님과 자식들은 내가 살았으니 어련히 할까요? 잊고 가셨음이 망망하고 서럽고 그리운 정이야 평생을 잇는다 해도 끝이 있을까요?

▲
원문 7

원문 8

원문 8

이제 쳐티ᄒᆞᄂᆞᆫ 일만 ᄒᆞ뇌 죽다 졍녕(精靈)이 이시며 모ᄅᆞ가 하하 망극 망극(罔極罔極)ᄒᆞ디 붓 자바 쓰노라 ᄒᆞ니 졍신니 업서 ᄌᆞ도 그ᄅᆞ사먀 디먀 말도 ᄎᆞ셔 업ᄉᆞ이 ᄌᆞ셔이 보소 과ᄂᆞᆫ 승지(承旨) 아ᄌᆞ바님과 쟝녕(掌令) 아ᄌᆞ바님네 ᄒᆞ여 주시니 벗들도 진졍(鎭靜)ᄒᆞ여 도라보니

言之至此 長慟欲絶 丙子 五月 初十日 入棺時藏

현대어 역 8

이제 처리하는 일만 합니다. 죽었다 한들 정령이 있으면 모를까 너무 망극하되 붓을 잡아 쓰노라 하니 정신이 없어 글자도 잘못 쓰며 떨어지며 말도 차서 없는 듯이 자세히 보십시오. 과는 승지 아주버님과 장녕 아주버님네께서 하여 주셨습니다. 벗들도 진정하여 돌아봅니다.

말을 여기에서 그치고 길고 서럽게 우는 것을 그치고자 합니다. 병자년 5월 초열흘에 입관 때에 넣습니다.

이 〈애도문〉에서 보듯이 이것은 안민학이 직접 써서 아내의 무덤에 넣어 두었던 것인데, 1978년 파주군 주내면 봉암리 방축굴에 있는 선대 조모의 산소를 충남 당진군 송악면 고대리 방터 선영으로 이장하는 과정 중 시신의 위에서 발견된 것입니다.

이 글은 편지글도 아니고, 그렇다고 제문(祭文)도 아닙니다. 앞에서 말하듯이 부인에게 쓴 편지글 같지만 편지만도 아닙니다. 그래서 이것을 부인의 죽음을 애도하는 글, 즉 〈애도문〉이라고 한 것은 매우 타당한 것으로 생각합니다.

이 무덤 속의 주인공은 생원 곽개(郭凱)의 딸인 곽씨(현풍 곽씨) 부인인데 이 〈애도문〉을 쓴 안민학(1542~1601)은 광주 안씨로 자는 이습

(而習), 호는 풍애(楓崖) 또는 호월당(湖月堂)이라고 합니다. 그의 문집인 《풍애선생집(楓崖先生集)》의 행장(行狀)과 연보(年譜)에 안민학의 일생이 자세히 보입니다. 안민학은 1542년에 서울에서 태어난 것과 같이 곽씨 부인과 사별한 곳도 서울일 것으로 추정됩니다. 이 〈애도문〉에 쓰인 말도 역시 서울말임을 알 수 있습니다. 그는 서울에 있는 그의 사저인 호월당(湖月堂)에서 세상을 떠났습니다.

그의 스승은 당대의 문장가였던 사암(思庵) 박순(朴淳)이었고, 성혼(成渾, 1535~1598), 율곡(栗谷) 이이(李珥, 1536~1584), 송강(松江) 정철(鄭澈, 1536~1593) 등의 문인들과 교유하였습니다. 이 〈애도문〉의 문장력에서 그의 문인다움이 보인다고 할 수 있을 것입니다.

흥미로운 사실은 그가 부인의 죽음 앞에서 3년 거상 후에 후처를 취하겠다고 언약하였으나, 그의 문집에 나오는 연보를 보면 곽씨 부인을 장사한 지 1년 뒤에 장흥군(長興君) 이상(李祥)의 딸인 전주 이씨(全州 李氏, 성종대왕의 증손)와 재혼하였다는 점입니다. 이후 후처에게서 3남 2녀를 두었는데요. 〈애도문〉에 썼듯이 노친의 성화에 그렇게 하였을까요? 아니면 성종대왕의 증손이라서 어쩔 수 없이 재혼하였나요? 그래도 3년 안에는 다시 장가들지 않겠다고 굳게 약속하였는데, "뒷간 갈 적 마음 다르고 올 적 마음 다르다"라는 말은 이를 두고 말함인 것일까요?

〈이응태 묘 출토 한글 편지〉

이 한글 고문서인 〈이응태 묘 출토 한글 편지〉는 1998년 4월에 경북 안동시 정상도의 택지 조성 공사로 고성 이씨(固城 李氏) 문중의 묘를 이장하던 중에 이응태(李應台, 1556~1586)의 묘에서 발굴된 편지입니다. 이응태의 묘에서는 복식 75점이 발굴되었고, 머리맡에서는 삼과 머리카락을 섞어 만든 미투리가 발견되었으며, 부인인 원이 엄마의 한글 편지와 아버지와 형이 쓴 만사(輓詞), 부채에 쓴 한시(漢詩), 장신구들이 함께 출토되었습니다. 현재 안동대학교 박물관에 소장되어 있습니다.

이 중에서 미투리는 병으로 누운 남편을 낫게 하려고 머리카락으로 신을 삼아 신긴다는 옛말에 따라 이응태의 부인이 만든 것으로 시신 위에 놓여 있던 것입니다. 물론 이 무덤에서는 아직 태어나지 않은 자신의 배 속의 아이에게 줄 배냇저고리까지 발견되었으며, 역시 남편에게 바치는 애절한 편지인 '원이 엄마 편지'도 남편의 시신 위에서 발견되었습니다.

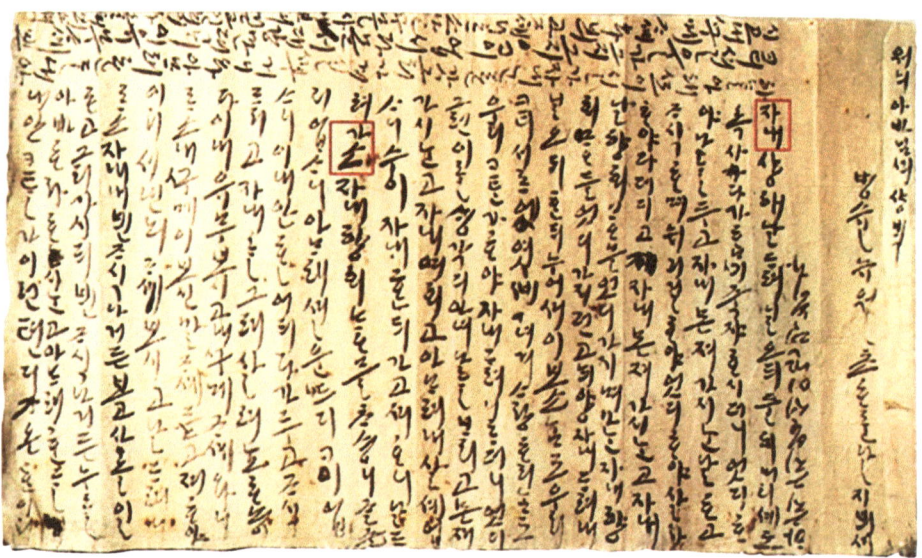

그림 2 〈이응태 묘 출토 한글 편지〉

이 편지 및 유물들은 그 당시 언론에 크게 보도되었고, 그 이후에 소설과 〈원이 엄마〉라는 창작 뮤지컬로 재탄생하여 대구 국제오페라축제 창작지원작 전국공모전에서 당선된 일도 있습니다. 지금은 안동댐 하류에 월영교(月映橋)를 만들 때 미투리의 모습을 담아 만들어 그곳의 명물이 되었고, 세계적인 고고학 잡지인 《ANTIQUITY》에도 크게 보도되어 세계적인 조명을 받았던 일이 있습니다.

여기에 묻혀 있던 한글 편지는 이응태의 부인이 1586년에 쓴 것으로, 크기는 너비가 34센티미터이고 길이가 58.5센티미터입니다.

이 문서를 띄어쓰기하여 소개하면 다음과 같습니다.

원문

워늬 아바님의 샹빅

자내 샹해 날드려 닐오디 둘히 머리 셰도록 사다가 홈끠 죽쟈 ᄒ시더니 엇디ᄒ야 나ᄅᆞᆯ 두고 자내 몬져 가시ᄂᆞᆫ 날ᄒᆞ고 ᄌᆞ식ᄒ며 뉘 긔걸ᄒ야 엇디 ᄒ야 살라 ᄒ야 다 더디고 자내 몬져 가시ᄂᆞᆫ고 자내 날 향히 ᄆᆞᄋᆞᄆᆞᆯ 엇디 가지며 나ᄂᆞᆫ 자내 향히 ᄆᆞᄋᆞᄆᆞᆯ 엇디 가지던고 미양 자내드려 내 닐오디 ᄒᆞ듸 누어셔 이 보소 ᄂᆞᆷ도 우리 ᄀᆞ티 서ᄅᆞ 에엿쎄 녀겨 ᄉᆞ랑ᄒᆞ리 ᄂᆞᆷ도 우리 ᄀᆞᄐᆞᆫ가 ᄒᆞ야 자내드려 니ᄅᆞ더니 엇디 그런 이ᄅᆞᆯ 싱각디 아녀 나ᄅᆞᆯ ᄇᆞ리고 몬져 가시ᄂᆞᆫ고 자내 여히고 아무려 내 살 셰 업스니 수이 자내 ᄒᆞ듸 가고져 ᄒᆞ니 날 드려 가소 자내 향히 ᄆᆞᄋᆞᄆᆞᆯ ᄎᆞᆺ싱 니즐 줄리 업스니 아무려 셜운 ᄠᅳ디 ᄀᆞ이 업스니 이 내 안ᄒᆞᆫ 어듸다가 두고 ᄌᆞ식 ᄃᆞ리고 자내ᄅᆞᆯ 그려 살려뇨 ᄒᆞ노이다 이 내 유무 보시고 내 ᄭᅮ메 ᄌᆞ셰 와 니ᄅᆞ소 내 ᄭᅮ메 이 보신 말 ᄌᆞ셰 듣고져 ᄒᆞ야 이리 서넌뇌 ᄌᆞ셰 보시고 날드려 니ᄅᆞ소 자내 내 빈 ᄌᆞ식 나거든 보고 사롤 일ᄒᆞ고 그리 가시듸 빈 ᄌᆞ식 나거든 누ᄅᆞᆯ 아바 ᄒᆞ라 ᄒᆞ시ᄂᆞᆫ고 아무려 ᄒᆞᆫ들 내 안 ᄀᆞᄐᆞᆯ가 이런 텬디 ᄌᆞ온훈 이리 하ᄂᆞᆯ 아래 ᄯᅩ 이실가 자내는 ᄒᆞᆫ갓 그리 가 겨실 ᄲᅢ거니와 아무려 흔들 내 안 ᄀᆞ티 셜울가 그지그지 ᄀᆞ이 업서 다 몯 서 대강만 뎍뇌 이 유무 ᄌᆞ셰 보시고 내 ᄭᅮ메 ᄌᆞ셰 와 뵈고 ᄌᆞ셰 니ᄅᆞ소 나는 ᄭᅮ믈 자내 보려 믿고 인뇌이다 몰태(?) 뵈쇼셔 하 그지그지 업서 이만 뎍뇌이다.

　　병슐 뉴월 초ᄒᆞᄅᆞᆫ날 지븨셔

이것을 현대어로 번역하면 다음과 같습니다. 이 번역문은 안동대학교 박물관의 이응태 묘 출토 편지 전시실의 현대어 번역을 그대로 가져왔습니다.

현대어 역

원이 아버지에게

　　당신 언제나 나에게 둘이 머리 희어지도록 살다가 함께 죽자고 하셨지요. 그런데 어찌 나를 두고 나와 어린아이는 누구의 말을 듣고 어떻게 살라고 다 버리고 당신 먼저 가십니까?

　　당신 나에게 마음을 어떻게 가져왔고 또 나는 당신에게 마음을 어떻게 가져왔나요? 함께 누우면 언제나 나는 당신에게 말하곤 했지요. 여보 다른 사람들도 우리처럼 서로 어여삐 여기고 사랑할까요? 어찌 그런 일을 생각하지도 않고 나를 버리고 먼저 가시는가요?

　　당신을 여의고는 아무리 해도 나는 살 수 없어요. 빨리 당신께 가고 싶어요. 나를 데려가 주세요. 당신을 향한 마음을 이승에서 잊을 수가 없습니다. 서러운 뜻 한이 없습니다. 내 마음 어디에 두고 자식 데리고 당신을 그리워하며 살 수 있을까 생각합니다.

　　이 내 편지 보시고 내 꿈에 와서 자세히 말해 주세요. 꿈속에서 당신 말을 자세히 듣고 싶어서 이렇게 써서 넣어 드립니다. 자세히 보시고 나에게 말해 주세요. 당신 내 배 속의 자식 낳으면 보고 말할 것 있다 하고 그렇게 가시니 배 속의 자식 낳으면 누구를 아버지라 하라시는 거지요. 아무리 한들 내 마음 같겠습니까. 이런 슬픈 일이 하늘 아래 또 있겠습니까. 당신은 한갓 그곳에 가 계실 뿐이지만 아무리 한들 내 마음같이 서럽겠습니까. 한도 없고 끝도 없어 다 못 쓰고 대강만 적습니다. 이 편지 자세히 보시고 내 꿈에 와서 당신 모습 자세히 보여 주시고 또 말해 주세요. 나는 꿈에는 당신을 볼 수 있다고 믿고 있습니다. 몰래 와서 보여 주세요. 하고 싶은 말 끝이 없어 이만 적습니다.

병술년 유월 초하룻날 아내가

이응태는 군자감 참봉을 지냈고, 수직으로 첨지중추부사(僉知中樞府事)를 받았던 부친 이요신(李堯臣, 1523~1611)의 2남 2녀 중 둘째 아들로 31세에 요절하였습니다. 조선 후기에 간행된 고성 이씨 족보에는 '묘 미상(墓 未詳)'으로 되어 있던 것인데, 무연고 분묘로 알고 이장을 준비하다가 무덤에 있던 명정(銘旌)을 통하여 이 묘가 이응태의 묘라는 사실이 밝혀져, 수백 년 만에 분묘가 확인된 셈입니다. 그러나 이응태의 부인에 대한 어떠한 기록도 발견할 수 없어서 이 편지를 쓴 '원이 어머니'가 어떠한 분인지는 전혀 알 길이 없어 안타까울 뿐입니다. 성씨(姓氏)조차도 모르니 옛날에 여자로 태어난 것도 죄가 되나 봅니다.

고성 이씨 족보에 이응태에게 성회(誠會)라는 아들이 하나 있는데, 그 아들은 청송 진보로 이주하였다고 할 뿐 더 자세한 내용은 알 수 없습니다. 다만 아들 성회가 진보로 이주하였다고 하니 혹시 외가가 있는 곳으로 간 것이 아닐까 추정할 뿐입니다. 부인의 편지에 보면 아이를 임신하고 있던 것을 알 수 있는데, 또 하나의 아들은 어찌 되었는지 그것도 역시 지금은 알 길이 없습니다.

한글 고문서의 가치

지금까지 발견된 한글 고문서 중 최초의 것으로 보이는 안민학의 〈애도문〉과 〈이응태 묘 출토 한글 편지〉는 한글로 쓰여 그 표현이 생동감 있다고 할 수 있습니다. 한문으로 쓴 고문서들은 주로 개념 의미만 명확하게 표현하려고 하지만, 한글 고문서는 정서적 의미까지도 동시에 표현함으로써 그 문학성을 높일 수 있었습니다.

우리는 이러한 한글 고문서를 통하여 그 당시 우리 선조의 개인과 사회의 생생한 실상을 파악할 수 있으며, 또한 우리말과 우리글을 어떻게 운용하여 자신의 생각과 느낌을 전달해 왔는가를 속속들이 알 수 있습니다. 마찬가지로 한글 고문서는 한문 고문서와는 달리 격식을 뛰어넘고 구어적인 성격을 지니고 있어, 그 당시 살아 있는 국어의 모습을 볼 수 있어서 중요한 국어사 연구 자료로 크게 기여할 것입니다.

이러한 한글 고문서들은 필사되어서 전할 뿐만 아니라 목판으로 찍어서 전하기도 합니다. 한글이 쓰인 것은 그것이 문헌이 아니라 보잘 것없는 낱장의 문서라도 우리들에게 얼마나 귀중한 문화유산인지를 위의 두 한글 고문서를 통하여 쉽게 알 수 있을 것입니다.

3 우리나라에서 한글 전용으로 간행된 최초의 책은?

세종이 쓴 《월인천강지곡(月印千江之曲)》은 한글로만 쓰이지 않아

훈민정음이 창제된 이후에 간행된 한글 문헌(한글이 쓰인 문헌)의 종류와 수는 헤아릴 수 없을 만큼 많습니다. 이렇게 많은 한글 문헌 중에서 한자나 다른 외국 문자를 같이 쓰지 않고 한글로만 써서 간행된 최초의 문헌은 무엇일까요? 어떤 이는 1447년에 간행된 《월인천강지곡》이 최초의 한글 전용 문헌이라고 말하기도 합니다. 그러나 세종이 직접 쓴 이 《월인천강지곡》은 한글로만 쓰인 문헌이 아닙니다. 다른 한글 문헌들이 그 글에 쓰인 한자의 아래에 한글로 그 음을 달아 놓은 것에 비해서, 이 책은 한글로 한자음을 앞에 쓰고 그 뒤에 한자를 써 놓은 것이어서 한글 전용 문헌이라고 주장하는데, 그렇다고 이 책을 한글 전용 문헌이라고 할 수는 없습니다. 다음 그림을 보면 쉽게 알 수 있습니다. 특히 《석보상절》과 비교해 보면 더욱 명확해지지요.

《석보상절》에서 한자를 크게 쓰고 그 아래 오른쪽에는 한자음을 한글로 작게 쓴 것과는 달리, 《월인천강지곡》에서는 한자음을 한글로 크게 쓰고 한자는 작은 글씨로 오른쪽 아래에 썼지요? 이 《월인천강지

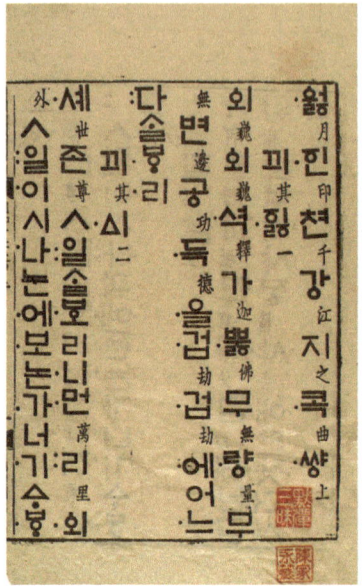 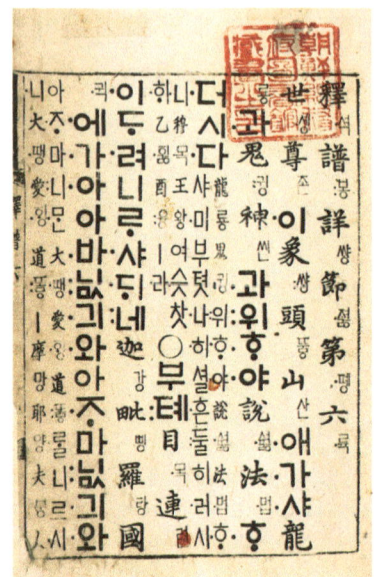

그림 1 《월인천강지곡》　　　　그림 2 《석보상절》

곡》은 오늘날 문헌에서 한글을 쓴 뒤 괄호 안에 한자를 병기한 방식과 같은 셈입니다.

〈독립신문〉, 기독교 서적, 고소설이 최초의 한글 전용 문헌이다?

어떤 이는 1896년에 발행된 〈독립신문〉이 최초의 한글 전용 신문이라고 말합니다. 그 말은 맞습니다. 한글로만 쓴 최초의 '신문'이지만, 한글로만 쓴 최초의 '문헌'은 아니지요. 〈독립신문〉이 설령 신문이 아니고 문헌이라고 해도 한글 전용을 실현한 최초는 아닙니다. 아마도 주시경 선생이 관여하였고, 또 '자주'와 '독립'을 표방한 신문이라서 한글 전용도 제일 먼저 실행에 옮겼을 것이라 생각하는 것 같습니다.

또 어떤 이는 19세기에 간행된 기독교 서적들이 최초 한글 전용 문헌이라고 말하기도 합니다. 예를 들어서 《성찰기략(省察記略)》(1864), 《신명초행(神命初行)》(1864), 《주년첨례광익(周年瞻禮廣益)》(1865), 《천주성교예규(天主聖敎禮規)》(1865) 등이 모두 한글로만 되어 있는 것은 사실이지만, 그 문헌들이 한글 전용을 처음 실현한 문헌들은 아닙니다. 그러니까 한글 전용은 외국인들, 특히 외국인 선교사들에 의해 처음 실행된 것이 아니라는 뜻입니다.

어떤 이는 우리나라 고소설들이 한글로만 되어 있는 것이 대부분이어서, 고소설이 한글 전용 문헌의 시초라고 주장하기도 합니다. 경판본(서울에서 간행된 책)이나 완판본(전주에서 간행된 책), 안성판(경기도 안성에서 간행된 책) 등이 대부분 한글로만 되어 있는데, 이들은 대개 19세기 이후에 간행된 문헌들입니다. 예컨대 《숙향전》(1846), 《삼설기》(1848), 《옥쥬호연》(1851) 등이 이른 시기에 간행된 고소설인데, 이보다 먼저 한글 전용 문헌으로 간행된 문헌이 있으니, 이들이 한글 전용을 실현한 최초의 문헌들이라고 할 수 없습니다.

18세기 중기 《천의소감언해(闡義昭鑑諺解)》 최초의 한글 전용 문헌

그렇다면 한글로만 쓴 문헌의 간행 시기는 언제이며, 또 지금까지 발견된 문헌 중에서 한글로만 되어 있는 최초의 문헌은 무엇일까요? 그 시기는 놀랍게도 한글 전용의 기독교 서적이나 고소설이 나오기 약 1세기 이전인 18세기 중기였습니다. 그때부터 한글 전용의 문헌이 간행된 것입니다.

물론 한글로만 쓰인 자료는 그 이전에도 있었습니다. 필사된 것으로 남아 있는 것 중에 《순천김씨언간》(16세기)이나 〈선조국문교서〉(1593)

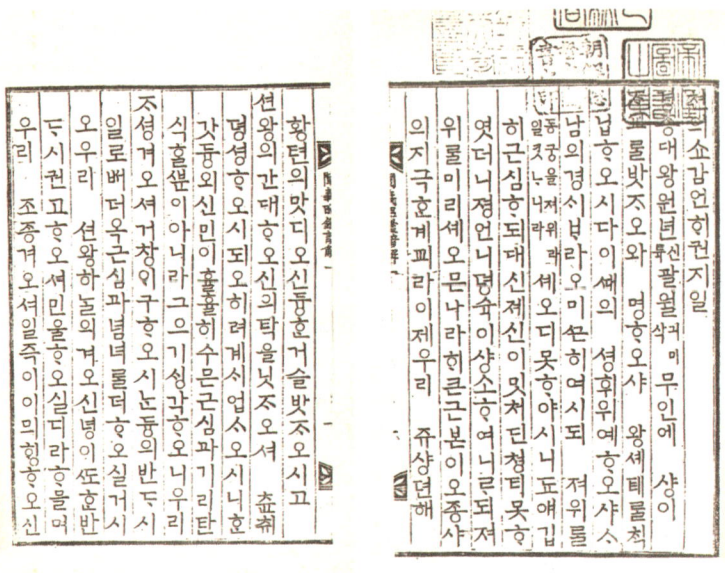

그림 3-2 《천의소감언해》 권1, 1b   그림 3-1 《천의소감언해》 권1, 1a

와 같은 고문서들은 한글로만 쓰여 있습니다. 그러나 이들은 매우 단편적인 자료이며 공식적으로 간행된 것이 아닙니다. 고문서는 주로 단 한 장씩만 남아 있으니까요.

이렇게 달랑 한 부썩만 남아 있는 필사본 중에는 한글 전용으로 되어 있는 문헌들도 종종 보입니다. 《어제자성편언해(御製自省篇諺解)》(1746년경)를 비롯하여 궁중에서 궁체로 필사한 문헌들은 대부분 한글 전용으로 되어 있습니다. 구(舊) 장서각 고소설들은 모두 한글 전용으로 되어 있지요. 목판본이나 활자본으로 찍어 낸 문헌 중에서 최초로 한글 전용을 실행한 문헌은 1755년에 목판본으로 간행한 《천의소감언해(闡義昭鑑諺解)》입니다. 단 현재 발견된 문헌 중에서 그러하니, 앞으로 더 이른 시기의 한글 전용 문헌이 등장할 가능성은 있습니다. 그러나 현재까지는 이 문헌이 최초의 한글 전용 문헌으로 판단됩니다. 물론 이 책은 판심제(版心題), 즉 책의 가운데 접는 부분에 쓰는 책 이름만 한자로 되어 있습니다.

《천의소감언해》가 한글로 기록된 이유

이 《천의소감언해》는 경종이 영조를 왕세자로 책봉한 데 대한 노론과 소론의 분쟁 사건을 밝힌 책이지만, 특히 영조 4년(1748)에 있었던 화란과 을해옥사와 영조 31년(1755)의 사건도 담고 있습니다. 이 책이 한글 전용으로 기록되어 있는 가장 큰 이유는 원문인 한문을 언해문과 함께 싣지 않고 한문본을 별도의 책으로 간행했기 때문입니다. 즉 언해문만 실었기 때문입니다. 만약에 이 책이 다른 문헌들처럼 한문의 원문을 함께 싣고 언해문을 붙이는 형식으로 간행되었다면 한글 전용 문헌이 될 수 없었을 것입니다.

또 한 가지 이유는 한글이 쓰인 문헌의 편찬 방식이 변하여 온 필연적인 결과 때문입니다. 즉 이 시기에는 이미 한문 원문이 함께 실리지 않으면 상당수의 문헌이 한글 전용 문헌이 될 수 있는 시기라고 할 수 있습니다. 다시 말하면 한문 원문을 뺀 나머지 언해문들은 대부분이 이미 한글 전용으로 되어 있는 시기였던 것입니다. 또 다른 이유로는 이 문헌을 읽을 사람들이 특수 계층의 사람이 아니라 모든 백성들이라는 점입니다.

이 《천의소감언해》가 어느 날 갑자기 한글 전용의 문헌으로 등장한 것은 아닙니다. 아깝게도 한자가 몇 자 들어 있어서 최초의 한글 전용 문헌에서 제외된 것이 있습니다. 17세기 말기에 간행된 문헌인 《진법언해(陣法諺解)》(1693년 간행, 국립중앙도서관 소장)는 책 제목과 소제목

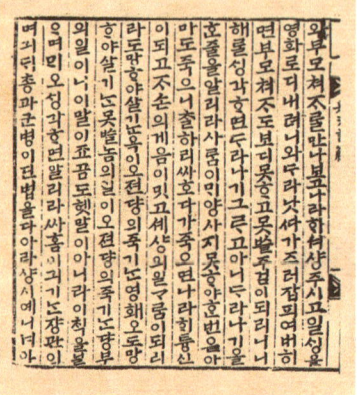 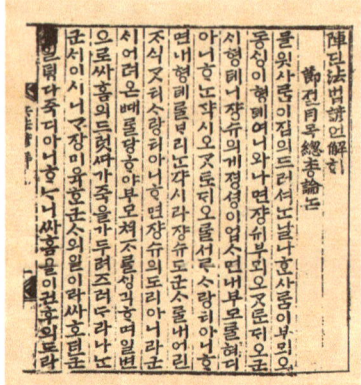

그림 4-2 《진법언해》 1b   그림 4-1 《진법언해》 1a

만 한자와 한자음이 적혀 있을 뿐입니다. 위의 그림을 보면 책 제목인 '진법언해'가 '陣딘法법諺언解ᄒᆡ'로 되어 있고, 마찬가지로 소제목인 '節졀目목總총論논'도 같은 형식으로 되어 있지만, 나머지는 모두 한글로만 쓰여 있는 것을 볼 수 있습니다.

한문 원문을 게재한 문헌들

그렇다면 훈민정음이 창제된 이후에 한글 문헌들은 어떠한 방식으로 편찬되었을까요? 이 편찬 양식의 변화를 알게 되면 곧 오늘날의 국한 혼용과 한글 전용이 어떠한 역사적 흐름 속에서 이루어졌는지 쉽게 알 수 있을 것입니다.

우리나라에서 간행된 한글 문헌들은 크게 두 가지로 구분할 수 있습니다. 한문 원문과 언해문을 한 책에 게재한 문헌과 원문을 싣지 않거나 아예 한문 원문이 없는 문헌입니다. 대부분의 문헌은 한문 원문을 함께 싣습니다. 《능엄경언해》, 《법화경언해》 등과 같은 불경 언해와

《논어언해》,《중용언해》,《대학언해》 등의 경서,《노걸대언해》나《박통사언해》와 같은 역학서들도 대부분 한문 원문을 함께 싣습니다. 대부분의 문헌들은 한문 원문을 내용별로 단락을 나누어 놓고 그 부분을 언해하고 다시 단락을 나누어 언해하는 방식으로 되어 있습니다만, 1485년에 간행된 《영험약초》나 《불정심경언해》는 한문 원문을 몽땅 앞에 싣고 뒤에 언해문 전체를 싣기도 합니다. 물론 한문 원문이 쓰인 경우에는 한글 전용 문헌이 될 수 없지요.

한문 원문을 싣지 않은 문헌들

그럼 원문을 함께 싣지 않은 문헌에는 어떤 것이 있을까요?《석보상절》,《월인석보》,《월인천강지곡》 등은 책의 근본이 되는 저경(底經)이 있었겠지만, 그 원문은 싣지 않은 문헌입니다. 1569년에 간행된《칠대만법(七大萬法)》도 그렇고,《진법언해》(1693),《송강가사》(1708), 필사본《악학습령》(1732), 필사본《상례언해》(1716),《천의소감언해》(1756),《종덕신편언해》(1758), 필사본《어제경세문답언해》(1767),《어제경민음》(1762),《지장경언해》(1762),《명의록언해》(1777) 등도 한문 원문이 원래 없거나 실려 있지 않은 문헌들입니다.

이렇게 한문 원문이 실려 있지 않고, 언해문도 한글 전용이면 그 문헌이 한글 전용인 문헌이 될 것입니다. 위의 문헌 중에서 한자를 하나도 쓰지 않고('판심제'는 제외하고) 한글로만 쓰인 책은《천의소감언해》,《종덕신편언해》,《어제경세문답언해》,《어제경민음》,《명의록언해》 등입니다. 이 중에서《어제경세문답언해》는 필사본입니다.《천의소감언해》는 앞에서 그림을 보았으니, 다른 문헌들을 그림으로 보도록 하지요.

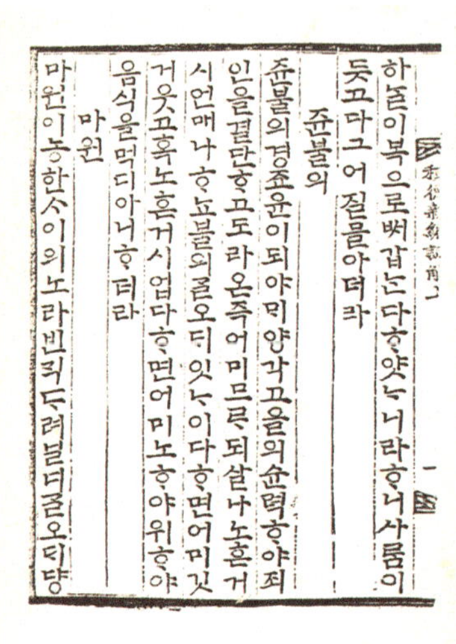
하ᄂᆞᆯ이복으로ᄡᅥ갑ᄂᆞᆫ다ᄒᆞ얏ᄂᆞ니라ᄒᆞ니사ᄅᆞᆷ이
듯고다그어질믈아더라
쥰불의
쥰불의경죠윤이되야미양각고을의슌력ᄒᆞ야죄
인을결단ᄒᆞ고도라온즉어미므ᄅᆞᆫ되살나노흔거
시언매나ᄒᆞ뇨블의ᄀᆞᆯ오ᄃᆡ잇ᄂᆞ이다ᄒᆞ면어미깃
거옷고혹노흔거시업다ᄒᆞ면어미노ᄒᆞ야위ᄒᆞ야
음식을먹디아니ᄒᆞ더라
마원
마원이ᄂᆞᆼ한소이의노라빈킥ᄃᆞ려닐너ᄀᆞᆯ오ᄃᆡ댱

그림 5-2 《종덕신편언해》 상, 1b

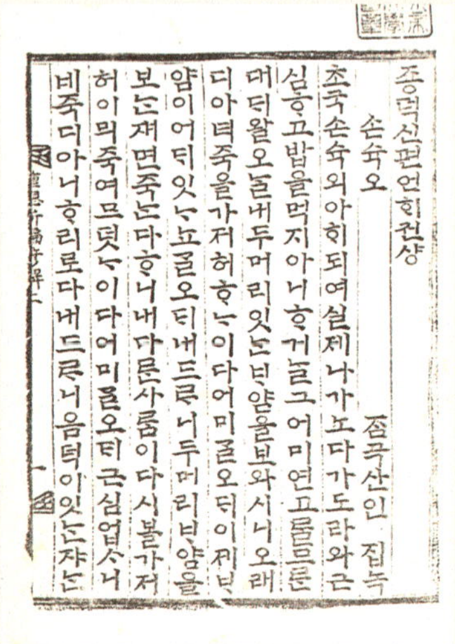
종덕신편언ᄒᆡ권샹
손슌오 좀곡산인 집녹
초국손슌와아히되여셜제나가노다가도라와근
심ᄒᆞ고밥을먹지아니ᄒᆞ거ᄂᆞᆯ그어미연고ᄅᆞᆯ므ᄅᆞᆫ
대뎌왈오ᄂᆞᆯ내두머리잇ᄂᆞᆫᄇᆡ얌을보와시니오래
디아녀죽을가저허ᄒᆞᄂᆞ이다어미ᄀᆞᆯ오ᄃᆡ이졔ᄇᆡ
얌이어ᄃᆡ잇ᄂᆞ뇨ᄀᆞᆯ오ᄃᆡ내ᄃᆞ려니두머리ᄇᆡ얌을
보ᄂᆞᆫ재면죽ᄂᆞᆫ다ᄒᆞ니내다ᄅᆞᆫ사ᄅᆞᆷ이다시볼가저
허이믜죽여므덧ᄂᆞ이다어미ᄀᆞᆯ오ᄃᆡ근심업ᄉᆞ니
비죽디아니ᄒᆞ리로다내ᄃᆞᄅᆞ니음덕이잇ᄂᆞᆫ쟈ᄂᆞᆫ

그림 5-1 《종덕신편언해》 상, 1a

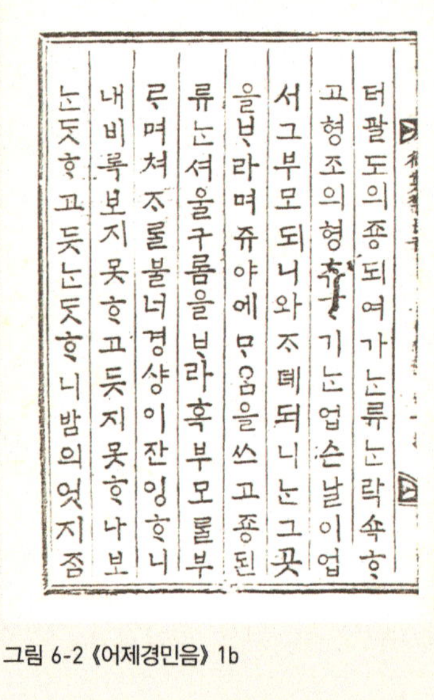
터팔도의죵되여가ᄂᆞᆫ류ᄂᆞᆫ락쇽ᄒᆞ
고형조의형ᄒᆞ기ᄂᆞᆫ업슨날이업
서그부모되니와조뎨되니ᄂᆞᆫ그곳
을ᄇᆞ라며쥬야에ᄆᆞᄋᆞᆷ을쓰고죵된
류ᄂᆞᆫ셔울구롬을ᄇᆞ라혹부모를부
ᄅᆞ며쳐조를불너경샹이잔잉ᄒᆞ니
내비록보지못ᄒᆞ고듯지못ᄒᆞ나보
ᄂᆞᆫ듯ᄒᆞ고듯ᄂᆞᆫ듯ᄒᆞ니밤의엇지좀

그림 6-2 《어제경민음》 1b

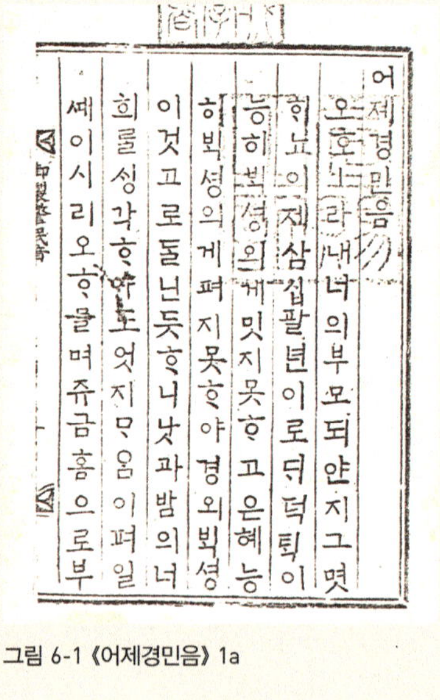
어제경민음
오호ㅣ라내너의부모되얀지그몃
ᄒᆡ뇨이제삼십팔년이로ᄃᆡ덕퇴이
ᄂᆞᆼ히ᄇᆡᆨ셩의게밋지못ᄒᆞ고은혜ᄂᆞᆼ
히ᄇᆡᆨ셩의게펴지못ᄒᆞ야경외ᄇᆡᆨ셩
이것고로돌닌듯ᄒᆞ니낫과밤의너
희를싱각ᄒᆞ야도엇지ᄆᆞᄋᆞᆷ이펴일
ᄊᆡ이시리오ᄒᆞ믈며쥬금홈으로부

그림 6-1 《어제경민음》 1a

언해문만 보면 한글 전용인 문헌들

19세기에 오면 이러한 문헌은 부지기수여서 여기에 일일이 예를 들지 않겠습니다. 한문 원문을 싣지 않았으니까 이 문헌이 한글 전용의 초기 문헌이라고 할 수 있지만, 한문 원문을 도외시하고 언해문만 보고 최초의 한글 전용 문헌이라고 지정한다면, 그 시기는 아주 이른 시기인 15세기 말로 거슬러 올라갑니다. 1489년에 간행된 《구급간이방언해》는 원문인 한문을 빼고 언해문만 보면 완전히 한글 전용 문헌입니다. 《정속언해》(1518), 《주자증손여씨향약언해》(1518) 등 16세기 초의 대부분의 문헌들이 그렇습니다. 이들 문헌에서 한문 원문을 빼면 그대로 한글 전용이 되니, 한글 전용의 시작은 일찍부터 그 싹이 텄던 것이라고 할 수 있습니다.

언해문 싣는 방식의 역사적 변화

그렇다면 훈민정음이 창제되고 나서 한글 문헌에서 한글과 한자, 외국 문자 들의 표기가 어떠한 형식으로 변했는지를 살펴보도록 하지요. 오늘날 남아 있는 한글 문헌들은 처음부터 우리말로 쓰인 문헌도 있지만, 상당수는 한문을 언해하였거나 외국어를 번역한 문헌들입니다. 그래서 이 문헌들은 주로 한문인 원문과 그 언해문(또는 번역문)으로 구분됩니다. 그런데 한문 원문을 싣는 방식도, 언해문을 싣는 방식도 역사적으로 여러 가지 변화를 겪어 왔습니다.

한문 원문을 삽입하는 경우에는 한자 하나하나에 한자음을 부기하는 경우, 그리고 한문에 한글 구결을 표기하는 경우, 또는 한문에 차자 구결을 병기하는 경우, 그리고 특이하게 한자 하나하나에 일일이 한자 석음을 달아 놓는 경우도 있습니다. 다음 그림에서 그것을 볼 수 있습니다.

한문 원문만 있는 경우

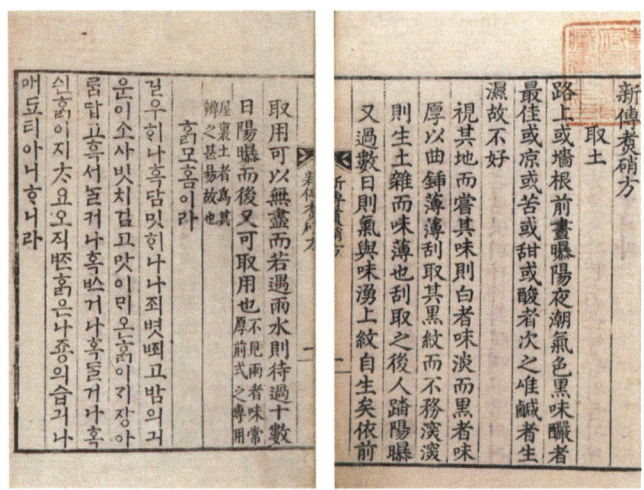

그림 7-2 《신전자초방언해》 1b, 원문과 언해문 부분

新傳煑硝方
取土
路上或墻根前晝曝陽夜潮氣色黑味醎者最佳或凉或苦或甜或酸者次之唯鹹者生滷故不好
視其地面嘗其味則白者味淡而黑者味厚以曲錚薄薄刮取其黑紋而不務深深則生土雜而味薄也刮取之後人踏陽曝又過數日則氣與味湧上紋自生矣依前

그림 7-1 《신전자초방언해》 1a, 원문 부분

한문 원문의 한자 하나하나에 한자음을 부기한 경우

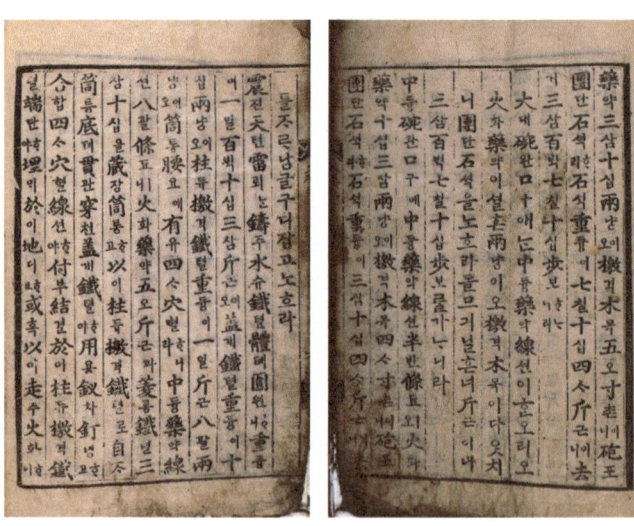

그림 8 《화포식언해》 원문과 언해문 부분

한문에 한글 구결을 다는 경우

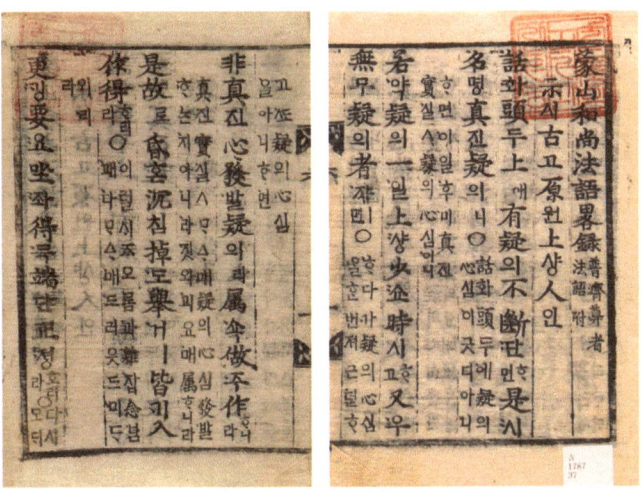

그림 9 《몽산화상법어약록언해》 원문과 언해문 부분

한문에 차자 구결을 다는 경우

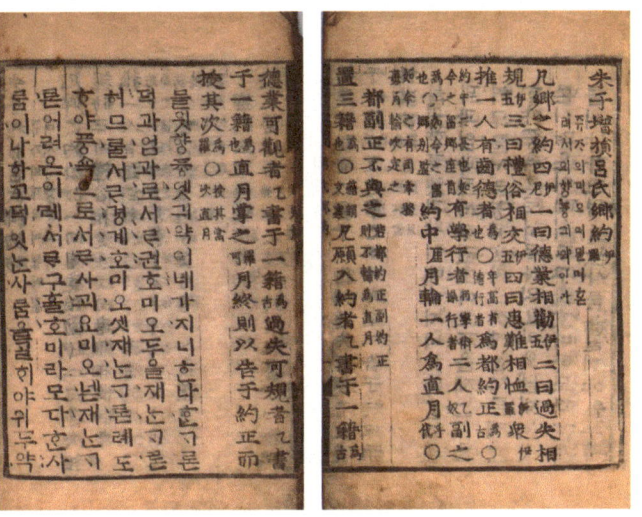

그림 10 《여씨향약언해》 한문 원문과 언해문 부분

한문의 한자에 한자 석음을 단 경우

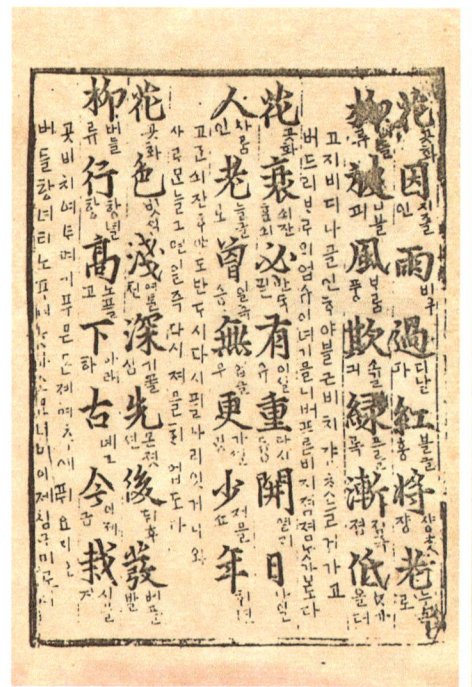
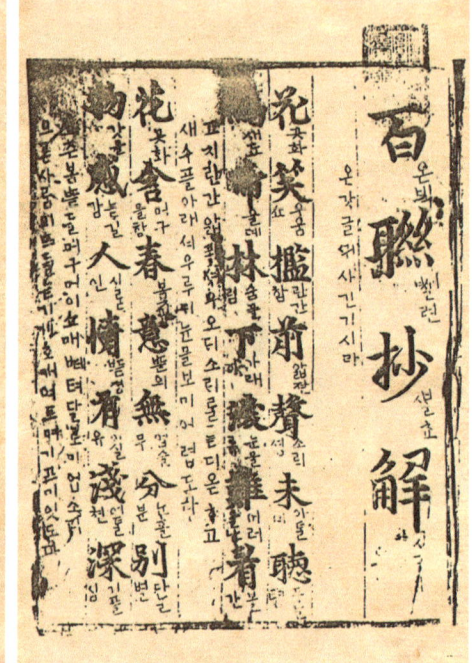

그림 11 《백련초해》 동경대학본, 원문과 언해문 부분

언해문 싣는 방식의 세 가지 경우

언해문은 한글과 한자를 혼용한 것, 즉 국한 혼용을 해서 쓴 것과 한글과 한자를 쓰되 한자의 아래에 한자음을 부기하는 경우, 그리고 한글로만 쓰는 경우의 세 가지가 있습니다. 다음 그림에서 그것을 볼 수 있습니다.

한글과 한자를 혼용한 경우

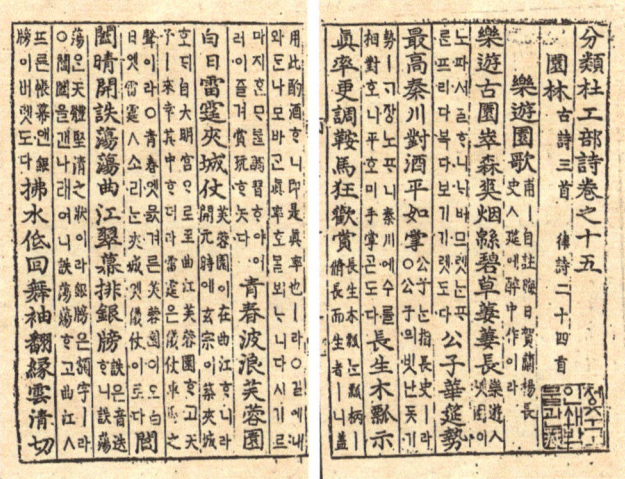

그림 12 《두시언해》

한글과 한자를 쓰되 한자의 아래에 한자음을 부기하는 경우

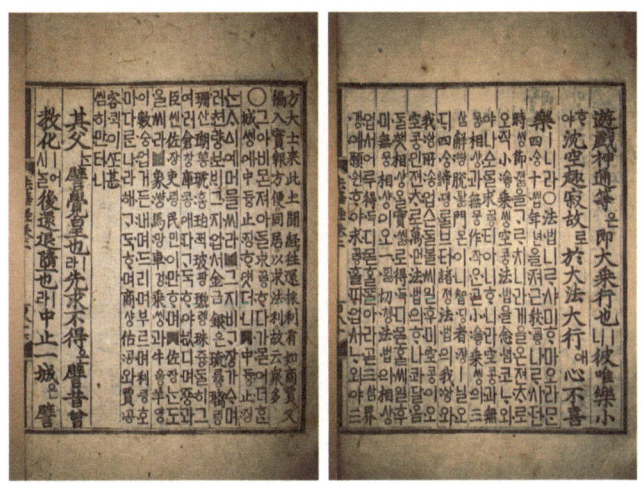

그림 13 《법화경언해》

한글로만 쓰는 경우

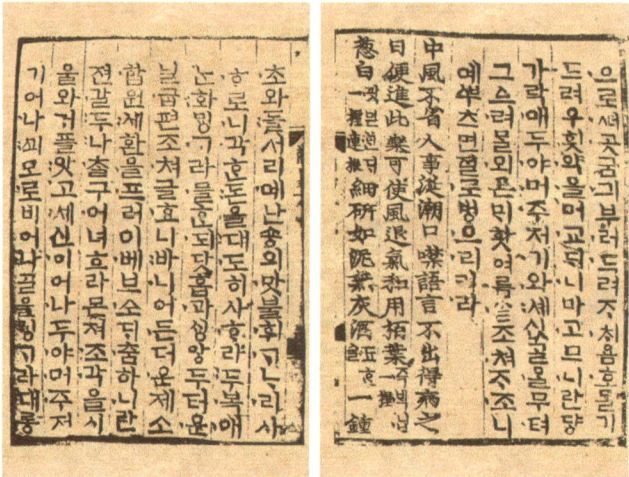

그림 14 《구급간이방언해》

이러한 양상을 분류해서 표로 보이면 다음과 같습니다.

한문 원문		언해문
한문 원문만으로 됨		(1) 한글로만 됨 (2) 한글과 한자를 사용함 (3) 한글 언해문과 한자, 한자음 사용함
한문 원문에 한자음을 달았음		(1) 한글로만 됨 (2) 한글과 한자를 사용함 (3) 한글 언해문과 한자, 한자음 사용함
한문 원문에 구결을 달았음	차자 구결	(1) 한글로만 됨 (2) 한글과 한자를 사용함 (3) 한글 언해문과 한자, 한자음 사용함
	한글 구결	(1) 한글로만 됨 (2) 한글과 한자를 사용함 (3) 한글 언해문과 한자, 한자음 사용함

한문 원문에 한자음을 달고 구결도 달았음	차자 구결	(1) 한글로만 됨 (2) 한글과 한자를 사용함 (3) 한글 언해문과 한자, 한자음 사용함
	한글 구결	(1) 한글로만 됨 (2) 한글과 한자를 사용함 (3) 한글 언해문과 한자, 한자음 사용함
한문 원문에 한자의 석음을 달았음		(1) 한글로만 됨 (2) 한글과 한자를 사용함 (3) 한글 언해문과 한자, 한자음 사용함

시기별, 문헌별로 보는 변화의 과정

이러한 양상들이 역사적으로 어떻게 변하였는지 시기별로, 문헌별로 구분하여 표를 만들어 보면 그 변화 과정을 한눈에 볼 수 있을 것입니다. 다음 표는 훈민정음 창제 이후 간행 또는 필사된 한글 문헌들 중에서 중요하다고 생각되는 문헌들을 조사하여 표를 만든 것입니다. 물론 이 이외의 문헌들도 많습니다만 너무 표가 길어져 여기에 일일이 다 제시하지 않겠습니다. 그렇다고 조사한 내용의 결과는 바뀌지 않습니다. 문헌 이름을 한자 그대로 쓴 것은 문헌의 내용을 파악하기 위한 것입니다.

서기	문헌명	원문 없음	원문 있음				언해문			비고
			원문만	한자음	원문+차자구결	원문+한글구결	한자+한글석음	한글, 한자	한글, 한자, 한자음	한글전용	
1447년	龍飛御天歌		○					○			
1447년	釋譜詳節	○						○			
1447년	月印千江之曲	○						○			
1459년	月印釋譜	○						○			
1461년	阿彌陀經諺解					○		○			
1461년	楞嚴經諺解					○		○			
1463년	法華經諺解					○		○			
1464년	禪宗永嘉集諺解					○		○			
1464년	金剛經諺解					○		○			
1464년	般若心經諺解					○		○			
1464년	上院寺重創勸善文	○						○			필사본
1465년	圓覺經諺解					○		○			
1466년	救急方諺解(原刊本 不傳)	○						○			
1467년	牧牛子修心訣					○		○			
1467년	蒙山和尙法語略錄諺解			○		○		○			
1467년	四法語諺解					○		○			
1475년	內訓					○		○			
1481년	分類杜工部詩諺解		○					○			
1481년	三綱行實圖		○					○			
1481년	分類杜工部詩諺解		○					○			
1482년	金剛經三家解					○		○			
1482년	南明集諺解					○		○			
1485년	佛頂心經諺解		○					○			
1485년	靈驗略抄		○					○			
1489년	救急簡易方		○							○	
1496년	六祖法寶壇經諺解					○		○			
1496년	眞言勸供, 三壇施食文		○					○			
1497년	神仙太乙紫金丹		○							○	
1514년	續三綱行實圖		○					○			
1517년 이전	飜譯老乞大			○				○			
1517년 이전	飜譯朴通事 上			○				○			
1518년	飜譯小學			○				○			
1518년	正俗諺解				○					○	

연도	문헌명	1	2	3	4	5	6	비고
1518년	朱子增損呂氏鄕約諺解			○			○	
1518년	二倫行實圖		○				○	
1522년	別行錄節要諺解			○		○		
1525년	簡易辟瘟方		○			○		
1541년	牛馬羊猪染疫治療方			○			○	
1560년	聖觀自在求修六字禪定				○		○	
1569년	七大萬法	○				○		
1577년	誡初心學人文		○		○		○	
1577년	發心修行章		○		○		○	
1577년	野雲自警		○		○		○	
1579년	重刊警民編			○			○	
1581년	續三綱行實圖		○				○	
1587년	小學諺解		○		○	○		
1590년	大學諺解		○		○	○		
1590년	中庸諺解		○		○	○		
1590년	論語諺解		○		○	○		
1590년	孟子諺解		○		○	○		
1593년	宣祖國文敎書	○					○	
1606년	周易諺解		○		○	○		
1608년	諺解痘瘡集要		○				○	
1608년	諺解胎産集要		○				○	
1608년	諺解救急方		○				○	
1609년	三經四書釋義		○			○		
1612년	練兵指南		○				○	
1617년	東國新續三綱行實圖		○				○	
1632년	分類杜工部詩諺解		○			○		중간본
1632년	家禮諺解		○		○	○		
1635년	火砲式諺解		○		○	○		
1635년	新傳煮取焰硝方諺解		○		○	○		
1636년	御製內訓		○		○	○		
1637년	勸念要錄				○		○	
1657년	語錄解		○			○		초간본
1669년	語錄解		○			○		개간본
1670년	老乞大諺解			○		○		
1676년	捷解新語		○			○		
1677년	朴通事諺解			○		○		
1682년	馬經抄集諺解			○		○	○	
1690년	譯語類解		○			○		
1693년	陣法諺解	○					○	제목만 한자
1697년	觀世音菩薩普門品諺解		○				○	

연도	문헌							비고
1698년	新傳煮硝方諺解		○				○	
1704년	清語老乞大		○			○		
1704년	三譯總解		○			○		
1704년	八歲兒		○			○		
1704년	小兒論		○			○		
1708년	松江歌詞	○					○	
1713년	樂學拾零	○				○		
1716년	喪禮諺解	○					○	
1721년	伍倫全備諺解		○			○		
1736년	御製內訓				○		○	
1736년	女四書諺解			○	○		○	
1737년	捷解蒙語	○				○		
1745년	御製常訓諺解				○		○	
1745년	老乞大諺解					○		
1746년	御製自省篇諺解	○					○	필사본
1749년	論語栗谷先生諺解				○		○	
1749년	大學栗谷先生諺解				○		○	
1749년	中庸栗谷先生諺解				○		○	
1749년	孟子栗谷先生諺解				○		○	
1756년	闡義昭鑑諺解	○					○	
1756년	御製訓書諺解	○					○	
1757년	御製戒酒綸音				○		○	
1758년	種德新編諺解	○					○	
1761년	御製經世問答諺解	○					○	필사본
1762년	御製警民音	○				○		
1762년	地藏經諺解	○					○	서문만 한자
1763년	御製經世問答續錄諺解	○					○	필사본
1764년	御製祖訓諺解	○					○	필사본
1765년	朴通事新釋諺解				○			
1765년	念佛普勸文		○				○	
1765년	御製百行願			○			○	
1772년	十九史略諺解			○			○	
1777년	明義錄諺解	○					○	
1778년	續明義錄諺解	○					○	
1790년	武藝圖譜通志諺解		○			○		
1790년	隣語大方		○	○		○		
1790년	增修無寃錄諺解			○			○	
1796년	敬信錄諺釋	○					○	소재목만 한자

이 표에서 볼 수 있듯이 한문 원문은 훈민정음 창제 직후에는 한문 원문에 한글 구결을 삽입한 문헌이 대부분이어서 19세기 말까지도 계속 사용되어 왔지만, 15세기 후반부터는 한문 원문만 달아서 쓰는 방식도 등장하게 되었습니다. 그러다가 16세기부터 17세기 중기까지는 한자음을 달아 놓는 방식도 유행했지만, 한글 구결은 여전히 계속 달아 놓고 있음을 볼 수 있습니다. 18세기 중기부터는 한문 원문이 없이 간행되는 문헌이 많이 등장하고 있고, 18세기부터는 그러한 방식이 주류를 이루는 것을 볼 수 있습니다. 그러니까 한문 원문에 구결을 달았다가 한문 원문의 한자 하나하나에 한자음을 달아 놓는 방식으로 변화하였고, 후에는 아예 원문을 빼어 버리는 방식으로 변해 갔던 것입니다.

언해문 양식의 변화도 쉽게 알 수 있습니다. 훈민정음 창제 당시부터 한글과 한자, 그 한자의 한자음을 쓰는 방식을 사용하다가 15세기 말부터 한글만 쓰는, 즉 한글 전용으로 바뀌어 16세기에서 17세기 중반까지 그 흐름을 이어 왔습니다. 그러다가 17세기 중반부터 18세기 중반까지 국한 혼용이 주류를 이루어 왔고, 다시 이 방식이 19세기를 거쳐 오늘날까지 계속되었습니다. 18세기 중반 이후에는 한글 전용이 다시 일어나, 그 기운이 역시 19세기를 거쳐 오늘날까지 이루어져 온 것입니다. 그러나 국한 혼용과 한글 전용의 두 가지 기운이 일어나게 된 것은 18세기 중반부터입니다.

1세기 이상 반목돼 온 한글 전용, 국한 혼용

이러한 현상으로 보아서 순수 한글 전용 문헌이 18세기 중반에 등장한 것은 역사적 변화의 필연이라고 생각합니다. 왜냐하면 원문이 실리지 않고 한글 전용이 이루어지게 된 것은 18세기 중기이니까요. 그리고 한문 원문을 고려하지 않고 언해문만 가지고 한글 전용을 이야기한다면 15세기 말부터라고 할 수 있을 것입니다. 그것은 《구급간이방언해》(1489)부터 보입니다. 그런데 왜 언해문에서 한글만 쓰던 방식이 17세기 중반에 인조와 효종 이후부터 다시 국한 혼용으로 바뀌어 갔는지, 그리고 어떻게 이 두 가지 방식이 19세기 말까지 나란히 이어져 갔는지는 시대적 환경이나 그 당시의 어문 정책과 사회 환경, 또는 출판된 책의 내용 등의 정밀한 연구를 통해서만 밝혀질 수 있을 것입니다. 독자와 저자의 성격에 따라 그 방식을 달리하였을 것으로 예상되지만, 이러한 예상도 좀 더 깊은 연구를 통해서만 밝혀질 수 있을 것입니다.

　이러한 역사적 사실들은 오늘날 우리들로 하여금 많은 것을 반성하게 합니다. 한글 전용이나 국한 혼용을 주장하는 그 어느 분도 이러한 역사적 흐름을 한 번도 검토해 보지 않았기 때문입니다. 아마도 우리 선조들처럼 어느 경우에는 한글 전용을, 또 어느 경우에는 국한 혼용을 하는 현명함을 알 수만 있게 된다면, 거의 1세기 이상 반목되어 온 한글 전용과 국한 혼용의 매듭이 풀릴 수 있지 않을까 하는 막연한 기대를 해 봅니다.

4

가로쓰기를 처음 실행한, 우리나라 사람이 편찬한 최초의 문헌은 무엇일까요?

가로쓰기 언제부터 시작되었을까

여러분께서는 옛 문헌을 자주 보셨지요?《훈민정음》이나《석보상절》,《월인석보》등 15세기의 문헌은 물론이고 19세기 말까지 모든 문헌은 세로쓰기 방식이었습니다. 그것도 글자와 글자 사이에 공간을 두거나 띄어 쓰지 않고 이어 쓰는 방식이었습니다. 그래서 위에서 아래쪽으로 띄지 않고 내려썼으며, 그 줄 끝에 이르면 왼쪽 위로 올라가서 다시 위쪽에서 아래쪽으로 내려쓰는 것이었습니다. 그리스의 알파벳 표기도 처음에는 공간이나 구두점이 없는, 글자들이 하나의 끈처럼 연속된 형태로 쓰였다고 합니다. 첫째 줄은 보통 왼쪽에서 오른쪽으로 진행되었으며, 그 줄 끝에 이르면 한 글자의 높이만큼 그대로 아래로 내려가서 오른쪽에서 왼쪽으로, 다시 왼쪽에서 오른쪽으로 줄을 바꾸었다고 합니다. 이렇게 계속되는 지그재그 식으로 쓰였던 것이지요.

그렇다면 우리나라 사람이 쓴 책 중에서 최초로 가로쓰기를 한 문헌은 언제 누가 쓴 무슨 책일까요?

물론 외국인이 우리나라 말에 대해서 쓴 책들은 주로 대역사전이나 한국어 문법책들인데, 알파벳을 써야 하기 때문에 당연히 가로쓰기로 되어 있습니다. 1880년에 리델이 편찬한 《한불ᄌᆞ뎐(*Dictionaire Coréen-Francais*)》은 그림 1처럼 한글을 올림말로 하고 뜻풀이는 불어로 하였는데 가로쓰기로 되어 있습니다. 알파벳을 써야 하니까요.

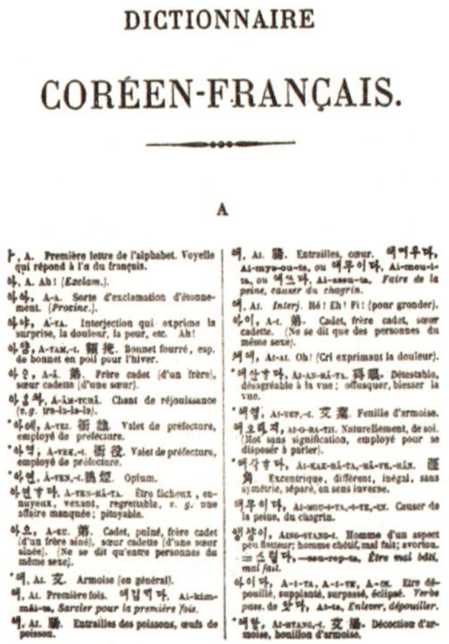
DICTIONNAIRE

CORÉEN-FRANÇAIS.

A

그림 1 《한불ᄌᆞ뎐》

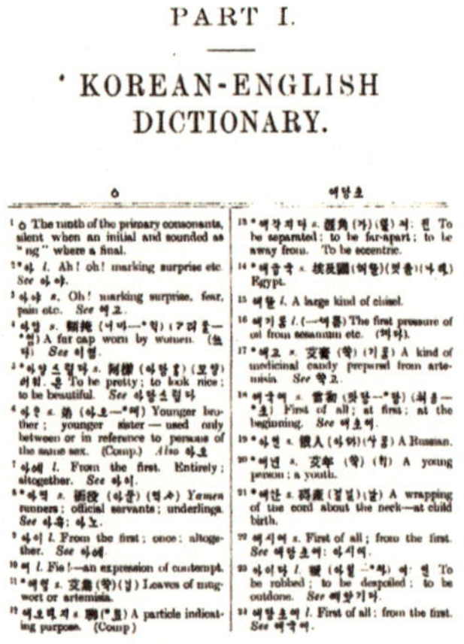
PART I.

KOREAN-ENGLISH DICTIONARY.

그림 2 《한영ᄌᆞ뎐》

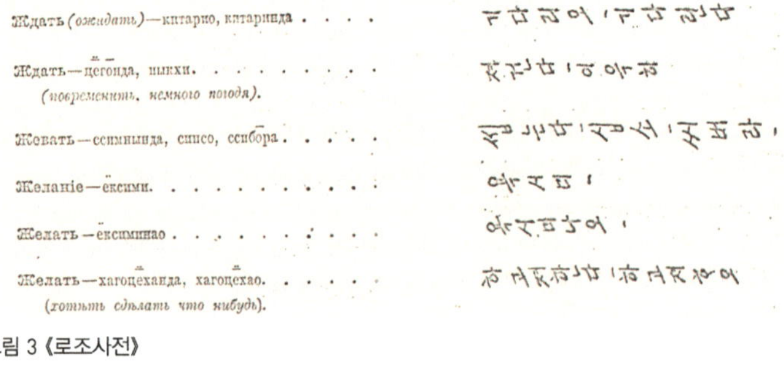
Ждать (ожидать)—китарно, китаринда . . . .

Ждать—цегонда, ныкхи. . . . .
(повременить, немного погодя).

Жевать—сенмнында, сиисо, ссибора . . . . .

Желанiе—ексими. . . . .

Желать—ексимнао . . . .

Желать—хагоцеханда, хагоцехао. . . . . .
(хотьть сдьлать что нибудь).

그림 3 《로조사전》

역시 1897년에 게일(Gale)이 편찬한 《한영ᄌ뎐(Korean-English Dictionary)》도 그림 2처럼 가로쓰기로 되어 있습니다. 그러나 그 이전에 러시아 사람인 푸칠로가 편찬한 《로조사전(РУССКО-КОРЕЙСКАГО)》은 그림 3에서 볼 수 있듯이 러시아 문자는 가로로 쓰고 거기에 대응되는 우리말 단어는 세로로 써 놓아서 읽기가 무척 거북할 것입니다.

획기적인 가로쓰기를 시도한 《국한회어》

우리나라 사람이 쓴 책 중에 최초로 가로쓰기를 한 책은 1895년에 편찬된 《국한회어(國漢會語)》라는 그림 4의 국어 대역사전입니다. 어느 학자는 이 문헌명을 《국한회화(國漢會話)》라고 잘못 인용하곤 합니다. 그러나 표지 제목에만 《국한회화》라 하였고, 서문의 앞과 끝, 그리고 서문의 내용 등에서 모두 《국한회어》라고 하고 있으므로 원 책명은 《국한회어》라고 해야 할 것입니다.

이 책의 서문에 "자행(字行)은 종좌달우(從左達右)하며 간차(簡次)는 자하철상(自下徹上)하야 외국책규(外國冊規)를 방(倣)하고"라고 가로쓰기를 설명하고, 이 방식은 외국 문헌을 본뜬 것이라는 사실을 적어 놓았습니다. 이때의 외국

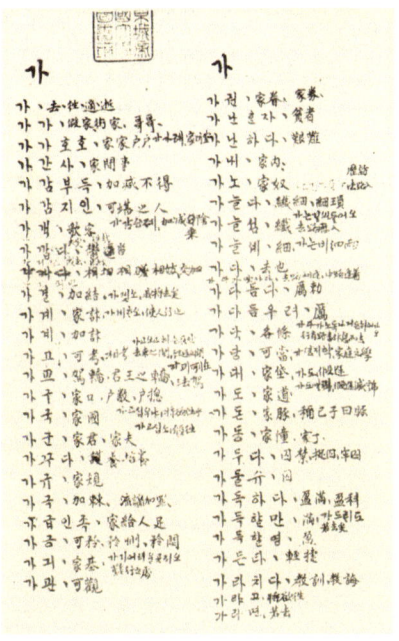

그림 4 《국한회어》

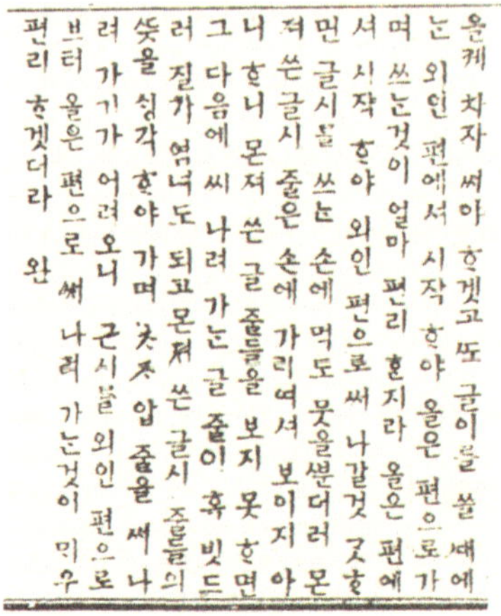
온케 치자 써아 ᄒᆞ겟고 또 글이를 쓸 때에
는 외인 편에셔 시작ᄒᆞ야 올은 편으로 가
며 쓰는것이 얼마 편리ᄒᆞᆫ지라 올은 편예
셔 시작ᄒᆞ야 외인 편으로 써 나갈것 ᄀᆞᆺᄒᆞ
면 글시를 쓰는 손에 먹도 뭇을뿐더러 몬
져 쓴 글시 줄은 손에 가리여셔 보이지 아
니ᄒᆞ니 몬져 쓴 글 줄들을 보지 못ᄒᆞ면
그 다음에 씨 나려 가는 글 줄이 혹 빗드
러 질가 염녀도 되고 몬져 쓴 글시 줄들의
뜻을 싱각ᄒᆞ야 가며 ᄎᆞᄎᆞ 압 줄을 써 나
려 가기가 어려오니 글시를 외인 편으로
브터 올은 편으로 써 나려 가는것이 ᄆᆡ우
편리 ᄒᆞ겟더라 완

그림 5 〈독립신문〉 1897년 9월 28일 자

은 서양을 의미하는 것으로 해석됩니다. 왜냐하면 일본에서도 가로쓰기는 잘 보이지 않았기 때문입니다. "자행(字行)은 종좌달우(從左達右)하며"는 곧 '글자와 행은 왼쪽에서 오른쪽으로 하며'란 뜻이고, "간차(簡次)는 자하철상(自下徹上)하야"는 결국 가로쓰기의 결과로 생겨난 것인데, 즉 글씨는 가로쓰기로 하되 올림말의 배열은 위에서 아래로, 즉 종으로 배열하고 그 한 단이 끝나면 다음 오른쪽 단의 위로 올라가도록 배열했다는 것입니다.

주시경 선생의 가로쓰기 주장이 1897년에 나온 것임을 감안하면, 이 《국한회어》의 가로쓰기는 획기적이라고 할 수 있습니다. 주시경 선생의 가로쓰기 주장을 담은 〈독립신문〉 2권 115호(1897년 9월 28일)의 내용을 보면 선생께서는 그림 5에서 보듯이 네 가지 유용성을 들어서 가로쓰기를 주장하였습니다.

쥬샹호씨 국문론

(앞의 글 생략)

또 글이를 쓸 때에는 외인 편에셔 시작ᄒᆞ야 올은 편으로 가며 쓰는 것이 얼마 편리ᄒᆞᆫ지라 올은 편에셔 시쟉ᄒᆞ야 외인 편으로 써 나갈 것 ᄀᆞᆺᄒᆞ면 글시를 쓰는 손에 먹도 뭇을 뿐더러 몬져 쓴 글시 줄은 손에 가리여셔 보이지 아니 ᄒᆞ니 몬져 쓴 글 줄들을 보지 못 ᄒᆞ면 그 다음에 써 나려 가는 글 줄이 혹 빗드러 질가 염녀도 되고 몬져 쓴 글시 줄들의 뜻을 싱각ᄒᆞ야 가며 ᄎᆞᄎᆞ 압 줄을 써 나려 가기가 어려오니 글시를 외인 편으로브터 올은 편으로 써 나려 가는 것이 ᄆᆡ우 편리ᄒᆞ겟더라

1897년에 나온 〈독립신문〉은 띄어쓰기를 했으되 세로쓰기로 하였습니다. 1909년에 간행된 지석영의 《언문(言文)》이 가로쓰기로 되어 있는 것과 우리나라 사람이 편찬한 본격적인 국어사전으로 평가 받는 《말모이》(1911) 역시 가로쓰기로 되어 있다는 점에서 볼 때, 이 《국한회어》의 가로쓰기는 1895년에 시행된 것이어서 매우 획기적인 일이었습니다. 그런데 흥미롭게도 이 《국한회어》의 서문은 세로로 썼다는 점입니다. 그래서 이 책은 신구(新舊) 방식이 공존하는 것입니다. 그림 6은 《국한회어》의 서문입니다.

《국한회어》 편찬의 역사적 배경

이 《국한회어》는 가로쓰기를 최초로 한 책일뿐더러 또한 우리나라 사람에 의해 최초로 편찬된 국어사전이기도 합니다. 《국한회어》는 우리나라 사람이 우리말을 올림말로 하여 만든 최초의 국어 대역사전입니다. 그것은 현대적인 국어사전은 아니어도 우리말 어휘를 모아 한자나 한자어로 풀이한 책입니다. 1895년에 편찬되었지만, 아깝게도 출판은 되지 못하고 필사본으로만 남아 있습니다. 현재 서울대학교 규장각에 소장되어 있습니다. 최근에 이 책은 우리나라 최초의 국어 대역사전으로 인정되어 근대문화재로 등록되었습니다.

이준영(李準榮), 정현(鄭玹), 이기영(李琪榮), 이명선(李明善), 강진희(姜璡熙) 등 다섯 사람이 편찬하였는데, 약 27,000개의 어휘를 모아 한·중 대역사전으로 만든 것입니다. 국문으로 된 표제항은 이준영이, 이 표제항에 대한 한자 한문석(漢文釋)은 정현이, 그리고 편집교정 기록은 각각 이명선, 강진희, 이기영이 한 것으로 서문의 끝에 기록되어 있습니다.

國漢會語

校訂　姜璉熙
編輯士　李鴺善
記錄士 前主事　李琪榮
漢文繹前永文館副正字　鄭琔
國文解前主殿司長　李㶏榮

大朝鮮開國五百四年乙未秋八月上澣序

則性知하오니交辭通譯하난方便滿一으로하난我하난것
글俗究를고萬言글義集하난國漢會語一部을著編하오니僧果나
응하나外國文의南八桂生나本例을墮하나兩文의沙溰글類辨이注合하나經辭
左建古하나間次二句下徵上하나外國內觀音像의의音響義次의結音이起音을
義言譯하고兩의疑界處의暑細圓으로關源州熙하나眼悰을立하고子行也從
言譜글廢从하난音工方言글編建으로引固文스로譜의柄을建하며漢文스로語之
熙하더니不得己諭譯狀機桔을誕延後州可世以狀改呈獨惱의開見株離野狀
聖憶의重興하난四漢州諱知하고則語音州否唯글當하고외情證州親蹠글
異語異하니써曰在今
하나支分葉聚하고欄盞聲牙하오니恒文擂하난이로如然하니니音況且文
하나什伈恒文하난者豆語音을割線의矢하고文理外接續의難
을案失하난故呈嬴之沫外難伊間雜件하난사辭說의主意을得의吴
고賫顯의沚詳하난기니世違글理延後呈俛託의潮制하난辭氣間의樞紐
呈曰하난下州　　先王法語을　　制하난沙條理卜贃然하
倚我東方의　　翼笼이刀及하난니　原來奘文하난國의글言辭나文字을視하난上州
朝堂으

國漢會語

이 사전의 서문에 의하면, 우리나라가 외국과의 교류가 많아져 사린(四隣)이 강화될 때에 언어를 통해서 그 정의의 친소(親疎)가 결정되므로 통역할 기준과 틀을 결정하는 것이 일차적인 일이라고 여겨《국한회어》를 편찬한다고 하였습니다. 그러나 그 근본적인 동기는 그 당시 사회의 어문이 무질서하게 나타나는 혼란스러운 현상을 바로잡으려는 데에 있는 것으로 볼 수 있습니다. 그래서 이《국한회어》의 편찬 동기는 그 뒤에 나올《말모이》나 조선총독부의《조선어사전》과는 다릅니다.《말모이》는 애국계몽사상에 의하여 만들어졌고,《조선어사전》은 일본의 한국에 대한 식민정책적 바탕에서 이루어진 것입니다. 이에 비해《국한회어》는 신문화 문명의 도입이라는 개화사상에서 편찬된 것입니다.

《국한회어》가 표제어를 국문으로 주해하지 않고, 한자나 한문으로 풀이한 것도 그 당시의 시대적 배경에서 해석될 수 있습니다. 1894년에 "법령이나 칙령은 모두 국문으로 본을 삼고 한문으로 번역하여 붙이며 혹 국한문을 혼용한다"는 칙령(1894년 11월 21일 칙령 제1호 공문식 제14조)이나 교과서가 국한문으로 편찬된 사실, 그리고 1895년에 "法律命令은 다 國文으로써 본을 삼고 漢譯을 付ᄒᆞ며 或 國漢文을 混用홈"(1895년 5월 8일 칙령 제86호 공문식)이라 한 칙령 등은《국한회어》의 서문에 보이는 "國文으로 語之柄을 建하며 漢文으로 語之義을 釋하고"(국문으로 말의 근본을 삼으며 한문으로 말의 뜻을 풀이하고)와 상통하는 것입니다. 그 당시로는 소위 단일어 사전, 즉 우리말 올림말을 우리말로 풀이하는 사전 편찬을 해야겠다는 생각을 하기는 어려웠을 것입니다. 외국인에게 한영자전, 한불자전 등의 편찬이 중요하다고 생각했다면, 한국인으로서는 국한사전이 중요하다고 생각할 수밖에 없었던 시대인 것입니다.

《국한회어》는 문자 그대로 국문을 한문으로 풀이한 말모음이라는 뜻입니다. 여기에서 《국한회어》의 '國'에 주목할 필요가 있습니다. 그 당시까지만 해도 우리말을 주로 언문이라 칭했는데, 이를 국문으로 언급한 것은 그 당시의 상황을 잘 보여 주는 것이라고 할 수 있습니다. 이처럼 《국한회어》는 우리나라에서 가로쓰기를 최초로 실행에 옮긴, 우리나라 사람이 편찬한 최초의 국어 대역사전인 셈입니다.

5 왜 언간을 모아 책으로 만들었을까요?

한글 문화유산 중에서 그 양이 가장 많은 것은 한글 문헌일 것입니다. 한글 문헌이라는 명칭만으로는 한글로만 표기된 자료를 지칭해야겠지만, 실제로 그런 자료는 그리 많지 않기 때문에 한자를 비롯한 다른 문자와 혼용하여 쓴 단 하나의 자료라도 한글 문헌 속에 더 포함시켜서 한글 자료의 총량을 늘려야 할 필요가 있다고 생각합니다. 그래서 순 한글로만 쓰인 문헌이 발견되면 국어사를 연구하는 사람으로서 남다른 애정을 가지고 보지 않을 수가 없습니다.

한글로만 쓰인 문헌들은 흔히 필사본 중에서 많이 발견됩니다. 그중에서 양이 가장 많은 자료는 고전소설과 가사작품일 것이고, 그 다음으로는 한글 편지, 즉 언간일 것입니다. 고전소설이나 가사작품들은 판본으로도 간행될 수 있고 필사본도 있을 수 있지만, 언간은 필사본만 존재합니다. 고전소설이나 가사작품들은 다 같이 읽을 수 있다는 점에서 가치를 가지고 있지만, 언간은 사사로운 것이어서 유명인의 편지가 아닌 이상 출간될 필요가 없기 때문입니다.

그런데 흥미로운 점은 이렇게 한글로만 쓰인 언간들이 낱장으로 남아 있지만, 상당수는 그 편지들을 모아 전사(轉寫)하여 책으로 만들었다는 사실입니다. 원래 편지란 것은 한 장 정도의 종이에 문자로 소식과 사연을 적어 보내는 것인데, 그 편지들을 모아서 하나의 책으로 묶어 놓는다는 것 자체가 흥미롭습니다. 그것도 여러 사람의 편지를 모아서 한 사람이 하나의 필체로 전사해 놓았습니다. 그 낱장의 편지들을 하나로 묶어서 한 책으로 묶어도 될 텐데, 기어이 다시 필사하여 책으로 묶어 놓은 이유도 궁금합니다.

한문 간찰첩

한문으로 쓴 편지들은 그 글씨 때문에, 그 편지를 쓴 사람의 편지를 한 장 한 장 배접하여 하나의 필첩으로 묶어 놓는 경우가 흔한 일입니다. 이는 보통 '간찰첩(簡札帖)'이란 이름을 가진 것들로 대개는 편지를 다른 종이 위에 배접하여 붙인 것입니다. 다음의 '간찰첩(표지의 서명은 '親人錄')'은 필자 미상의 국립중앙도서관 소장본인데, 다른 종이 위에 편지를 배접하여 붙여 놓은 모습이 그대로 보입니다. '간찰원본첩(簡札原本帖)'인 셈입니다. 책의 크기는 세로 30.5센티미터, 가로 19.2센티미터이고 총 30장입니다. 주로 '정해직(鄭海直)'이란 인물을 중심으로 오간 편지를 모아 놓은 것입니다.

한글 간찰첩

그런데 한글 간찰은 이렇게 직접 쓴 편지를 다른 종이 위에 배접하여 놓은 것이 거의 없습니다. 대부분 한 사람이 그 한글 편지를 다시 베껴 써서 하나의 책으로 만들어 놓거나 또는 다른 내용(즉 고전소설

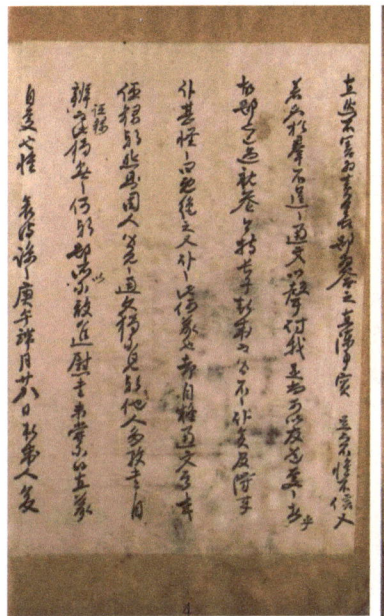
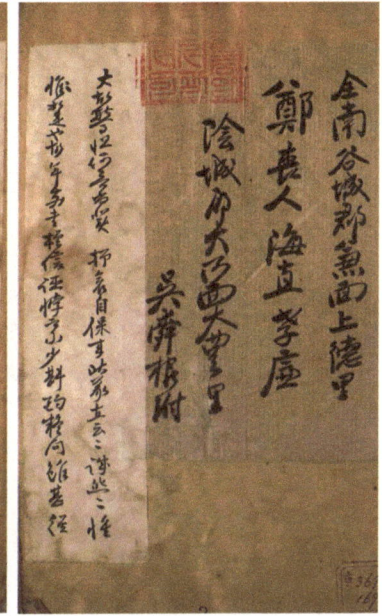

그림 1 한문 간찰첩

등)을 전사해 놓은 뒤편에 역시 한글 편지만 그대로 베껴 써 놓거나 그 편지들을 써서 두루마리로 만들어 놓거나 한 것들이지요. 그중에서 가장 많은 것은 역시 한 책으로 묶어 놓은 것입니다. 이것들을 우리는 '언간첩'이라고 말합니다.

《간독초(簡牘抄)》

이 책은 크기가 세로 32센티미터, 가로 26.8센티미터인 조금 큰 책입니다. 그림에서 볼 수 있듯이 책 표지에는 '간독초(簡牘抄)'라는 제목이 보이는데, 그 오른쪽에는 '규중간독(閨中簡牘)'이라고 쓴 제목도 보입니다. 언간이 여성들이 주로 쓰는 편지임을 암시한 것입니다. 오른쪽에 '임술음칠월상순제(壬戌陰七月上旬題)'란 글이 보이므로 이 책은

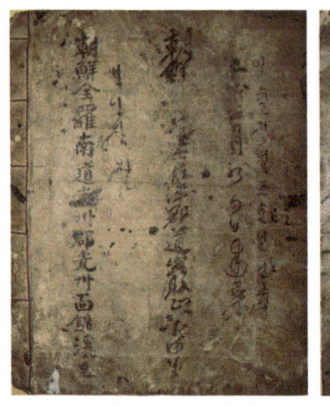 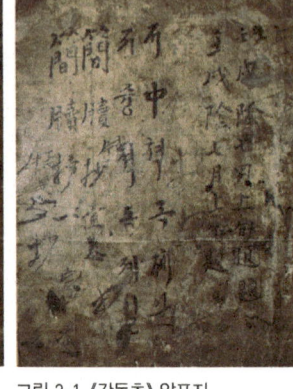

그림 2-2 《간독초》 뒤표지　　그림 2-1 《간독초》 앞표지

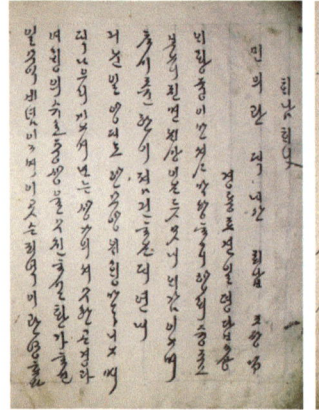 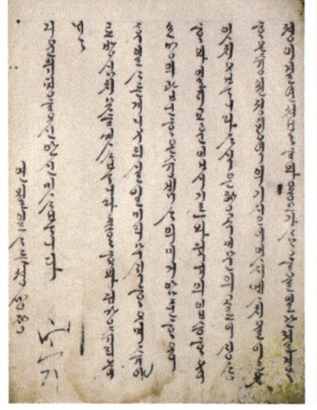 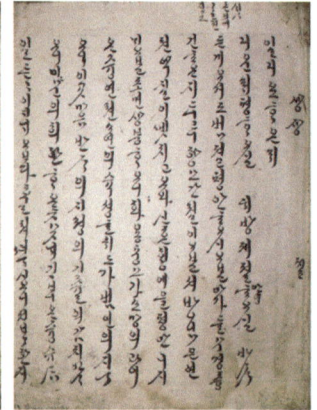

그림 2-3 《간독초》 본문

1922년이나 1862년에 쓰인 것으로 추정됩니다. 언간에 대한 관심이나 표기법 등으로 보아서는 1922년에 쓰인 것으로 해석됩니다. 모두 25장으로 되어 있는데, 뒤표지에 '조선 전라남도 광주군 광주면 금계리(朝鮮 全羅南道 光州郡 光州面 錦溪里)'란 기록이 있으니 지금의 광주광역시 지역에서 쓴 책이 틀림없습니다.

앞부분에 '언문 서'가 붙어 있고, '상장', '답상장' 등 25편의 언간이 들어 있습니다. '히남 히리 민의관틱 닉간', '민의관틱 닉간 회답', '경셩 용산 민판셔틱으로 보내는 편지', '민셔방틱 회답 민승지틱' 등이 들어 있어서 민씨 집안과 연관된 집안에서 쓴 글임을 알 수 있습니다. 앞에 쓰인 '언문 서'는 뒤에서 자세히 설명해 드리겠습니다.

《언간첩》

이 책은 표제와 내지(內紙)에 아무런 제목이 없어서 임의로 《언간첩》이라고 하기로 합니다. 처음에는 표지에 제목이 있었던 듯한데, 그 부분을 칼로 긁어 없애 버린 흔적이 보입니다. 책의 크기는 세로 33.6센티미터, 가로 22.2센티미터로, 모두 47장으로 되어 있습니다. '시작이라'로부터 시작하여 모두 40개의 언간을 싣고 있으며, '곽싱원틱' 등의 이름이 등장합니다.

그림 3-2 《언간첩》 뒤표지   그림 3-1 《언간첩》 앞표지

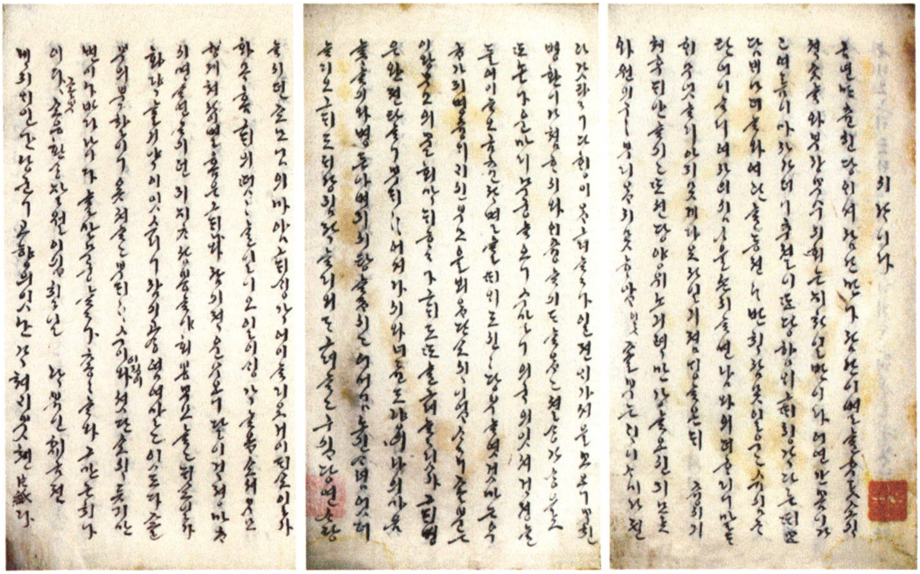

그림 3-3 《언간첩》 본문

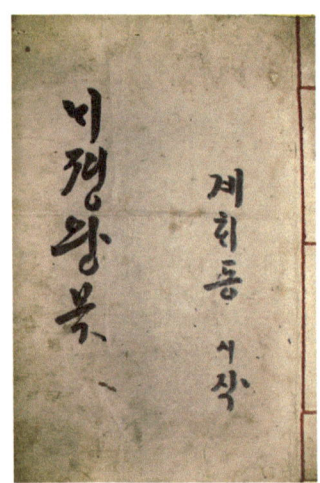

그림 4-1 《내정왕복》 표지

《내정왕복(內庭往復)》

표지 제목은 '닉정왕복'으로 되어 있습니다. 책의 크기는 세로 30.3센티미터, 가로 22센티미터이며 모두 30장으로 되어 있습니다. '계히동 시작'이란 표지의 기록으로 보아 1923년이나 1863년에 쓰인 것으로 보이지만, 3침 장정이나 표기법으로 보아서 1923년에 만든 책으로 보입니다. 모두 18편의 언간이 실려 있는데, 중간에 '제문(祭文)'이 하나 끼여 있습니다. 편지 제목을 쓰지 않고 내용만을 쓰고, 뒤에 편지를 쓴 날짜와 쓴 사람을 적어 놓고 있습니다.

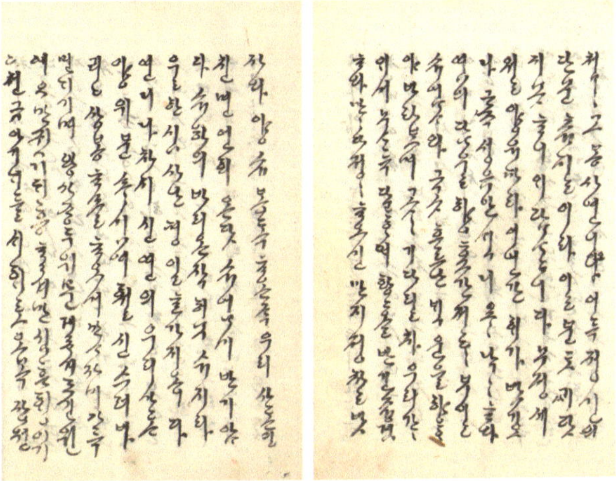

그림 4-2 《내정왕복》 본문

《규중간독(閨中簡牘)》과 《규중한찰(閨中閒札)》

이 책은 상하 2책으로 되어 있으며 상권과 하권의 제목이 서로 다릅니다. 상권은 '규중간독(閨中簡牘)'이고, 하권은 '규중한찰(閨中閒札)'입니다. 각 권의 앞에는 서문이 있는데, 이 서문을 통해서 이 언간첩을 만든 사람의 의도를 파악할 수 있습니다. 이 서문은 뒤에 다시 자세히 설명을 드리도록 하지요.

책의 크기는 상하권 모두 세로 30.6센티미터, 가로 20.5센티미터입니다. 상권은 56장이고 하권은 원래 41장인데, 하권은 8장까지만 글이 쓰여 있고 나머지는 백지로 남아 있습니다. 상권에는 '우암 선생 계녀서'와 '복선화음록', 그리고 언간이 기록되어 있고 하권에는 언간만 있습니다. 상하권 표지 오른쪽 상단에는 '계미모춘신장(癸未暮春新粧)'이란 기록이 있어, 이 책이 1883년이나 1823년 이전에 만들어졌음을 짐작할 수 있는데, 1883년이 맞을 것으로 추측됩니다.

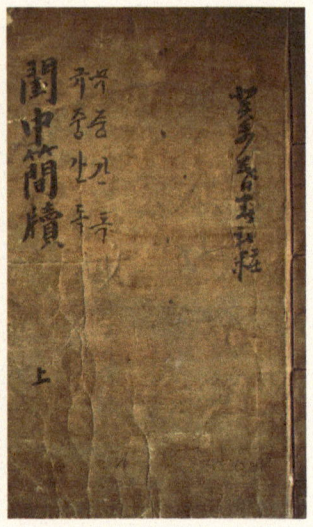
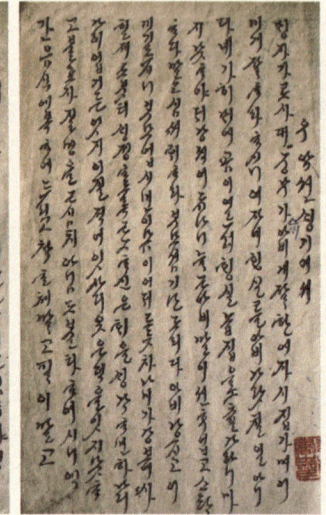
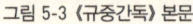

그림 5-3 《규중간독》 본문   그림 5-2 《규중간독》 본문   그림 5-1 《규중간독》 표지

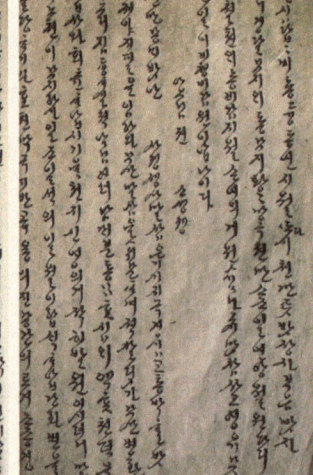

그림 5-5 《규중간독》 본문   그림 5-4 《규중간독》 본문

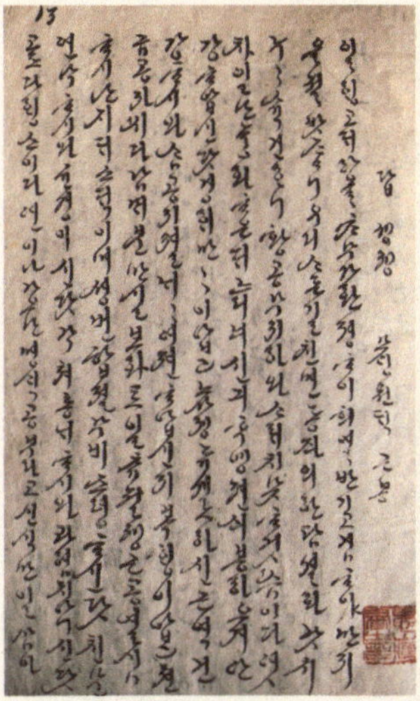

그림 6-2 《규중한찰》 본문   그림 6-1 《규중한찰》 표지

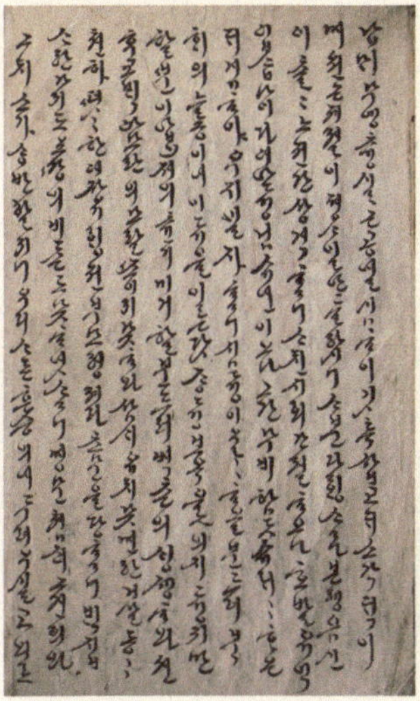

그림 6-4 《규중한찰》 본문 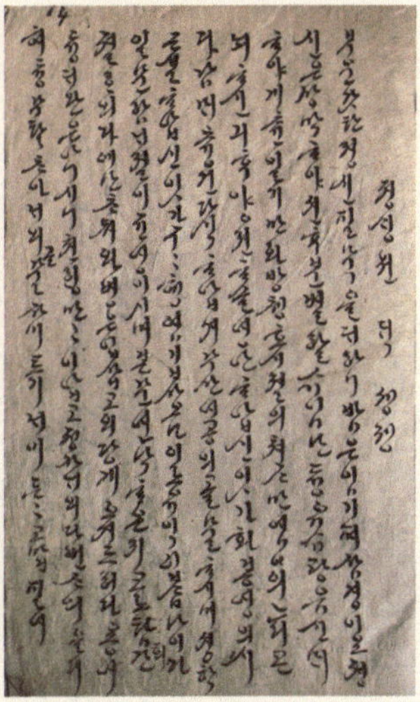   그림 6-3 《규중한찰》 본문

〈언간 두루마리〉

언간을 모아 책이 아니라 두루마리로 만들어 놓은 것도 흔히 발견되는데, 다음 그림에서 그러한 사실을 확인할 수 있습니다. 이 두루마리는 길이가 모두 710센티미터, 즉 7미터 10센티미터나 됩니다.

이 언간 두루마리의 앞에는 다음과 같은 글이 쓰여 있습니다.

> 병즈 츄 구월 슌육일 리운졈의 필서 홍참오나 가사 셜화 볼 만한이 이 뒤로 두엇다가 심심할 젹 두고 보시라

병자년이면 1936년이거나 1876년 중의 하나이며, 전사한 사람은 '리운졈'임을 알 수 있습니다. 글씨가 좋지 않지만 볼 만한 것이 있으니 이대로 두었다가 심심할 때에 두고 보라고 하였습니다. 그러니까 언간이, 심심할 때에 볼 수 있는 글인 셈입니다.

이들 언간첩에는 몇 가지 특징이 보입니다.

첫째는 한 가문의 내부에서 오고 간 것들이 쌓여서 전해지고 있다는 점입니다. 즉 언간은 공적인 내용들이라기보다는 사적인 내용을 담고 있습니다.

둘째는 이 언간첩이 여성들을 중심으로 하여 한글로 편지 쓰는 법을 익히기 위한 도구로도 사용되었다는 점입니다. 그래서 언간첩에는 매우 다양한 편지들이 제시되어 있습니다. 예컨대 앞에서 예로 든 〈언간 두루마리〉의 앞부분에는 언간의 목록이 제시되어 있는데, 그 내용이 매우 다양함을 알 수 있습니다. 내용을 보면 다음과 같습니다.

> 초힝편지, 서로 회답 치횡 편지, 회답 삼횡 편지, 회답 문안 편지, 회답 신횡 젼의 시고께 문안 편지, 회답, 시외조모께 문안 편지, 회답, 수돈간

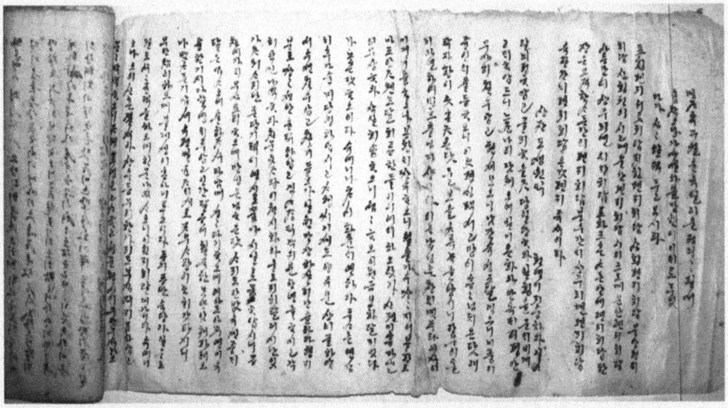

그림 7-1 〈언간 두루마리〉 앞부분

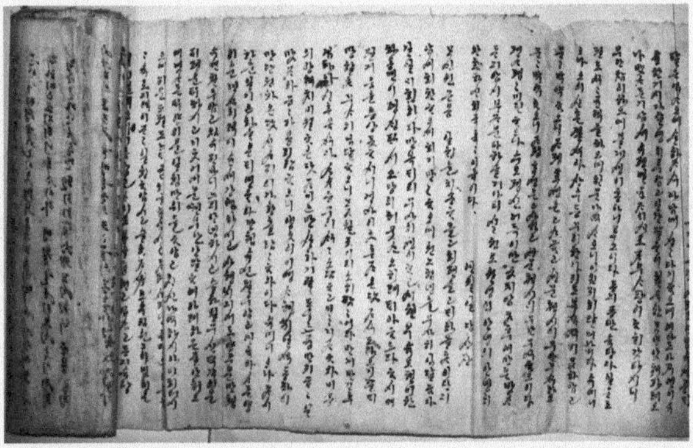

그림 7-2 〈언간 두루마리〉 중간부분

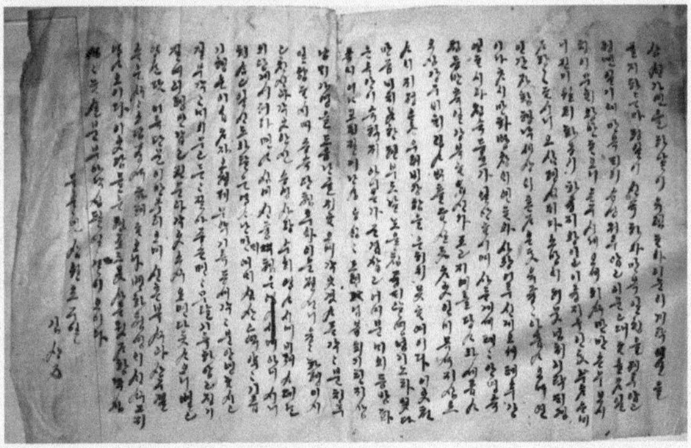

그림 7-3 〈언간 두루마리〉 끝부분

의 상주 되면 위쟝, 회답 로화 조혼 〻돈간에 편지, 회답, 한 쟝은 고적한 〻돈간의 편지, 회답, 붕우간의 상주 되면 편지, 회답, 숙질간늬 편지, 회답, 온갖 편지 쥬ᄲ이라

셋째는 언문 투식만을 강조하여 매우 간단한 투식의 편지는 실려 있지 않다는 점입니다. 우리가 흔히 낱장의 편지에서 보듯이 "알외올 말ᄉᆞᆷ 하감ᄒᆞ옵심 졋ᄉᆞ와 이만 알외오며" 등의 상투적인 편지들은 보이지 않습니다. 이것은 언간첩이 편지투를 익히는 다른 '언간독' 종류와는 다른 특성을 지니고 있다는 것을 보여 줍니다.

왜 한글 간찰첩을 만드나요

21세기에 들어서 국어학자들은 옛날 한글 편지, 즉 언간(諺簡)에 대해 많은 관심을 가지고 연구를 진행해 왔습니다. 처음에는 왕이나 왕족의 언간이나 유명인의 언간에 관심을 가졌는데 무덤에서 나온 언간들이 등장하면서 급속도로 국어학계의 조명을 받게 되었습니다. 그도 그럴 것이 원래 언간의 문체가 일반 언해문들의 문체와 달랐고, 거기에 쓰인 어휘나 어미들이 독특하여서 국어학자들의 관심을 받기에 충분하였기 때문입니다.

그러나 정작 언간집(諺簡集)에 대한 관심은 적었던 편입니다. 그 언간집에 쓰인 편지의 주인공들과 그것이 쓰인 시기가 명확하지 않기 때문입니다. 그러나 한글 간찰첩의 서문에 언간집을 모아 놓은 이유를 설명하는 글이 있어서 우리의 궁금증을 풀어 주기도 합니다.

앞에서 언급한 《간독초》의 서문을 보도록 하지요.

이 글을 풀어 보면 다음과 같습니다.

언문 序

언문이라 ᄒ᷎는 것은 사람의 언어ᄅᆞᆯ 발포ᄒ᷎는 문ᄍᆞ라 남녀 물논ᄒ᷎고 부득불 익히고 아라 잇슬지나 ᄯᅩ한 문의가 히득ᄒ᷎기 심히 용의ᄒ᷎니 그런고로 녀항의 초동목슈라도 진서 습득ᄒ᷎나니 가졍의 교육 잇난 집 ᄌᆞ식이야 이ᄅᆞᆯ 모로고 엇지 인유의 동렬을 붓그렵지 안ᄒ᷎리요 ᄃᆡ져 규중의 공부난 이ᄅᆞᆯ 몬져 힘쓸지니 년한 중 일고 쓰난 것만 공부라 ᄒᆞᆯ 거시 아니라 제일에 저구 진아에 ᄂᆡ왕ᄒ᷎난 셔출의 조박이며 언어ᄉᆞ의ᄅᆞᆯ 발켜 쓸 줄을 통달ᄒᆞᆫ 년후의라야 가히 언문을 아랏다 이라난지라 아모리 문장 명필이란 말을 듯난 사람이라도 여기에 긔ᄅᆞᆯ 일러 노ᄒ᷎면 암미ᄒᆞᆷ을 면치 못ᄒᆞᆯ 거시오니 ᄎᆞ흡다 ᄂᆡ의 ᄌᆞ녀난 면지면지ᄒ᷎나 경향의 지식 법가의셔 츌ᄂᆡᄒᆞᆫ 셔출을 슈귀신ᄒ᷎야 너의로 일 권 요람을 셩편ᄒ᷎여 가ᄂᆡ의 유젼케 ᄒ᷎노니 너의는 노부의 졍신을 경봉ᄒ᷎여 오쳑 업시 등셔ᄒ᷎여라

계츅 원월 념일 로부 만셔ᄒ᷎노라

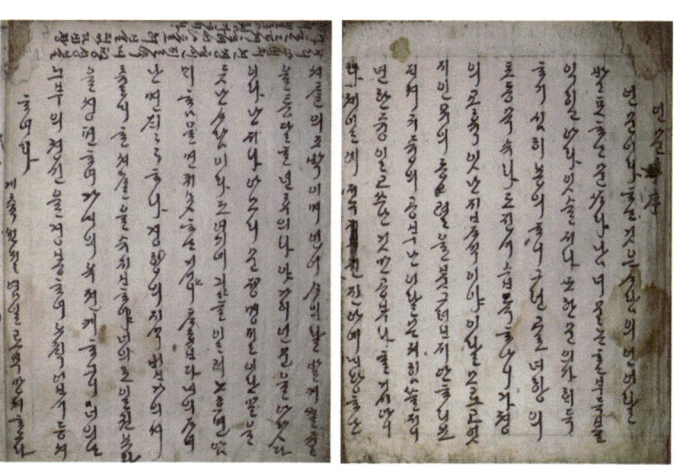

그림 8 언문 序

우리 아버지 션명ᄒ신 필역 늬 평ᄉ 볼가 ᄒ고 등셔ᄒ여시ᄂ 도로혀 볼 딕마다 비챵지화 일층 첨가ᄒ외다

朝鮮 全羅南道 光州郡 光州面 錦溪里

이를 현대 국어로 직역하여 보면 다음과 같습니다.

언문이라 하는 것은 사람의 언어를 발표하는 문자라. 남녀 물론하고 부득불(不得不) 익히고 알아 있을지나 또한 문의(文意)가 해득(解得, 뜻을 깨쳐 앎)하기 심히 용이(容易)하니 그런고로 여항(閭巷, 백성의 살림집이 많이 모여 있는 곳)의 초동목수(樵童牧豎, 땔나무를 하는 아이와 가축을 치는 아이)라도 진서(眞書, 한문을 높여 부르던 말) 습득하나니 가정의 교육 있는 집 자식이야 이를 모르고 어찌 인유(?)의 동렬(同列)을 부끄럽지 아니하리요. 대저 규중(閨中)의 공부는 이를 먼저 힘쓸지니, 연한(年限, 경과한 햇수) 중 읽고 쓰는 것만 공부라 할 것이 아니라 제일(第一)에 저구진아(?)에 내왕하는 서찰(書札)의 조박(조각)이며 언어(言語) 사의(事意)를 밝혀 쓸 줄을 통달(通達)한 연후에라야 가히 언문(諺文)을 알았다 이르는지라. 아무리 문장(文章) 명필(名筆)이란 말을 듣는 사람이라도 여기에 길을 일러 놓으면 암매(唵昧, 사물을 옳게 보지 못하고 사리에 어두움)함을 면하지 못할 것이니 차홉다(슬프다) 나의 자녀는 면재면재(免才免才)하나 경항(京巷)의 지식 법가에서 출래한 서찰을 수귀신하여 너의로 1권 요람을 성편하여 가내에 유전케 하노니 너의는 노부의 정신을 경봉(敬奉, 존경하여 받듦)하여 오책 없이 등서하여라.

계축 원월 념일 노부 만서하노라.

우리 아버지 선명(鮮明)하신 필력(筆力) 내 평생 볼까 하고 등서(謄書)하

였으나 도리어 볼 때마다 비창지화(悲愴之話) 일층 첨가하외다.

이 자료는 전남 광주(지금의 광주광역시)에서 나온 것인데, 이렇게 언간을 모아 놓은 이유에 대해 다음과 같은 내용을 서술하여 놓은 셈입니다.

① 언문은 사람의 언어를 발표하는 문자다.
② 언문은 문의를 해독하기 쉽다.
③ 그래서 여항의 모든 사람이 습득한다.
④ 특히 가정 교육이 있는 집안의 자식은 반드시 알아야 한다.
⑤ 규중의 공부는 언문을 배워야 한다.
⑥ 언문을 단지 읽고 쓰는 것만이 능사가 아니다.
⑦ 내왕하는 서찰의 조각이며 언어 사의를 밝혀 쓸 줄을 알아야 언문을 알았다고 하는 것이다.
⑧ 아무리 문장 명필이란 말을 듣는 사람도 이를 모르면 암매할 것이다.
⑨ 내 자녀에게 집안의 서찰을 정리하여 성책하여 가내에 유전케 하노라.

이 글에서는 언문의 중요성과 언간의 특성을 제시하고, 언간을 통하여 소통이 가능함을 언급하고 있습니다. 그리고 언어 사의를 밝혀 쓸 줄을 알아야 언문을 안다는 것임을 강조하여, 단순히 언문 자모나 음절 글자를 이해하는 것만으로는 언문을 아는 것이 아니고 그 문자를 통해 의사 표시가 가능할 때라야 언문을 안다고 할 수 있다는 의미를 갖고 있어서, 오늘날에도 매우 의미 깊은 내용을 담고 있다고 할 수 있습니다.

마찬가지로 《규중간독》과 《규중한찰》의 서문을 차례로 보도록 합니다.

미졔라 그듸의 글? 쥬옥갓탄 필젹이 룡ㅅ비등하니 엇지 찬탄치 아니리요 듸져 궁긔가졍에 엄훈도 업것난듸 자유로 시시일ㅈ 일획 그려 익키여 이에 칙을 이루어쓰니 그 총명흔 지조와 단아한 필젹은 보는 지 눈이 황홀하여 이 칙 쥬인의 특이한 지질을 찬미하여 반다시 앗겨 볼지라
계미 츈 삼월 염간에 션계쥬인 셔

이것을 풀이하면 다음과 같습니다.

미제(?)라 그대의 글? 주옥(珠玉) 같은 필적(筆跡)이 용사비등(龍蛇飛騰, 살아 움직이는 것같이 아주 활기 있는 필력을 비유적으로 일컫는 말)하니 어찌 찬탄(讚嘆)하지 아니리요? 대저 궁기가정(窮氣家庭, 궁상스러운 기색이나 궁한 느낌이 있는 집안)에 엄훈(嚴訓, 엄한 훈계)도 없건난데, 자유로 시시(時時, 시시로) 일자(一字) 일획(一劃) 그려 익히여 이에 책을 이루었으니 그 총명한 재주와 단아(端雅)한 필적(筆跡)은 보는 자 눈이 황홀하여 이 책 주인의 특이한 재질(才質, 사람의 됨됨이와 성질)을 찬미(讚美)하여 반드시 아껴 볼지라
계미 춘 삼월 염간에 선계주인 서

여기에서는 언간첩을 통해 한글 필적까지 익히는 것임을 강조하여 한글에 대한 시야를 더 넓히고 있음을 볼 수 있습니다. 이렇게 형식을 강조하는 내용은 하권인 《규중한찰》에서 내용을 강조하는 면으로 바뀌고 있습니다.

딕져 이 샹ᅙ 쵝이 션부 현인 현부의 셔찰이라

무미가언 션힝이며 더구나 우암션싱이 자기 짜님 훈계하난 셔찰은 규즁 여ᄌ로셔 일일 쥬의할 것이요 복션화음은 인인마댝 명심할지라 기타 샹쟝 됴쟝 뎨문은 일기 형편을 따라 취샤할 것이니 ᄌᄌ구구히 반다시 유심히 보지 아니치 못할 것이라 엇지 시이불견하며 쳥이불문하리요 그러나 이 쵝 쓰니의 의견이 발셔 가언션힝의 뜻이 깁퍼 이런 문ᄌ만 수습함이라 다시 무슨 말을 권면하며 무슨 말을 더 쓸 것 업도다

대저 이 상하(上下)책이 선부(先父), 선친 현인(賢人) 현부(賢婦)의 서찰(書札)이라.

무미가언 선행(善行)이며 더구나 우암선생(尤庵先生)이 자기 따님 훈계하는 서찰은 규중(閨中) 여자로서 일일(日日, 날마다) 주의할 것이요 복선화음(福善禍淫)은 인인(人人)마다 명심(銘心)할지라. 기타 상장(上狀, 공경하는 뜻이나 조상하는 뜻을 나타내어 올리는 편지), 조장(弔狀) 제문(祭文)은 읽기 형편을 따라 취사할 것이니 자자구구(字字句句)히 반드시 유심히 보지 아니치 못할 것이다. 어찌 시이불견(視而不見, 보아도 보이지 아니함)하며 청이불문(聽而不聞, 알아듣고도 못 들은 척함)하리요. 그러나 이 책 쓴 이의 의견이 벌써 가언선행(嘉言善行, 좋은 말과 착한 행실)의 뜻이 깊어 이런 문자(文字)만 수습함이라. 무슨 말을 권면하며 무슨 말을 더 쓸 것 없도다.

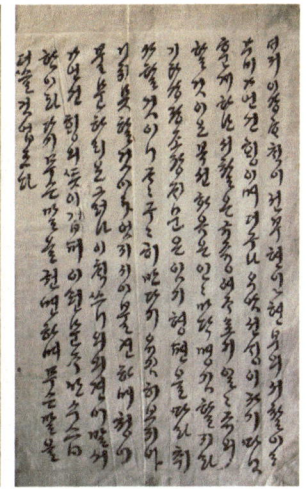

그림 9 《규중간독》의 서문   그림 10 《규중한찰》의 서문

이는 곧 한글 간찰을 통해 가언선행(嘉言善行)의 뜻을 이루는 것임을 강조하고 있는 것입니다.

《언찰규식(諺札規式)》

이처럼 언간의 내용을 중시하여 언간첩을 만들었지만, 곧 내용과 더불어 형식도 중요해졌습니다. 그래서 등장한 것이 그 언간의 규식(規式), 즉 언간을 쓰는 격식을 제시해 놓은 문헌들입니다. 보통 이들을 '언간규식(諺簡規式)'이라고 하지 않고, '언찰규식(諺札規式)'이라고 하는데, 이 책에는 서문이 달려 있어서 이 서문을 통해 《언찰규식》을 만든 이유를 알 수 있습니다.

다음 그림은 《언찰규식》이라는 책으로 세로 28.7센티미터, 가로 19.3센티미터입니다. 서문 5쪽, 십이월호 변칭과 사시 시령 문자, 부당 칭호, 모당 칭호, 쳐당 칭호, 시하록, 질병록, 상셔록, 언찰규식 목록, 본문(언찰) 등의 내용으로 구성되어 있습니다. 서문에 "셰 긔츅 쵸하 삼릴의 언셔ᄒᆞ노라(歲 己丑 初夏 三日에 諺書하노라)"라는 글이 있어서 이 책이 1889년쯤에 쓰인 것으로 추정할 수 있습니다.

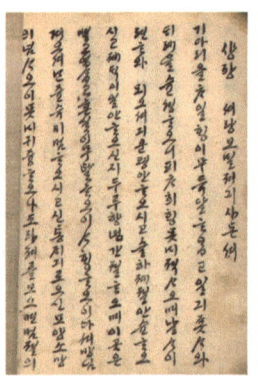

그림 11-7 《언찰규식》 A, 본문   그림 11-6 《언찰규식》 A, 본문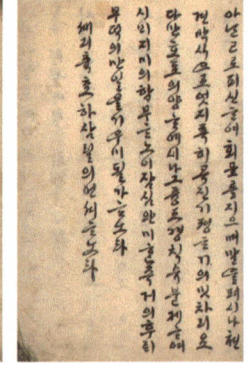

그림 11-5 《언찰규식》 A, 서문

아래에 서문과 본문을 제시해 드립니다. 이 서문도 그 양이 긴 편입니다. 뒤에 소개해 드릴 다른 《언찰규식》과 구분하기 위해 '《언찰규식》A'라고 표시해 두었습니다.

이 책에 보이는 서문 내용의 일부를 뒷부분을 중심으로 보면 다음과 같습니다.

(전략)

너 일즉 개연이 녀겨 언셔를 유의한 지 십유여년의 비로쇼 대개를 짐작 ᄒ야 언찰 일통을 지어 부녀의 긴용을 삼아셔 셔로 젼홀 계교를 두나 믹락이 관통ᄒ고 주의 유리ᄒ물 뉘 알 지 잇시이요 무론 진어ᄒ고 글주난 심획이라 텬군이 부졍ᄒ면 사의와 필법이 ᄯ호 바르지 못ᄒ더라 언찰 일쟝이 외면을 용이ᄒ나 깁피 궁구ᄒ미 문지고ᄒ와 인지션부며 슈요궁달이 은은이 뵈이ᄂ이 엇지 삼가고 명심치 아이리요 ᄌ탄스ᄂ 대범 녀ᄌ의 범졀이 일즉 긍편ᄒ물 아난고로 피신ᄒ여 회포를 지으며 말을 펴시나 쳔견박식으로 엇지 측히 곡진기졍ᄒ기의 밋차리요 다만 호로의양ᄒ여시나 그 즁 도경칙슈 분케 ᄒ여시미 지미의 합부ᄒ노이 잠심 완미ᄒ즉 거의 후리

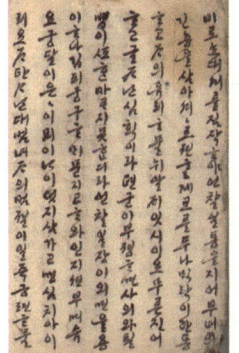 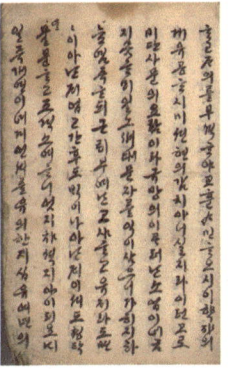 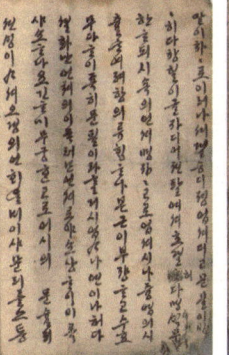 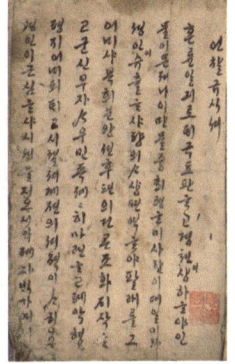

그림 11-4 《언찰규식》A, 서문   그림 11-3 《언찰규식》A, 서문   그림 11-2 《언찰규식》A, 서문   그림 11-1 《언찰규식》A, 서문

부덕의 만일을 기우미 될가 ᄒᆞ노라
　　세 긔츅 쵸하 삼릴의 언셔ᄒᆞ노라

　　내 일찍 개연하게 여겨 언서에 유의한 지 10여 년에 비로소 대개를 짐작하여 언찰 한 통을 지어 부녀의 긴용(緊用, 요긴하게 쓰는 것)을 삼아서 서로 전할 계교를 두었으나 맥락(脈絡)이 관통(貫通)하고 자의(字意)가 유리(有理, 이치에 맞음)함을 누가 알 자 있으리요? 물론 진어(?)하고 글자는 심획이라 천군(天君)이 부정하면 사의(事意, 일의 의도)와 필법(筆法)이 또한 바르지 못한지라. 언찰 1장이 외면(外面)은 용이(容易)하지만 깊이 궁구(窮究)함에 문지(文旨, 글의 뜻) 고하(高下)와 인지(認知)의 선부(善否, 착한 것과 그렇지 않은 것)며 수요(須要, 필요)의 궁달(窮達, 빈궁과 영달)이 은은히 보이나니, 어찌 삼가고 명심하지 않으리오.
　　(후략)

　뒷부분은 자탄사(自嘆詞)를 책의 끝부분에 붙였다는 내용인데, 이 책의 뒷부분이 낙장이어서 그 내용은 알 길이 없습니다.
　《언찰규식》은 결국 한글 편지를 쓰는 법식을 제시한 것이지만, 그 방법을 제시하였다기보다는 그러한 양식의 편지 예문을 다양하게 보여 주어 실제로 활용하는 데 도움이 되게 한 것입니다. 그래서 본문에서는 실제의 예문만을 다양하게 보여 주고 있을 뿐입니다. 다음의 《언찰규식》도 그렇게 실제의 편지 예문을 보여 주고 있을 뿐입니다. 이 책은 크기가 세로 22.8센티미터, 가로 21.3센티미터로 모두 23장이고, 1903년에 쓰인 것으로 추정됩니다. 다음 그림에서는 앞에서 보인 《언찰규식》과 구분하기 위해 편의상 《언찰규식》B로 표시해 두었습니다.

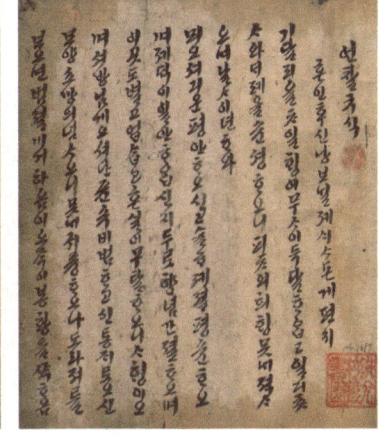 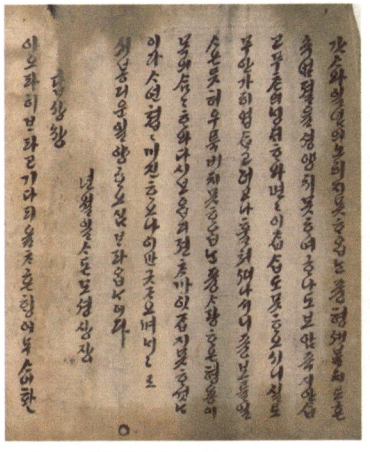

그림 12-2 《언찰규식》 B2   그림 12-1 《언찰규식》 B1

《언간독(諺簡牘)》

한글 편지에 대한 이러한 관심은 《언간독》이라는 목판본 간행으로 이어집니다. 19세기 말부터 20세기 초까지 방각본으로 출간된 이 책들은 많은 사람들이 즐겨 보던 문헌이었습니다. 도서관 중에도 이 문헌을 소장하고 있지 않은 곳이 없고, 개인이 소장하고 있는 것도 수없이 많습니다. 필자도 10종의 《언간독》과 이것을 보완한 《증보언간독》을 소장하고 있습니다만, 뒤의 판권지만 다를 뿐 내용은 같습니다. 이것의 필사본도 '은간독', '언간독' 등의 이름으로 수없이 많이 보입니다.

우선 그 그림들을 보시기 바랍니다. 모두 필자가 소장하고 있는 것들입니다.

《증보언간독》에는 매우 다양한 한글 편지들의 모범이 예시되어 있습니다. 목록에 보이는 것만 보아도 '답장'을 빼고도 37편이 실려 있습니다. 답장까지 합치면 서식이 74편이나 됩니다. 편지의 내용도 매우 다양하여 문안 편지, 세시 편지, 축하 편지, 위문 편지 등이 예시되

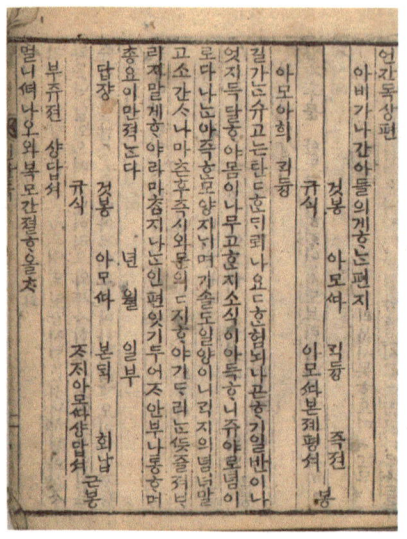 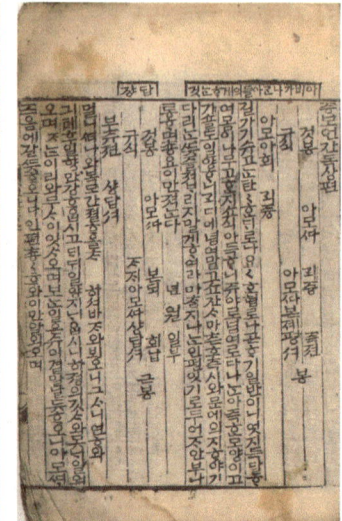

그림 13 《언간독》   그림 14 《증보언간독》

어 있습니다.

문안 편지만도 그 대상에 따라 아버지가 아들에게, 삼촌이 조카에게, 형이 아우에게, 외삼촌이 조카에게, 장인이 사위에게, 존장이 아랫사람에게, 바깥사돈이 사돈에게, 동서 간에, 안사돈 간에, 장모가 사위에게, 신부가 시부모, 시삼촌, 시아주버니, 올케, 동서에게 보내는 편지 등이 있으니, 가능한 모든 유형의 편지가 소개되어 있는 셈입니다. 세시 편지도 '답교(踏橋)' 편지, '화류(花柳)' 편지, '관등(觀燈)' 편지, '복(伏)날' 편지 등이 있고, 축하 편지도 '생남(生男)' 편지, 과거 합격 축하 편지, 관직에 나간 것을 축하하는 '외임(外任)' 편지, 생신 축하 편지 등이 있고, 위문 편지도 '문병(問病)' 편지, '조상(弔喪)' 편지, 위로 편지 등이 있습니다. 이러한 내용이 들어 있으니 사람들이 이 책을 구입해 보지 않을 수가 없었을 것입니다.

언간필법(諺簡筆法)

이처럼 《언간독》이 유행하고 그 내용과 형식도 모두 갖추게 되자, 붓글씨를 예쁘게 쓰는 것이 한글 편지를 쓰는 하나의 예의처럼 되어 이 언간의 서체를 예쁘게 하기 위한 책들도 등장하게 됩니다. 그것이 《언간필법》과 같은 책입니다. 이에 해당하는 문헌들을 몇 가지 보이면 다음과 같습니다.

《희즈초셔 언간필법》

국립중앙도서관 소장본으로 이주완(李柱浣)이 편찬하여 1926년에 조선도서주식회사(朝鮮圖書株式會社)에서 간행한 책입니다. 언간을 궁체 한글로 글본을 만들어 놓은 것입니다. 앞에서는 궁체 정자체를, 뒤에서는 궁체 반흘림체를 보여 주고 있습니다.

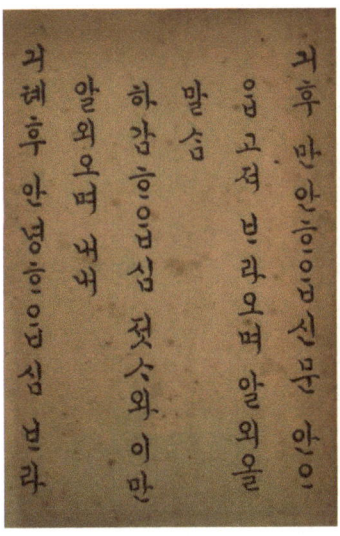 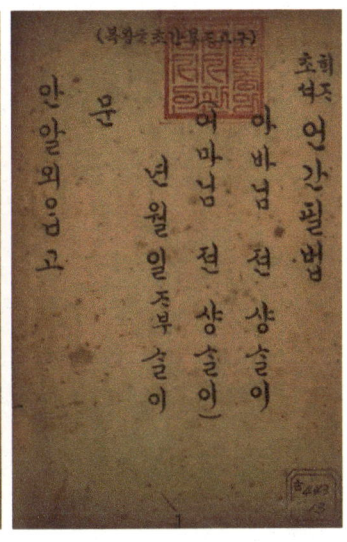

그림 15 《언간필법》

《청년 사자요경(靑年 寫字要經)》

이 책은 1914년에 이주완(李柱浣)이 편찬하여 영풍서관(永豊書館)에서 간행한 것으로 여기에 쓰인 한글은 모두 언간들입니다. 백남서옥(白南書屋)에서 쓴 글들인데 이주완이 직접 쓴 것으로 보입니다. 궁체 정자체, 궁체 반흘림체, 궁체 진흘림체를 모두 보여 주고 있습니다.

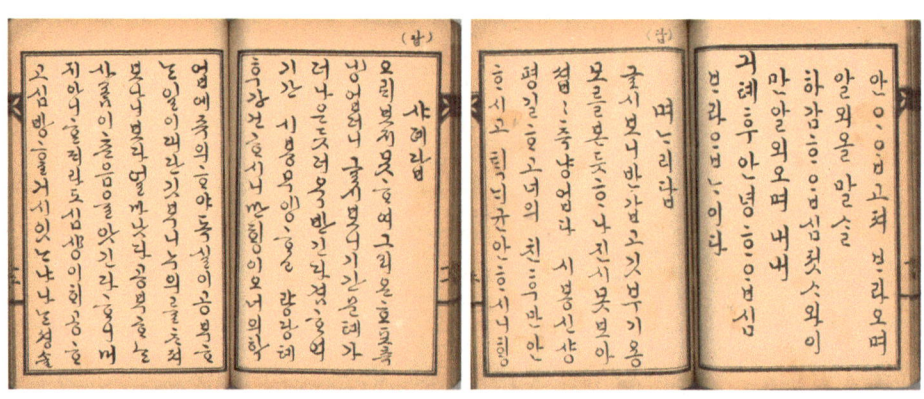

그림 16-2 《청년 사자요경》　　　그림 16-1 《청년 사자요경》

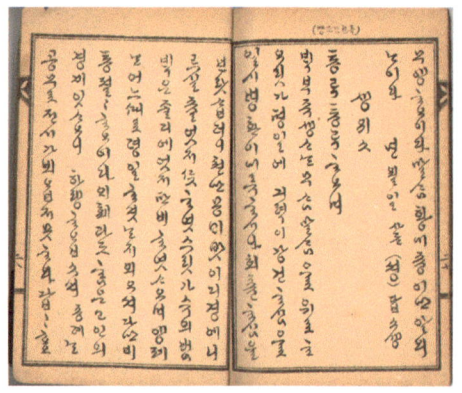

그림 16-3 《청년 사자요경》

마무리

19세기에 와서 한글을 해독하는 사람이 많아지면서, 특히 언간 즉 한글 편지를 통해 한글을 더 깊이 있게 이해하고 활용할 수 있도록 하는, 보이지 않는 흐름이 있었음을 《언간첩》을 통해 알 수 있습니다.

한글의 보급은 단순하게 한글 자모표, 즉 언문반절표(諺文反切表) 등을 통해서만 이루어지는 것은 아닙니다. 그것은 한글을 해독하는 것일 뿐입니다. 이렇게 해독한 한글을 이용하여 편지를 씀으로써 한글을 직접 실생활에 활용하는 직접적인 노력이 이렇게 언간, 즉 한글 편지를 통해 심화되었음을 우리 선조들이 남겨 놓은 글 속에서 쉽게 알 수 있었습니다. 우리 선조들은 19세기 말에 목판본으로 간행한 《언간독(諺簡牘)》이나 《증보언간독(增補諺簡牘)》 등을 통해 언문 투식까지도 완벽하게 이해함으로써 한글의 형식적인 면과 내용적인 면을 모두 익힐 수 있게 되었고, 마침내 그 글씨체까지 정제해서 '언간필법'을 완성한 것입니다.

이러한 해석 없이는 19세기 말의 언간독 유행과 20세기 초에 각종의 척독(尺牘) 관련 문헌들이 출현하게 되는 이유를 설명할 수 없을 것입니다.

6 종교와 관련된 한글 문헌에는 어떤 것이 있을까요?

인간의 삶과 문화는 신과 사람과 자연의 관계를 어떻게 설정하는가에 따라 달라집니다. 신이 인간을 지배하고 인간이 자연을 지배한다는 의식을 가진 사람들의 생활이나 문화는 신과 자연이 인간을 지배한다는 의식을 가진 사람들의 생활이나 문화와 사뭇 다를 수밖에 없습니다. 특히 신과 인간과의 관계로 다양한 종교를 탄생시켰고, 그 종교는 인류 문화를 이루는 데 없어서는 안 될 중요한 요소였습니다. 그래서 종교는 인류 역사에서 매우 중요한 역할을 해 왔습니다.

종교와 언어 · 문자 생활

종교는 한 나라의 언어와 불가분의 관계를 맺어 왔습니다. 각 종교의 교리를 담은 경전을 통해 포교나 선교, 전도를 하는데 그 경전들을 알리기 위해서는 그 책들을 간행해야 했으니까요.

우리나라의 종교들도 국어나 한글과 아주 깊은 관계를 맺고 있습니다. 우리의 일상생활에서 자주 쓰이는 많은 어휘가 종교로부터 들어

온 것입니다. '가람(伽藍)', '가사(袈裟)', '중생(衆生)', '삼매(三昧)', '고행(苦行)' 등의 어휘는 불교에서 들어온 것입니다. '백만장자(百萬長者)'의 '장자(長者)'도 불교 용어로 '부자'란 뜻입니다. '아수라장'도 불교 용어입니다. '목사(牧師)', '아멘', '권사(勸士)' 등은 기독교에서 들어온 어휘입니다. 경우에 따라서는 한 종교에서 쓰이던 용어를 다른 종교에서 받아들여 쓰는 예도 있습니다. 오늘날 기독교에서 사용하고 있는 '장로(長老)'라는 단어는 기독교에서 만든 어휘가 아니라 불교에서 쓰이던 용어를 가져다 쓴 것입니다. 원래 '장로'란 '중'을 높여 부르던 말이었습니다.

長老 즁 위ᄒᆞᄂᆞᆫ 말. 〈1690 역어유해 上:25a〉

우리나라에서는 역사 이래로 여러 가지 종교를 믿어 왔습니다. 원시 신앙으로부터 시작해서 불교, 유교, 도교, 동학교, 기독교(천주교와 개신교 포함) 등의 종교들을 믿어 왔습니다. 우리나라에서 자생적으로 발생한 종교도 있지만, 대부분은 외국으로부터 들어온 종교입니다.

종교는 그 교리를 신도들에게 알리기 위해 경전을 간행합니다. 이 경전을 널리 알리기 위해 경전들을 한글로 써서 간행하기 때문에, 우리나라에는 종교와 연관된 한글 문헌이 상당수 있습니다. 오늘날 가장 많이 간행되고 가장 많이 팔리는 책, 소위 인기 도서는 전국 학생들이 모두 보는 교과서를 제외하고 아마도 종교와 연관된 경전일 것입니다. 그래서 어느 시기에는 종교와 연관된 문헌이 일반 문헌보다 더 많이 간행되기도 했습니다. 훈민정음이 창제된 직후에 간행된 한글 문헌들은 대부분이 불교 관련 문헌들이라는 사실은 다 아는 일일 것입니다.

우리나라에서 종교와 연관된 한글 문헌에는 어떠한 것이 있으며, 그 중에서 처음으로 간행된 책은 무엇일까요?

불교 관련 한글 문헌

우리나라에 제일 먼저 들어온 종교는 불교입니다. 불교가 아무리 일찍 들어왔어도 한글 문헌이 등장한 것은 훈민정음이 창제된 이후의 일이므로, 이 글에서는 결국 15세기 중반 이후부터의 문헌에 대해서만 이야기할 수밖에 없습니다.

세종대왕이 독실한 불교 신자였다는 사실은 널리 알려져 있습니다. 《훈민정음》 언해본의 서문이 108자로 되어 있는 것도 불교계의 108 번뇌와 연관됩니다. 그러니 훈민정음이 창제된 후에 처음으로 간행된 종교 관련 문헌은 불교 관련 문헌들입니다.

한글로 쓰인 불교 관련 최초의 문헌은 1447년에 모두 24권의 갑인자 활자본으로 간행된 《석보상절》입니다. 이 문헌은 세종의 명에 따라 수양대군(세조)이 소헌왕후(昭憲王后)의 명복을 빌기 위해 지은 석가모니의 일대기입니다. 한글로 표기된 우리나라 최초의 산문 자료여서 역사적으로 매우 가치가 있는 문헌입니다. 먼저 한문으로 된 《석가보》를 만들고 그것을 언해하였다고 하지만, 《석보상절》에는 한문 원문이 함께 실려 있지 않습니다. 현재 24권 중에서 권3, 권11(이상 복각본), 권6, 9, 13, 19, 20, 21, 23, 24(이상 초간본)의 10권만이 알려졌습니다. 그중 몇 가지만 보면 그림 1~6과 같습니다.

이어서 나온 불교 관련 한글 문헌은 세종이 직접 쓴 《월인천강지곡(月印千江之曲)》입니다. 잘 알려진 바와 같이 이 《월인천강지곡》은 수양대군이 지어 올린 《석보상절》을 보고, 세종이 직접 석가의 공덕을 칭

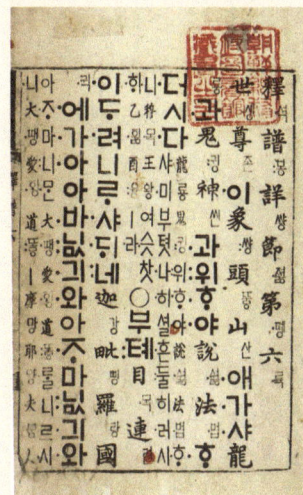

그림 1 《석보상절》 권6

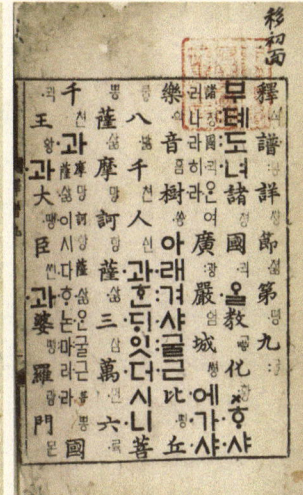

그림 2 《석보상절》 권9

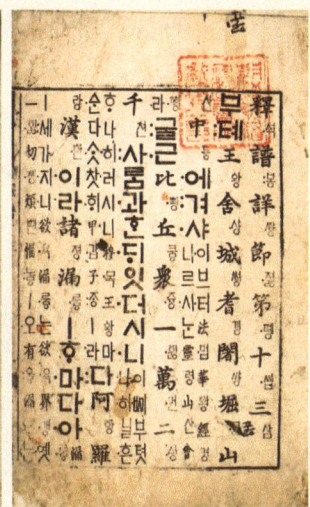

그림 3 《석보상절》 권13

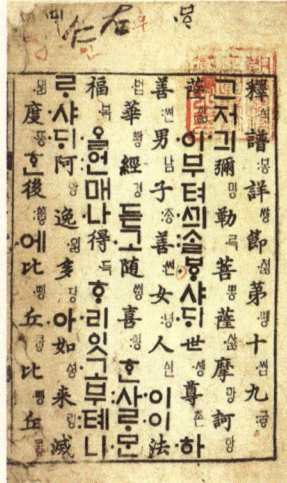

그림 4 《석보상절》 권19

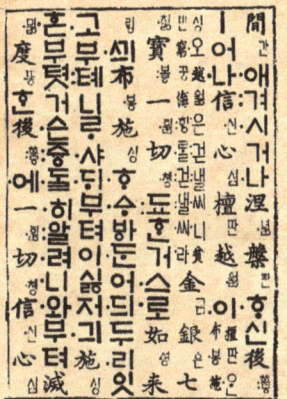

그림 5 《석보상절》 권23

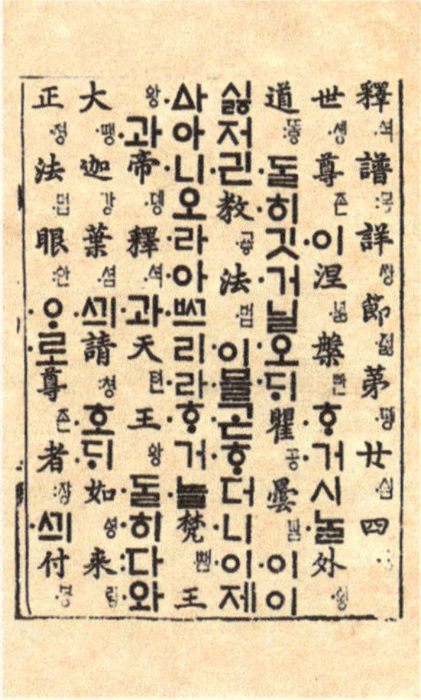

그림 6 《석보상절》 권24

송하여 지은 책입니다. 석가의 공덕이 마치 달이 수많은 강[千江]에 비치는 것과 같다고 해서 그 이름을 '월인천강(月印千江)의 노래'란 뜻인 '월인천강지곡'이라고 붙인 것입니다. 모두 580여 곡의 노래로 되어 있는데, 1447년에 만든 것입니다. 이 역시 갑인자 활자본으로 만들었습니다. 한글로 표기된 불교 관련 최초의 운문입니다. 최초의 운문은 1445년에 간행된 《용비어천가》이지만 《월인천강지곡》이 불교 관련 운문으로서는 최초의 문헌인 셈입니다.

특히 이 책은 한자음 표기에서 한자음인 한글을 앞에 싣고 한자를 협주 형식으로 표기하여 한글을 앞세워 표기한 최초의 문헌입니다. 이것을 오늘날의 형식으로 해석한다면 한글로 먼저 쓰고 괄호 안에 한자를 넣은 형식이라고 할 수 있어서 19세기 말까지 간행된 문헌 중에서 한글을 앞에 나열한 유일한 문헌이라고 할 수 있습니다.

《월인천강지곡》을 본문으로 하고, 《석보상절》을 주석의 형식으로 수정, 편집하여 만든 책이 1459년에 간행된 《월인석보(月印釋譜)》입니다. 《월인석보》에 나오는 《월인천강지곡》은 원래의 《월인천강지곡》과 다른 모습을 보입니다. 즉 《월인석보》에서는 한자를 앞에 쓰고 한자음을 한자의 오른쪽 아래에 작은 글씨로 썼지요. 《월인천강지곡》과 한글과 한자의 위치가 바뀐 것입니다. 그 내용을 그림으로 비교하여 보시기 바랍니다.

그런데 《석보상절》, 《월인천강지곡》, 《월인석보》는 16세기에 복각된 적이 있지만, 그 이후에 간행된 적은 없습니다. 내용에 줄거리도 있고 또 다른 불교 관련 문헌보다 쉽고 재미있는데, 왜 계속 간행되지 않았을까요? 그 이유는 이 세 가지 문헌이 불경이 아니었기 때문일 것입니다.

원래 불경이란 부처님, 또는 부처님의 제자가 설법한 종교의 주된 가르침인 교의(敎義)를 적은 문헌을 말합니다. 불경에는 삼장(三藏)이

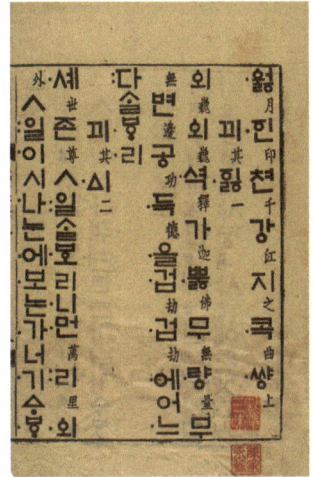
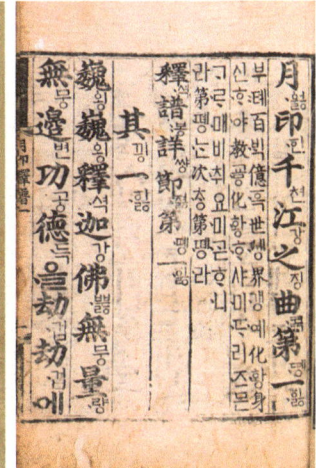

그림 7 《월인천강지곡》   그림 8 《월인석보》

있는데, 부처님의 가르침인 불멸의 진리를 뜻하는 '경(經)', 교단의 규율을 규정한 '율(律)', 철학적 이론을 전개한 '논(論)'을 쉽게 이해할 수 있도록 주석을 붙인 것까지도 넓은 뜻에서 '불경'이라고 합니다. 우리가 자랑스럽게 생각하는 '팔만대장경'의 '대장경(大藏經)'이란 '삼장'에 그치지 않는 '대장'이란 뜻이어서 모든 불경을 합친 것을 말합니다. 이러한 문헌 중에서 가장 많이 간행된 것은 아무래도 기본적인 불경일 것입니다.

불경을 배울 때에는 일정한 과정이 있습니다. 20대 미만의 중이 공부하는 1~2년의 과정을 사미과(沙彌科)라고 하는데, 주로 〈반야심경(般若心經)〉을 공부한다고 합니다. 다시 경전을 연구하는 4년의 과정인 중급 과정이 있는데, 이 과정은 사교과(四敎科)라고 합니다. 여기에서는 《능엄경(楞嚴經)》, 《법화경(法華經)》, 《금강경(金剛經)》, 《원각경(圓覺經)》을 공부합니다. 그리고 고급 단계인 대교과(大敎科)에서는 《화엄경(華嚴經)》을 공부한다고 합니다. 주로 초급과 중급 과정에서 공부하는 불경

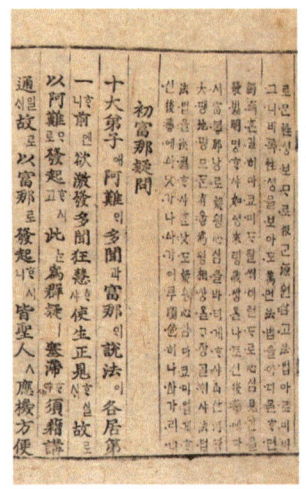
그림 9 《능엄경언해》(1461)

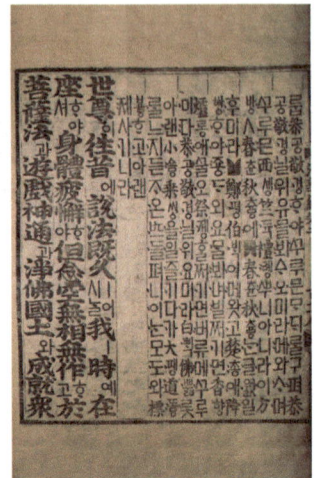
그림 10 《법화경언해》(1463)

이 언해되어 있습니다. 그 중에서도 가장 많이 간행된 불경은 《법화경언해》, 《아미타경언해》입니다. 특히 이 두 가지 불경은 불교 신도들이 추구하는 염원인 신앙과 공덕에 연관된 불경이어서 신도들이 선호했던 불경이었습니다.

그러나 그보다도 더 많이 간행된 불경은 《불설대부모은중경언해》인데, 줄여서 《은중경언해》라고 합니다. 이 《은중경언해》는 어머니의 은혜가 깊고 큼을 이야기하고 그 보은과 멸죄의 방법을 설명한 불경입니다. 이 책이 가장 많이 그리고 널리 간행된 것은, 서민들이 가장 가까이 갈 수 있었던 경전이었기 때문일 것입니다.

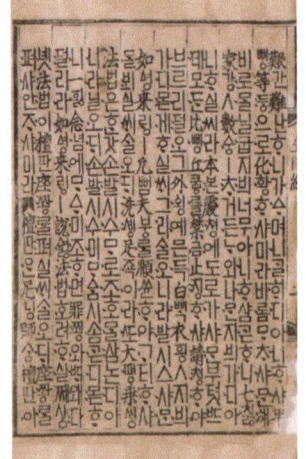
그림 11 《금강경언해》(1464)

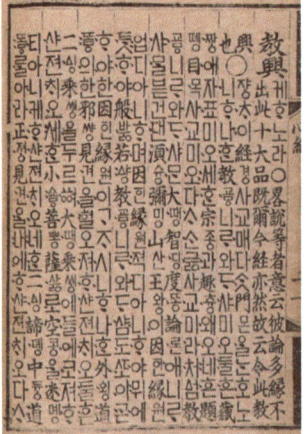
그림 12 《반야심경언해》(1464)

이 《은중경언해》는 현재 약 30여 종의 이본이 있을 정도로 많이 간행되었습니다. 그러나 간기가 적혀 있지 않은 것까지 합하면 이보다 훨씬 많습니다. 다음에 나오는 표는 그 이본들의 목록입니다.

번호	연도	왕대	이본 사항
1	1545년	명종 1년	오응성 발문본
2	1553년	명종 8년	경기도 장단 화장사판
3	1563년	명종 18년	충청도 아산 신심사판
4	1563년	명종 18년	전라도 순천 송광사판
5	1564년	명종 19년	황해도 문화 패엽사판
6	1567년	명종 22년	충청도 은진 쌍계사판
7	1573년	선조 6년	전라도 김제 흥복사판
8	1580년	선조 13년	전라도 낙안 징광사판
9	1582년	선조 15년	경상도 의령 보리사판
10	1592년	선조 24년	경상도 풍기 희방사판
11	1609년	광해군 1년	경상도 대구 동화사판
12	1618년	광해군 10년	충청도 공주 율사판
13	1635년	인조 13년	최연 발문본
14	1648년	인조 26년	경상도 양산 통도사판
15	1658년	효종 9년	강원도 양양 신흥사판
16	1668년	현종 9년	경상도 개령 고방사판
17	1676년	숙종 2년	전라도 고산 영자암판
18	1680년	숙종 6년	경상도 청도 수암사판
19	1686년	숙종 12년	경상도 양산 조계암판
20	1686년	숙종 12년	경상도 경주 천룡사판
21	1687년	숙종 13년	경기도 양주 불암사판
22	1689년	숙종 15년	평안도 안변 조원암판
23	1692년	숙종 18년	강원도 고성 건봉사판
24	1705년	숙종 31년	평안도 정주 용장사판
25	1717년	숙종 43년	경기도 개성 용천사판
26	1720년	숙종 46년	전라도 금구 금산사판
27	1731년	영조 7년	함경도 영흥 진정사판
28	1760년	영조 36년	전라도 고창 문수사판
29	1794년	정조 18년	전라도 전주 남고사판
30	1796년	정조 20년	경기도 화성 용주사판
31	1801년	순조 1년	전라도 전주 남고사판
32	1806년	순조 6년	전라도 고산 안심사판
33	1912년		경성 강재희 서

이 중 몇몇 그림을 보여 드리지요. 지면이 허락하지 않아 몇 개만 보여 드립니다.

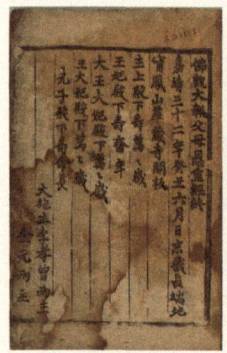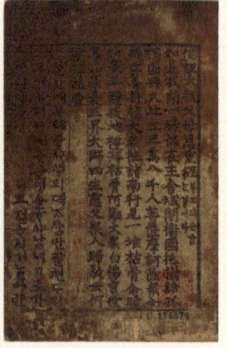 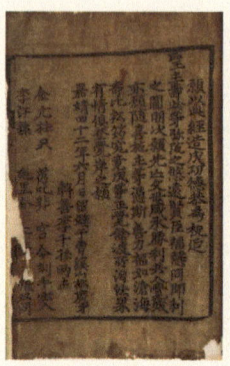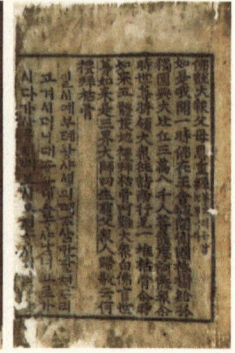

그림 13 《화장사판 은중경언해》(1553)   그림 14 《송광사판 은중경언해》(1563)

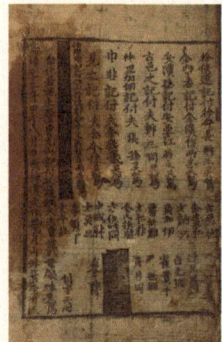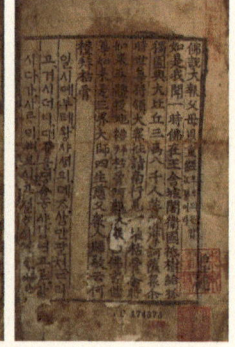 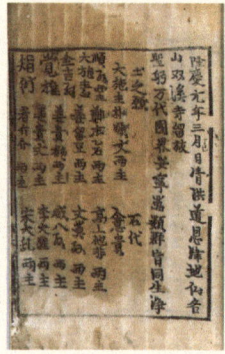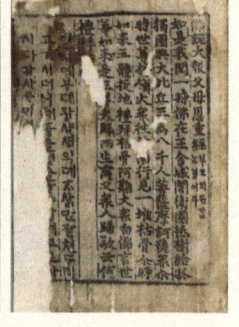

그림 15 《패엽사판 은중경언해》(1564)   그림 16 《쌍계사판 은중경언해》(1567)

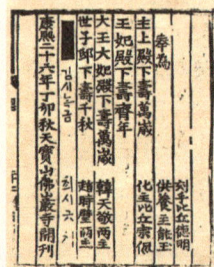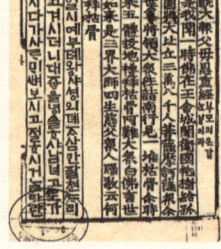 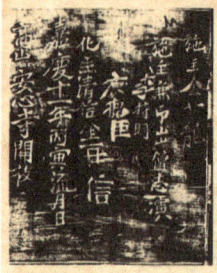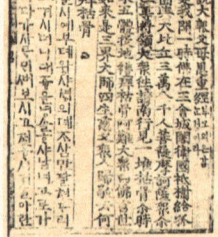

그림 17 《불암사판 은중경언해》(1687)   그림 18 《안심사판 은중경언해》(1806)

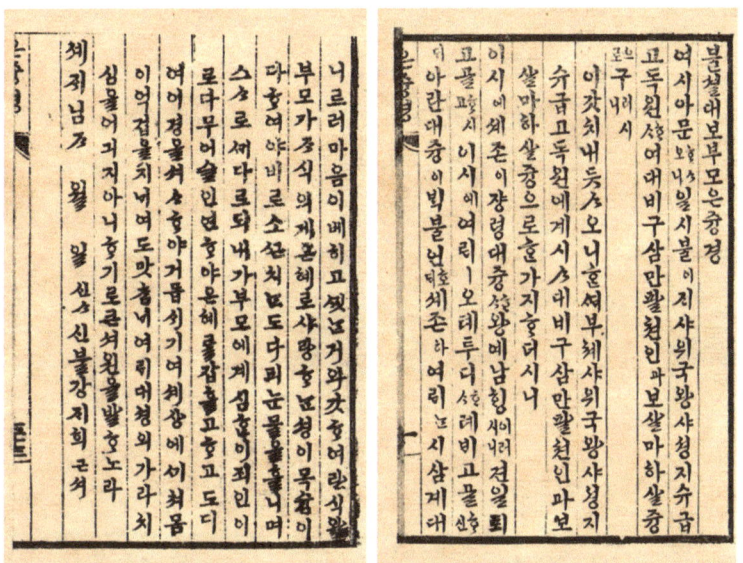

그림 19 《강재희 서 은중경언해》(1912)

표에서 보듯이 《은중경언해》는 주로 제주도를 제외한 모든 도의 사찰에서 간행되었음을 알 수 있습니다. 이로써 그 당시에 불교계에서는 부모에 대한 효(孝)를 강조하였음을 알 수 있습니다.

불경을 중앙 정부에서 간행한 것은 세종 때뿐입니다. 그 이후에는 한 번도 중앙 정부나 지방 정부에서 간행한 적이 없는데, 이는 국교(國敎)처럼 여기던 불교가 쇠퇴했기 때문입니다. 그래서 그 이후에 간행된 대부분의 불경은 사찰에서 간행된 것입니다. 그 사찰은 전국에 분포되어 있는데, 해인사, 동화사, 송광사와 같은 큰 사찰도 있지만, 작은 사찰도 많이 있어서 그 사찰의 이름까지는 모두 헤아릴 수 없습니다. 비록 불교는 쇠퇴했어도 끈질긴 종교의 힘을 보여 주고 있다고 할 수 있습니다.

불교 관련 한글 문헌은 다른 종교의 문헌과 비교할 때 몇 가지 특징이 있습니다. 불경은 한문으로 된 중국 문헌을 언해한 것이 대부분이지만, 진언(眞言)은 산스크리트어로부터 온 것이기 때문에 범자(梵字)와도 연관되어 있습니다. 그래서 대부분의 불경은 한문 원문과 언해문이 동시에 실리기도 하지만 범자와 함께 실린 것도 있습니다. 이러한 경우는 대부분이 그 내용을 알기 위한 것보다는 주문을 암송하기 위한 것으로 범자 원문과 함께 그 음역이 실리기도 합니다. 《신언집》이 대표적인 문헌으로, 《진언집》에는 한글을 알기 위한 반절표도 들어 있지만 범자를 알기 위한 내용도 함께 들어 있습니다. 그림의 《진언집》은 1800년에 불암사에서 간행된 《중간 진언집》입니다.

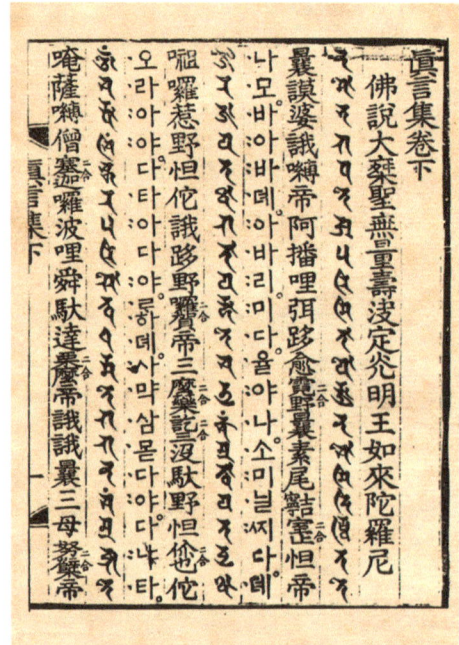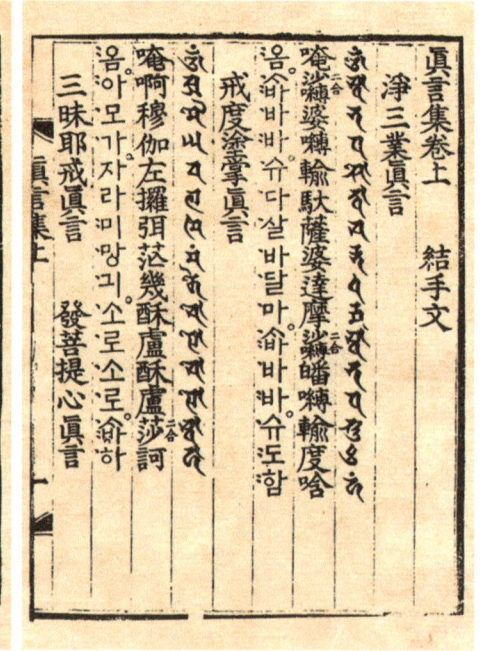

그림 20 《중간 진언집》(1800)

유교 관련 한글 문헌

유교를 종교적 측면에서 보아야 할 것인지, 아니면 현세를 중시하는 생활 철학 측면에서 보아야 할 것인지에 대한 판단은 유보하고, 일반적인 개념으로서 유교를 종교 부류로 생각하여 이에 대한 한글 문헌을 살펴보도록 합니다. 유교의 경전으로 대표적인 것은 사서삼경(四書三經)일 것입니다. 물론 유교에서는 제사를 중시하기 때문에 《상례(喪禮)》등도 중요한 문헌이지만, 이 글에서는 주로 사서삼경을 중심으로 살펴보기로 합니다.

유교 관련 한글 문헌은 16세기에 와서 처음으로 간행됩니다. 도산서원 판의 사서언해(四書諺解)가 그것입니다. 임진란 이전에 교정청에서 사서삼경의 언해 사업을 추진하여 언해를 완성하였지만, 사서언해만 간행되고 삼경의 언해는 간행하지 못하였습니다. 《논어언해》, 《맹자언해》, 《대학언해》, 《중용언해》의 사서는 1590년(선조 23)에 간행되었습니다. 원간본은 현재 주로 도산서원에 소장되어 있어서 보통 도

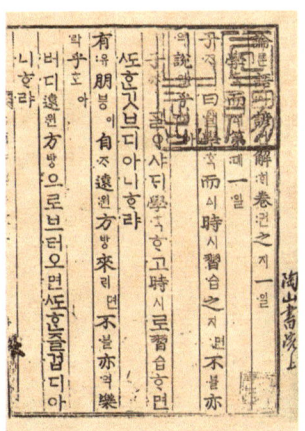

그림 21 《논어언해》

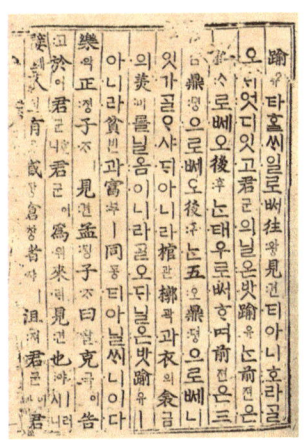

그림 22 《맹자언해》

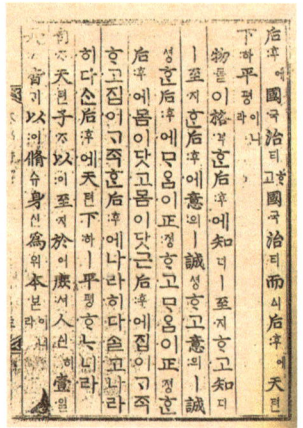 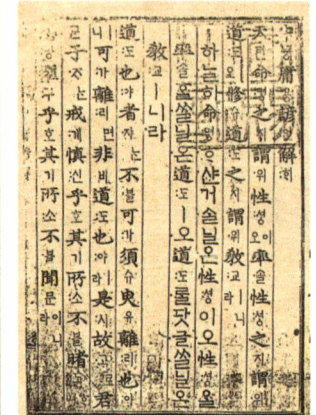

그림 23 《대학언해》   그림 24 《중용언해》

산서원본 사서언해라고도 부릅니다. 경진자로 인쇄된 활자본으로, 사서의 한문 원문에 한글로 한자음과 구결을 붙이고 언해한 책들입니다. 그리고 삼경인 《시경언해》, 《서전언해》와 《주역언해》는 임진란 이후에 언해를 손질하여 1613년에 《시경언해》를, 그 이후에 《서전언해》를, 1606년에는 《주역언해》를 간행하였습니다.

이 사서삼경의 언해는 16세기 이후 계속 간행됐습니다. 내사기나 간기가 있는 사서삼경의 간행 상황을 표로 보면 다음과 같습니다.

	대학언해	논어언해	맹자언해	중용언해	주역언해	시경언해	서경언해
1590년	○	○	○	○			
1606년					○		
1611년	○						
1612년		○	○	○			
1613년						○	
1631년	○	○	○	○			
1684년				○			
1693년			○	○			

	대학언해	논어언해	맹자언해	중용언해	주역언해	시경언해	서경언해
1695년	○	○	○	○			
1810년	○	○			○	○	○
1820년	○	○	○	○	○	○	○
1822년		○	○				
1824년			○				
1826년					○		○
1828년	○			○		○	
1862년	○	○	○	○		○	○

　유교 관련 한글 문헌 중 7서(사서삼경)를 모두 한꺼번에 간행하려고 했던 것은 앞서 말씀 드린 바와 같이 선조 때인데, 여의치 않아 사서만 먼저 간행하고 삼경은 후에 간행했습니다. 그리고 1810년에 전주 하경룡장판으로 간행한 것이 있고, 역시 1820년에 내각장판으로 중앙에서 간행한 책이 있습니다. 그리고 1862년에 경상도 감영에서 7서를 모두 간행한 적이 있습니다. 이 중 전주 하경룡장판은 방각본이어서 판매를 목적으로 만들었습니다.

　조선 시대 때 가장 많은 부수를 찍은 책이 유교 관련 한글 문헌일 것입니다. 특히 사서 관련 문헌들은 일반 가정에서도 많이 전사(轉寫)하여 공부한 것으로 보입니다. 그래서 필사본도 많습니다.

　경서의 해석 방법이 유학자마다 각각 달라서 빚어지는 혼란을 바로잡기 위해, 유교 관련 한글 문헌들은 당시의 대표적 유신들이 대거 참여하여 간행하였습니다. 그렇기 때문에 이 유교 관련 사서삼경 언해본들은 문장상의 차이가 거의 없다고 할 수 있습니다. 이들 사서언해는 여러 번 간행되었지만, 대개 10행 19자본과 10행 17자본, 그리고 10행 23자본으로 크게 나눌 수 있습니다. 10행 19자본은 16세기 원간본을 따른 것이고, 10행 17자본은 1695년에 간행된 무신자본 활자본을 따른 것이며, 10행 23자본은 19세기 후반의 판식을 따른 것으로 후대에 간행한 것입니다.

사서언해는 중앙뿐만 아니라 각 지방에서 간행한 경우가 많은데, 《대학언해(大學諺解)》의 예를 그림으로 보이면 다음과 같습니다. 단지 간기가 있는 부분만을 보도록 합니다.

이에 비하여 이이(李珥)가 언해하여 1749년(영조 25)에 간행한 《대학율곡언해》 등의 사서언해는 개인이 언해한 점에서 문체상의 차이를

그림 25 내각장판 《대학언해》의 간기

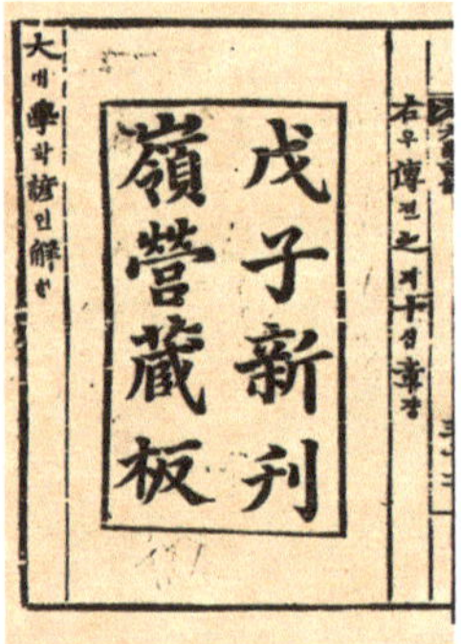

그림 26 영영장판 《대학언해》의 간기

그림 27 영영중간 《대학언해》의 간기

그림 28 전주 하경룡장판 《대학언해》의 간기

그림 29 함경감영 《대학언해》의 간기

보입니다. 이 《사서율곡언해(四書栗谷諺解)》는 다른 사서언해에 비해 한자어를 많이 쓰고 있습니다.

조선 시대를 거쳐 온 이 사서언해는 거의 문장상의 변화 없이 이어져 온 것입니다. 이러한 문제를 해결하기 위해서 1922년에 유교경전강구소(儒敎經典講究所)에서 《유교경전언역총서(儒敎經傳諺譯叢書)》로 낸 사서가 있지만, 이는 일본인들이 번역한 것입니다. 대의(大意), 자해(字解), 훈독(訓讀) 등으로 구분하여 주석까지 달아 놓은 책입니다. 물론 연활자본으로 되어 있습니다. 그리고 1932년에 문언사(文言社)에서 간행한 연활자본 사서언해가 있습니다. 그런데 '언해(諺解)'를 '언해(言解)'라고 하여 《언해론어(言解論語)》 등으로 책을 간행하였습니다.

이 유교의 경전인 《칠서언해(七書諺解)》는 원문이 모두 한문으로 되

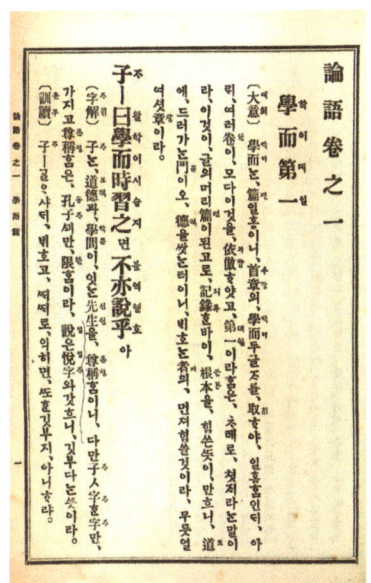

그림 30 유교경전강구소장판 《언역논어》

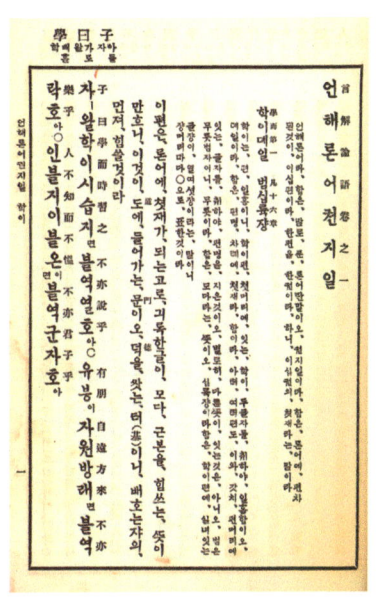

그림 31 문언사 간행 《언해론어》

어 있어 한문 원문과 언해문을 동시에 실어 놓았습니다. 오늘날에는 한자, 한문 교육이 쇠퇴하고 유교도 쇠퇴하면서 사서삼경을 읽는 사람도 줄어 한글 번역본이 널리 퍼지지 못하는 것 같습니다.

도교 관련 한글 문헌

도교는 신선 사상을 기반으로 하여 자연 발생적으로 생긴 종교로 노장사상, 유교, 불교와 여러 신앙적인 요소들을 수용하여 형성된 것입니다. 우리나라에 들어온 지는 무척 오래이지만, 이 경전이 한글로 번역된 것은 후대의 일로 보입니다. 《주생연사묘응진경》, 《경신록》, 《삼성훈경》, 《과화존신》, 《감응편도설》, 《공과격》 등이 그와 같은 경전이라고 할 수 있습니다. 이들의 언해본들은 대체로 18세기 말에서 19세기에 걸쳐 간행이 되었습니다.

도교 관련 최초의 한글 문헌은 1896년에 간행된 《경신록언석(敬信錄諺釋)》으로 보입니다. 도교의 문헌에서 인과응보의 경신(敬信)에 대한 것을 모은 한문본 《경신록》 중에서 긴요한 것을 뽑고, 또 《단계적(丹桂籍)》이란 문헌에서 중요한 두 조목을 뽑아 《경신록》에 해당하는 것을 언해하여 앞에 붙였습니다. 《단계적》에서 뽑은 것은 책의 끝부분에 언해하여 붙여, 1796년(정조 20)에 경기도 양주의 불암사에서 홍태운의 글씨를 판하로 하여 목판본으로 간행한 책입니다.

《경신록》이란 '착한 일을 권장하고 좋지 않은 일을 징계하는 말씀과 일을 기록한 책'이란 뜻입니다. 이 책은 한문 원문이 없고 언해문만 실려 있습니다. 언해문도 서명과 각 경문의 제목만 한자로 썼을 뿐 나머지는 모두 한글로 되어 있어 대체로 한글 전용 문헌이라 해도 좋을 듯합니다.

이 책의 한글 서체에는 역사적인 의미가 있습니다. 여기에 쓰인 한글 서체는 우리나라에서 최초로 쓴 소위 고딕체(제목체)입니다. 정조 때의 명필이었던 홍태운은 특히 불심이 강하여 불암사에서 간행한 모든 한글 불경의 저본을 쓴 사람입니다. 《오륜행실도(五倫行實圖)》가 우리나라에서 명조체(바탕체)로 쓰인 최초의 문헌이라고 한다면, 《경신록언석》은 우리나라에서 고딕체로 쓰인 최초의 한글 문헌입니다.

《주생연사묘응진경언해(注生延嗣妙應眞經諺解)》는 일명 《연사경(延嗣經)》이라고 하는데, 1734년에 간행된 한문본 《주생연사묘응진경》을 언해한 책입니다. 언해한 연대는 분명하지 않습니다만 1850년대가 아닐까 생각합니다. 이 책은 주서(붉은 글씨)로 되어 있습니다. 현재 유일본으로 추정되는 책이 한국학중앙연구원에 소장되어 있습니다. 안타깝게도 물이 묻어 잘 보이지 않는 부분이 있습니다.

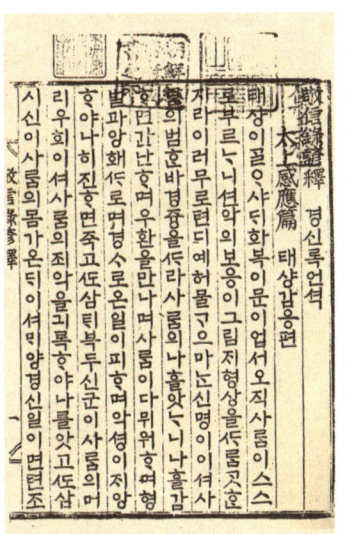

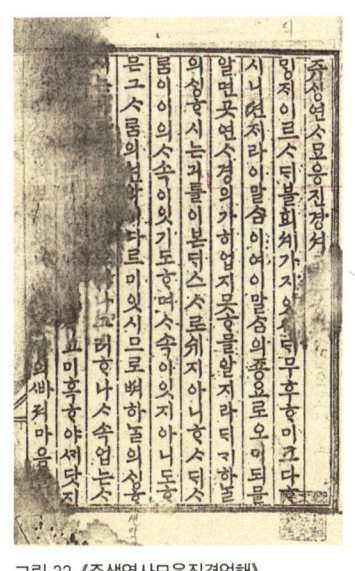

그림 32 《경신록언석》　　　　그림 33 《주생연사묘응진경언해》

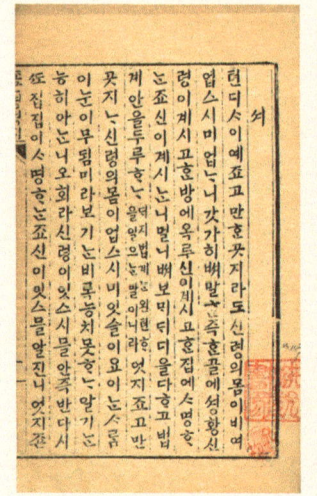 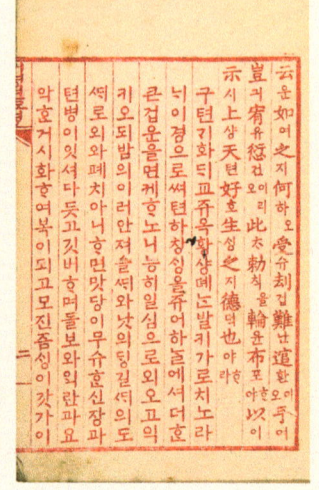 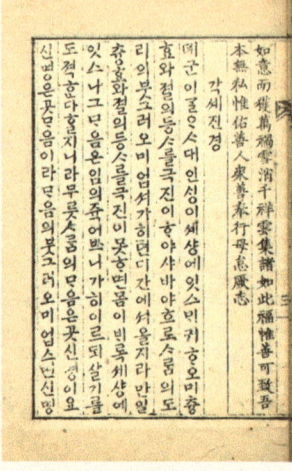

그림 34 《조군영적지》   그림 35 《기령현묘경》   그림 36 《삼성사실언해》

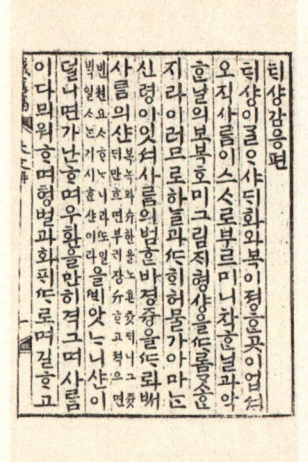 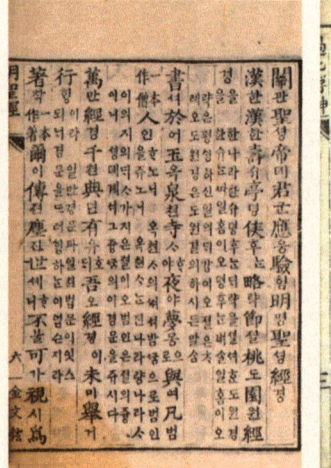 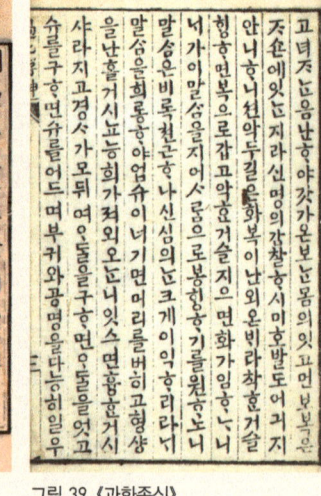

그림 37 《태상감응편도설언해》   그림 38 《관성제군명성경언해》   그림 39 《과화존신》

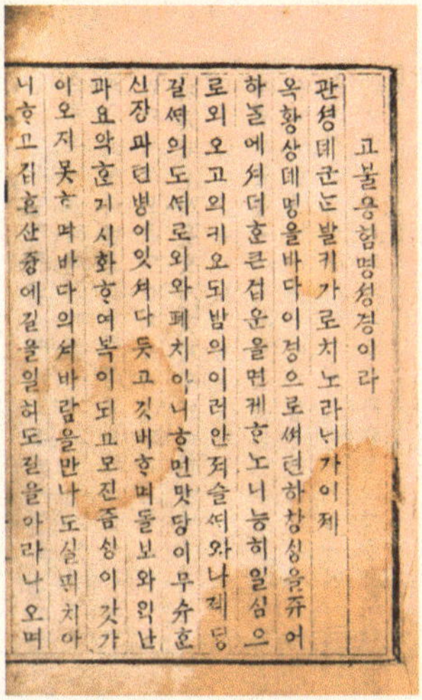

그림 40 《고불응험명성경언해》 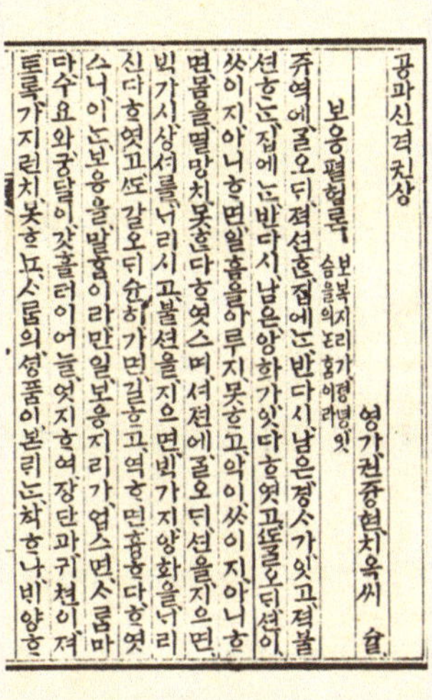 그림 41 《공과신격언해》 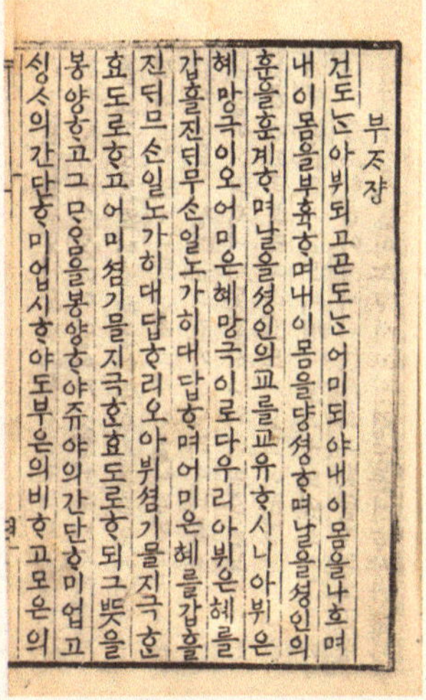 그림 42 《관성제군오륜경언해》

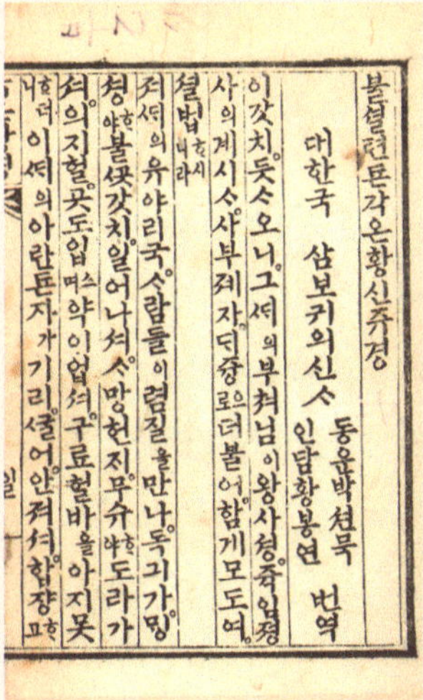

그림 43 《불설천존각온황신주경언해》 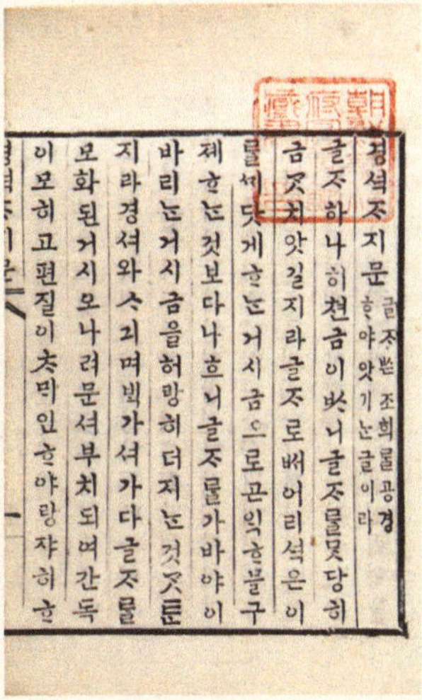 그림 44 《경석자지문》 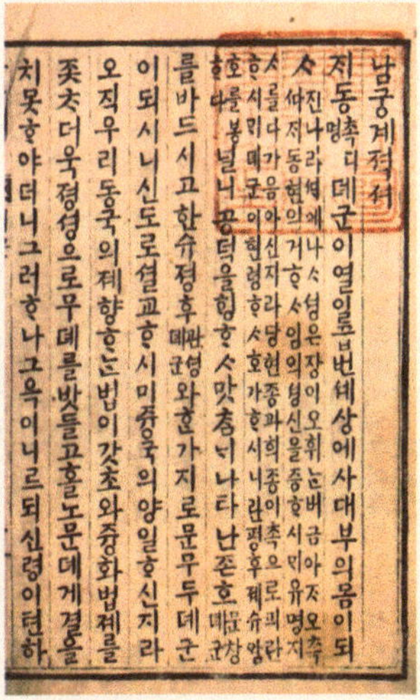 그림 45 《남궁계적》

《태상감응편도설언해(太上感應篇圖說諺解)》는 중국의 《태상감응편도설(太上感應篇圖說)》을 한문학자인 최성환(崔瑆煥)이 편찬 언해하여 1852년(철종 3)에 간행한 도교서입니다. 이 책은 선악의 업보를 실증하는 사실들을 선보(善報)와 악보(惡報)로 분류하여 사실(史實)마다 도상과 한문 원문, 그리고 이에 대한 국문 번역을 붙여 간행한 것입니다.

19세기 말에는 도교가 매우 성행하였습니다. 이러한 사실은 도교 관련 문헌인 《남궁계적(南宮桂籍)》(1876)의 서문을 이건창(李建昌)이 썼고, 1876년에 한문본으로 간행된 《관제성적도지(關帝聖蹟圖誌)》의 서문을 박규수(朴珪壽)가, 발문을 김창희(金昌熙)가 썼다는 사실에서 알 수 있습니다. 이들은 그 당시 유명한 사람들이었습니다.

이외에 도교 관련 한글 문헌으로는 《경석자지문(敬惜字紙文)》(1882), 《과화존신(過火存神)》(1880), 《관성제군명성경언해(關聖帝君明聖經諺解)》(1883), 《관성제군오륜경(關聖帝君五倫經)》(1884), 《남궁계적(南宮桂籍)》(1876), 《삼성사실언해(三聖事實諺解)》(1880), 《조군영적지(竈君靈蹟誌)》(1881), 《불설천존각온황신주경(佛說天尊却瘟瘟神呪經)》(1908), 《기령현묘경언해(奇靈玄妙經諺解)》(19세기 말), 《고불응험명성경(古佛應驗明聖經)》(19세기 말) 등이 있습니다. 이 중에서 《경석자지문》은 우리나라 최초의 궁체 정자체로 된 활자본입니다. 궁체가 필사본이나 목판본만 있었던 것으로 알고 있지만 이렇게 활자본으로도 간행되었던 것입니다.

이들 도교 관련 한글 문헌들 대부분은 한글 전용의 문헌이라는 특징을 갖고 있습니다. 이것은 종교를 일반 서민들에게 쉽게 알리기 위한 수단으로, 알기 어렵고 배우기 어려운 한문보다 쉽게 배울 수 있는 한글을 선택했기 때문으로 해석됩니다.

기독교 관련 한글 문헌

우리나라에 기독교(초기에는 천주교)가 들어오게 된 것은 18세기라고 할 수 있습니다. 기독교 관련 한글 문헌이 국어사적으로 지니는 영향은 지금까지 몇 가지로 지적되었습니다. 하나는 한글 전용 문제이고 또 하나는 띄어쓰기 문제라고 하지만, 원래 기독교 관련 문헌이 국어사적인 면만 아니라 우리나라 출판 문화사에 끼친 영향이 더 크다고 할 수 있습니다. 그 영향으로는 한글의 보급과 이를 체계화시키려고 한 점, 서양 학문을 도입한 점, 그리고 출판 기술의 근대화에 이바지한 점 등을 들 수 있을 것입니다.

모리스 쿠랑(Maurice Courant)은 그의 저서에서 "조선에의 천주교 전래는 한글 문학이란 새로운 분야를 탄생시켰다"고 기록하고 있습니다. 한국에 처음 발을 디딘 앵베르 주교가 1838년 12월 1일 자 포교성성(布敎聖省)에 보낸 서한을 보면 "조선 사람들은 그들의 모국어가 하느님께 기도드리는 데 적합한데도 불구하고 자기 고유의 말을 멸시하는지, 한문 문헌만을 사용하고 그 뜻도 번역하지 않은 상태로 발음만 옮기어 사용하여 뜻도 모르면서 기도하고 있다"고 하였습니다. 또한 달레 신부의 저서에는 "조선 정부의 8개 큰 학교에서는 중국 문학과 중국 과학만을 연구할 뿐이고, 조선어는 무시되고 업신여김을 받고 있다. (중략) 가정과 학교에서 한자를 가르치며, 특히 양반 자제들에게는 그것이 그들의 고유한 공부라고 할 수 있다. 조선어 사전이 없어서 뜻을 모르는 조선말을 이해하려면 그것에 해당하는 한자를 알든지 그것을 아는 사람에게 물어보든지 해야 한다"고 서술하고 있습니다. 이 기록들은 한글 문화에 대한 당시의 시대 상황과 서양인 선교사들의 조선 사회에 대한 시각을 보여 준다고 할 수 있습니다.

교회 창립 초기에는 한역서학서(漢譯西學書)가 유통되어 한문을 이해할 수 있는 지식 계급만이 천주교 사상에 접할 수 있었던 것으로 보입니다. 그러나 천주교가 서민 계층까지 확대됨에 따라 박해가 계속되었고, 이러한 상황을 극복하기 위해 당시 천주교 지도자들은 한역 서학서의 번역 작업과 함께 비밀리에 한글 교리서를 개발하기 시작하였습니다. 이는 한문이 지배적이었던 그 당시 우리나라 사회에 한글을 보급하고 개발하고 체계화하는 데 대단한 공헌을 했다고 볼 수 있을 것입니다.

1788년에는 실학자 이가환(李家煥)이 한자로 된 교리서를 한국어로 번역한 적이 있다고 하지만 현재 남아 있지 않습니다. 정약종(丁若鍾)은 《주교요지(主敎要旨)》라는 책을 저술하였는데, 이 책은 우리나라 사람이 저술한 최초의 한글 교리서입니다. 이 책은 1790년대 말에

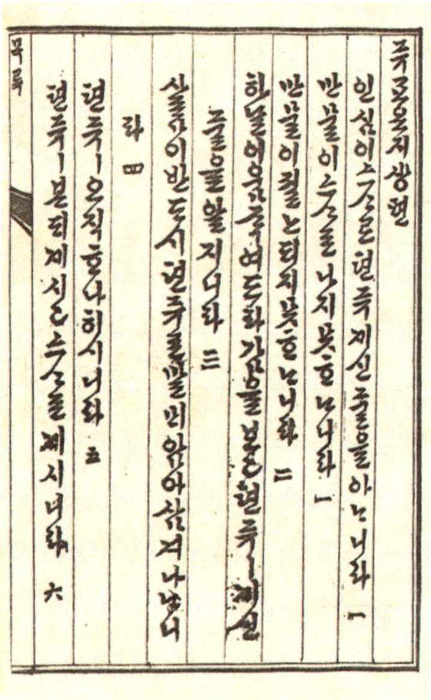

그림 46-2 《주교요지》 본문 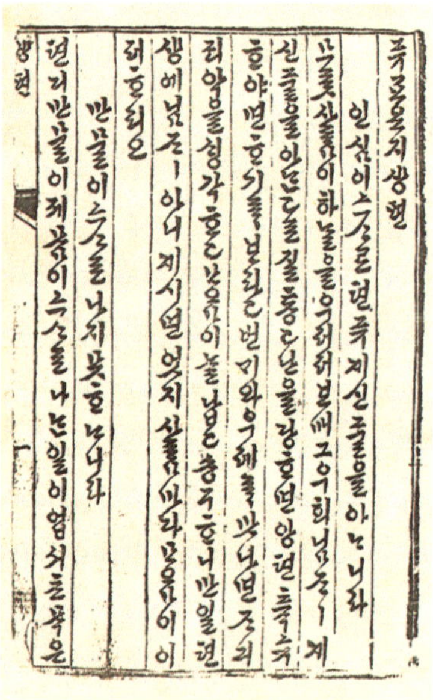　　　　　　그림 46-1 《주교요지》 목록

정약종에 의해 저술된 뒤 필사되어 전해 왔던 책으로, 선교사 다블뤼(Daveluy) 주교가 1864년에 목판본으로 간행한 뒤, 목판본과 활판본으로 여러 번 간행되었습니다. 《주교요지》는 1885년에 간행된 책과 1897년에 간행된 활판본 등이 있으며 1885년 판은 블랑(Blanc) 주교가 책임지고 만든 책입니다. 한글 반흘림체로 되어 있고 한지에 인쇄되어 있습니다.

대체로 천주교에서 만든 한글 성서들은 필사본으로 남아 있는 경우가 많아서 그 필사기를 가늠하기가 어렵습니다.

반면에 신교는 주로 천주교에 대한 박해가 끝난 후에 들어왔기 때문에 쉽게 우리나라에서 활동할 수 있어 출판도 쉬웠습니다. 신교에서 간행한 몇 가지 기독교 관련 한글 문헌을 보이면 다음과 같습니다. 기독교 관련 한글 문헌은 그 양이 대단하여 여기에 다 소개하지 못하므로 몇몇만 소개합니다.

①《예수셩교 누가복음젼셔》

로스(J. Ross), 매킨타이어(Macintyre)가 번역하여 1882년에 중국의 심양에 있는 '문광셔원(스코틀랜드 성서공회 지원)'에서 간행해 낸 책으로 신교의 최초 성서라고 할 수 있습니다. 평안도 출신의 한국 청년 이응찬, 백홍준, 서상륜, 김진기와 함께 번역했기 때문에 서북 방언이 많이 반영되어 있습니다. 낱권 전체가 한국어로 옮겨진 최초의 성서이며, 신의 명칭은 '하느님'으로 되어 있습니다.

②《예수셩교 요안늬복음셔》

로스, 매킨타이어가 번역하여 1882년 5월 12일에 심양 문광셔원에서 간행한 책입니다. 이 성서의 활자는 일본 주재 스코틀랜드 성서공회의 대리인 릴리이(Lilliy)가 일본에서 산 뒤 만주 우장(牛莊)으로 보내 30,000부를 인쇄하였으며, 그중 1/3을 한국으로 반입시켰다고 합니다. 《예수셩교 누가복음젼셔》보다 두 달 늦게 발행된 것으로 1875년에 번역을 시작하여 7년 만에 나온 것입니다.

③ 《신약마가젼복음셔언ᄒᆡ》

이수정(李樹廷)이 번역하여 미국성서공회에서 발행한 책인데, 1885년에 일본의 요코하마에서 인쇄하였습니다. 이수정은 임오군란 뒤에 박영효를 따라 일본으로 건너가 기독교에 입문하고 곧 일본 주재 스코틀랜드 선교사 루미스의 부탁으로 1884년 일본 동경에서 마가복음을 번역하였습니다. 만주에서 번역하여 간행한 성서들이 구어 중심의 서북 방언으로 되어 있는 데 반하여, 이 문헌은 한문 투의 언해식 문장으로 되어 있습니다. 이수정이 원래 한문학자이고, 동경 외국어학교에서 한국어를 강의한 사람이었기에 이런 유형의 문어체를 쓴 것으로 추정됩니다.

④ 《마가의 젼ᄒᆞᆫ 복음셔언ᄒᆡ》

언더우드(H. G. Underwood)와 아펜젤러(H. G. Appenzeller)가 번역하여 스코틀랜드 성서공회에서 1887년에 발행해 낸 책으로 일본 요코하마에서 인쇄하였습니다. 이수정의 《신약마가젼복음셔언ᄒᆡ》(1885)를 수정한 것입니다.

⑤ 《예수셩교젼셔》

1887년 발행된 한국 최초의 신약전서로 로스와 매킨타이어가 번역하여 성경(盛京, 봉천) 문광셔원에서 발행하였습니다.

그림 47 《예수성교 누가복음젼셔》    그림 48 《예수성교 요안늬복음셔》

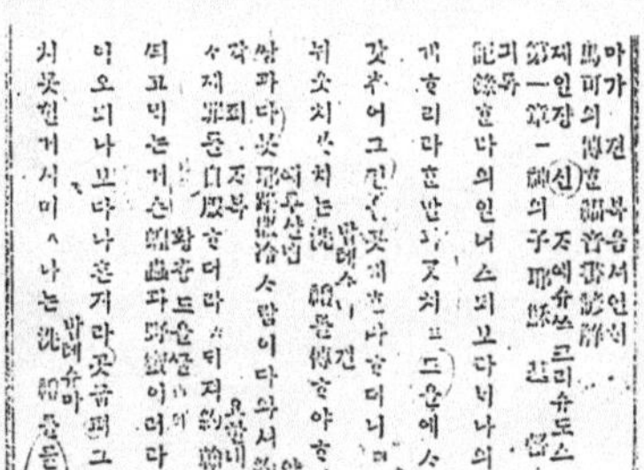

그림 49 《마가의 젼혼 복음셔언히》    그림 50 《예수성교젼셔》

⑥ 《누가복음젼》

아펜젤러가 번역하여 1890년에 대영성서공회에서 발행한 책입니다. 인쇄는 서울 미이미교회 인쇄소에서 하였습니다.

기독교 관련 한글 문헌의 특징은 대체로 한글 전용으로 되었다는 점일 것입니다. 불경이나 유교 또는 도교 관련 한글 문헌이 한문과 함께 쓰인 것이라면, 기독교 관련 한글 문서는 가끔 한자가 쓰이기는 했지만, 대부분 한글 전용으로 이루어져 있습니다. 그 당시의 우리나라에서는 영문과 한글이 동시에 쓰인 문헌이 전혀 통할 수 없는 편찬 형식이었기 때문일 것입니다.

기독교 관련 한글 문헌은 신식 활자본이 수입된 후에 간행된 것이 많아서 수많은 한글 문헌을 간행할 수 있었습니다. 19세기 말까지 간행된 기독교 관련 한글 문헌의 목록은 다음과 같습니다. 너무 많아서 일부만 적습니다.

연도	문헌명	번역자	발행자 및 인쇄소
1891년	요한복음전	펜윅(M. C. Penwick)	서울 미이미교회 인쇄소
1892년	마태복음전	언더우드(H. G. Underwood) 아펜젤러(H. G. Appenzeller)	서울 대영성서공회
1895년	마태복음	성서번역자회	경성 정동 예수교회당(대영성서공회·미국성서공회·스코틀랜드 성서공회 합동후원) 발행
1897년	야곱의 공번된 편지	성서번역자회	대영성서공회
1897년	베드로젼셔	성서번역자회-스크랜톤(M. F. Scranton)	상임성서실행위원회
1898년	로마인셔	성서번역자회-스크랜톤(M. F. Scranton)	상임성서실행위원회

연도	문헌명	번역자	발행자 및 인쇄소
1898년	고린도젼셔	성서번역자회-아펜젤러	상임성서실행위원회
1898년	데살로니가인 젼후셔	성서번역자회-레이놀즈(W. D. Reynolds)	상임성서실행위원회
1898년	듸모데젼셔	성서번역자회-언더우드	상임성서실행위원회
1898년	희브리인셔	성서번역자회-스크랜톤	상임성서실행위원회
1898년	요한일이삼유다셔	성서번역자회-언더우드	상임성서실행위원회
1898년	시편촬요	피터스(A. A. Pieters)	미이미교회 인쇄소
1899년	에베소인셔	성서번역자회-게일(J. S. Gale)	상임성서실행위원회
1900년	요한묵시	성서번역자회	상임성서실행위원회
1900년	신약젼셔	성서번역자회	상임성서실행위원회

동학 관련 한글 문헌

동학은 1860년에 최제우가 창도한 종교입니다. '동학'이란 '서교(西敎)', 즉 천주교의 도래에 대항하여 동쪽의 나라인 우리나라의 도를 일으킨다는 뜻에서 붙인 것입니다. 1905년에 손병희 등에 의해 그 이름이 '동학'에서 '천도교'로 개칭되었습니다.

동학의 경전은 크게 두 가지입니다. 하나는 《동경대전(東經大全)》이고, 또 하나는 《용담유사(龍潭遺詞)》입니다. 《동경대전》은 한문으로 된 글로서 포덕문, 논학문, 수덕문 등이 들어 있고, 《용담유사》는 한글 가사체로 된 일종의 사상 가사입니다.

《동경대전》이 한글로 쓰이지 않은 것은 최제우가 동학을 창도할 당시에 양반들에게 '동학'도 '서학'과 같다는 인식을 양반 계층이 갖

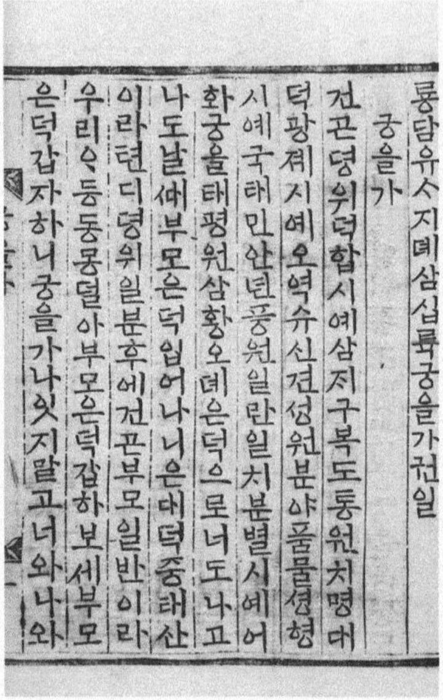

그림 51 《궁을가》

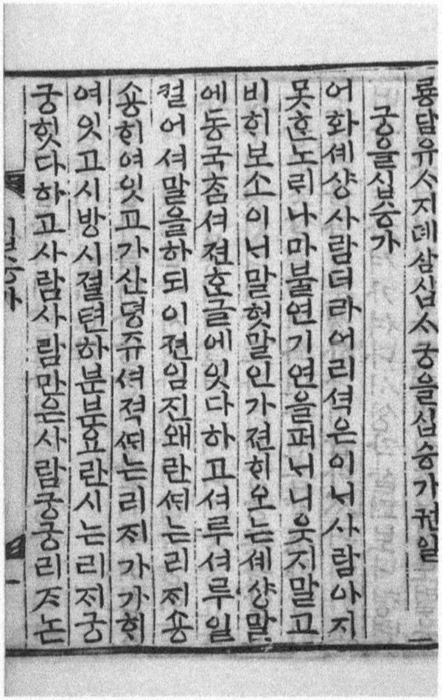

그림 52 《궁을십승가》

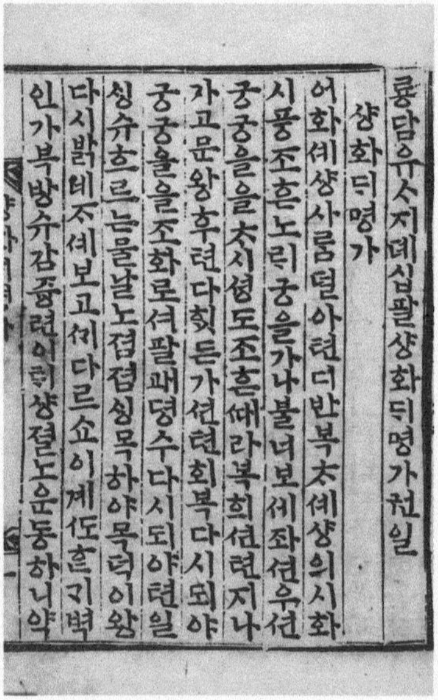

그림 53 《상화대명가》

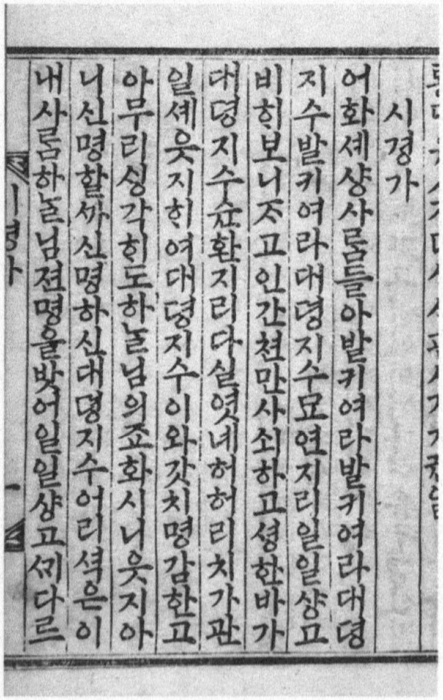

그림 54 《삼십팔시경가》

지 않고, 동학이 전통적인 종교임을 앞세우기 위한 것으로 해석하기도 합니다. 한글로 되어 있는 《용담유사》에는 '용담가', '안심가', '교훈가', '권학가', '흥비가', '도수가', '몽중노소문답가', '도덕가' 등이 있는데, 배우지 못한 서민이나 아녀자들에게 동학의 사상을 쉽게 이해하게 하려고 한글 전용으로 간행한 것입니다. 1860년(철종 11)에서 1863년 사이에 창작된 《용담유사》는 한문본 《동경대전》과 함께 동학의 양대 경전으로 일컬어집니다. 책 이름의 '용담(龍潭)'은 최제우의 출생지입니다.

이 책의 이본으로는 목판본 목활자본 필사본, 연활자본 등 다양하게 전하고 있습니다. 초간본은 1881년 최시형에 의해 충북 단양에서 간행되었을 것으로 추정되나 현전하지 않습니다. 현전 간본 중에는 1893년의 목활자본이 가장 오래된 판본입니다. 《용담유사》는 여러 가사를 하나로 묶은 책도 있고, 하나하나의 가사들을 별도로 성책한 것도 있습니다. 《용담유사》의 몇 개 가사들이 있는 그림 51~54 부분들을 참조하시기 바랍니다.

이들 동학 가사는 모두 한글 전용으로 되어 있습니다. 이는 서민들에게 읽히기 위한 것이지요. 그런데 《용담유사》에 보이는 한글 서체는 오늘날의 '민체(民體)'에 해당하는 것입니다.

기타 종교와 한글 문헌

이 이외에도 다양한 종교의 한글 문헌이 존재합니다. 예컨대 일본에서 들어온 '천리교(天理敎)'도 한글 문헌을 남겨 놓았습니다. 바로 1913년에 필사된 《천리교조(天理敎祖)》란 책입니다. 일본인 문학 박사 정상뢰국(井上賴圀)이 쓴 것입니다.

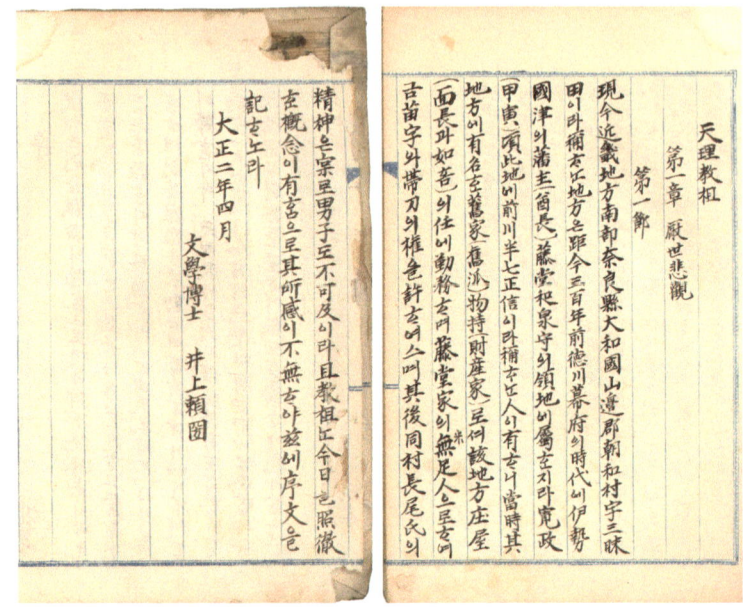

그림 55 《천리교조》

　　이상으로 우리 선조가 남겨 놓은 한글 문헌 중에서 종교와 연관된 것들로는 무엇이 있는지를 대략 살펴보았습니다. 그리고 각 종교들의 성격에 따라서 어떠한 특징을 보이는지도 살펴보았습니다. 이렇게 종교가 우리의 어문 생활에 미치는 영향은 대단한 것입니다.

3부 한글과 교육

1 한글을 어떻게 배워 왔을까요?

가뜩이나 후락한 예배당 안은 콩나물을 기르는 것처럼 아이들로 빽빽하다. 선생이 부비고 드나들 틈이 없을 만치 꼭꼭 찼다. 아랫반에서

「가」 자에 ㄱ 허면 「각」 허구

「나」 자에 ㄴ 허면 「난」 허구

하면서 다리도 못 뻗고 들어 앉은 아이들은, 고개를 반짝 들고 칠판을 쳐다보면서, 제비 주둥이 같은 입을 일제히 벌렸다 오무렸다 한다.

_1936 《상록수》 166~167쪽

이 글은 심훈의 《상록수》(1936)에 나오는 내용입니다. 농촌에서 어린이들에게 한글을 가르치는 모습을 단편적으로나마 보여 줍니다. 이 장면은 받침이 없는 '가 나 다 라' 등의 음절 글자들을 다 배우고, 받침이 있는 글자들을 가르칠 때의 모습이지요.

한글을 가르칠 때에는 자모를 제일 먼저 가르치고, 받침이 없는 음절 글자를 이어서 가르쳤던 것으로 보입니다.

이 가기 기웃 저 가기 기웃ᄒ다가 칙 한 권을 사서 둘둘 마라 옷깃에 씨르고 뒤 도라보지 안코 도라오니 그 칙 졔목은 〈초학언문〉이라 썻더라 이날붓터 퇴희가 가갸거겨 ᄒ며 주야로 힘써 비오더니 퇴희의 총명과 근근홈이 엇더케 남에게 쒸여나든지 닷시안에 반졀 밧침을 무불통지ᄒ야 뭇은 칙을 듸려 놋튼지 서슴는 것이 업더라 목동지의 깃분 마음은 무러 볼 것 업거니와 그 듸소룹게 역이지 안튼 정씨부인도 입이 썩 버러저서 칭찬을 흔다 _1912《광악산》4쪽

이 글은 1912년에 박건병(朴健秉)이 쓴 가정 소설 《광악산》(박문서관 발행)에 나오는 장면입니다. 이 소설에 등장하는 《초학언문》이란 책은 미국의 선교사 존스(Geo Heber Jones, 1867~1919)가 지어서 1895년에 간행한 책으로, 배재학당에서 한글을 가르칠 때 쓰이던 교재였습니다. 이 글에서 보듯이 받침이 없는 '가 갸 거 겨'를 배우고, 다시 받침이 있는 음절을 배웁니다.

그렇다면 'ㄱ ㄴ ㄷ ㄹ' 등의 자모를 배우고 난 후에 '가 나 다 라'와 같이 받침이 없는 음절 글자를 배우고, 이어서 '각 간 갇 갈'처럼 받침이 있는 글자를 배우는 방법은 언제부터 이루어졌을까요?

우리는 한글의 창제 목적이나 창제 이론 등은 많은 연구를 통해 잘 알고 있지만, 막상 이 한글을 어떻게 가르치고 배웠는지에 대한 연구는 그리 많지 않습니다. 한글 교육의 역사에 대한 연구가 소홀했다고나 할까요?

훈민정음이 창제된 이후에 우리나라 사람들은 훈민정음을 어떻게 배웠을까요? 특별히 한글을 배울 수 있는 교육기관도 없었고, 또 가르칠 사람이나 교재도 별로 없었을 터인데 말입니다. 그럼에도 불구하고 오늘날에는 한글 문맹률이 거의 0퍼센트에 해당할 정도이니, 어떻

게 이렇게 놀라운 일이 일어날 수 있었을까요?

한글을 언제부터 가르쳤을까요

1443년 훈민정음이 창제된 이후에 한글을 교육시킨 것만은 틀림없습니다. 최만리의 〈상소문〉에 한글을 습득시켰다는 기록이 보이기 때문입니다.

> 今不博採群議 驟令吏輩十餘人訓習, 又輕改古人已成之韻書, 附會無稽之諺文, 聚工匠數十人刻之, 劇欲廣布, 其於天下後世公議何如 〈세종실록 1444년 2월 20일 경자조〉
>
> 이제 넓게 여러 사람의 의논을 채택하지도 않고 갑자기 이배(吏輩) 10여 인으로 하여금 가르쳐 익히게 하며, 또 가볍게 옛사람이 이미 이룩한 운서(韻書)를 고치고 근거 없는 언문을 부회(附會)하여 공장(工匠) 수십 인을 모아 각본(刻本)하여서 급하게 널리 반포하려 하시니, 천하 후세의 공의(公議)에 어떠하겠습니까

이 글에서 '훈습(訓習)', 즉 '가르쳐 익히게 했다'는 것은 곧 훈민정음을 가르쳤다는 뜻입니다. 그러나 구체적으로 어떻게 가르쳤는지는 전혀 알 길이 없습니다. 1444년은 《훈민정음》 해례본이나 《훈민정음》 언해본이 출간되기 이전이라서 다른 교재들이 있었을 것으로 추정할 수 있으나 그것도 알 길이 없습니다.

훈민정음이 창제된 이후 한글 문헌은 주로 중앙에서 간행되었습니다. 지방에서 처음 한글 문헌이 간행된 것은 16세기 초였습니다. 최초

의 책은 1500년(연산군 6)에 경상도 합천(陜川) 봉서사(鳳栖寺)에서 간행된《목우자수심결언해(牧牛子修心訣諺解)》입니다. 물론 이 책은 중앙에서 간행한 책을 복각한 것이지만, 지방에서 이렇게 한글책이 간행되었다는 사실은 지방에서도 한글로 된 문헌을 해독할 줄 아는 사람이 있었음을 증명하는 것입니다.

그러나 한글 보급은 매우 미미했던 것으로 보입니다. 1504년(연산군 10)에 언문을 해독할 줄 아는 사람을 모조리 잡아 가두어 필적 감정을 한 적이 있었는데, 만약에 한글 해독자가 오늘날처럼 많았다면 도저히 그러한 일을 할 생각조차 하지 못했을 것입니다. 훈민정음 창제 약 60년 후의 일이지만, 이것으로 16세기 초에는 한글을 해독할 줄 아는 사람이 그리 많지 않았다는 것을 알 수 있습니다.

한글을 해독한 후에야 한자를 배웠다는 사실도 알 수 있습니다.《석봉천자문》이나《유합》등은 한자 아래에 한글로 그 석음을 달아 놓았는데, 한자를 배우기 위해서는 그 뜻과 음을 적어 놓은 한글을 해독할 줄 알아야 했던 것입니다.

한글을 배우는 순서는 어떠했을까요

한글을 배우는 첫 번째 교재는 1446년에 간행된 한문본《훈민정음》해례본이었을 것입니다. 그러나 한문을 잘 알아도 전문적인 지식을 갖추지 못하면 그 책의 뜻을 이해하기 어려웠을 것입니다. 그래서 그 내용을 줄여서《훈민정음》언해본을 낸 것이겠지요. 이《훈민정음》언해본이《월인석보》권1의 앞에 실려 있는 것은《월인석보》를 읽기 위해서는 한글을 알아야 했기 때문입니다.

그 후에 한글을 배우는 가장 중요한 책으로 여러분들이 잘 아는,

1527년에 간행된 최세진의 《훈몽자회》를 들 것입니다. 그 범례에 '언문자모'가 있는데, 그 순서는 다음과 같습니다.

	내용	예
1	초성종성통용팔자(初聲終聲通用八字) 초성과 종성에 두루 쓰이는 8자	ㄱ ㄴ ㄷ ㄹ ㅁ ㅂ ㅅ ㆁ
2	초성독용팔자(初聲獨用八字) 초성에만 쓰이는 8자	ㅋ ㅌ ㅍ ㅈ ㅊ ㅿ ㅇ ㅎ
3	중성독용십일자(中聲獨用十一字) 중성으로만 쓰이는 11자	ㅏ ㅑ ㅓ ㅕ ㅗ ㅛ ㅜ ㅠ ㅡ ㅣ ㆍ
4	초중성합용작자예(初中聲合用作字例) 초성과 중성을 합쳐 쓴 글자의 예	가 갸 거 겨 고 교 구 규 그 기 ᄀᆞ
5	초중종삼성합용작자예(初中終三聲合用作字例) 초성과 중성과 종성을 합자한 예	간 갇 갈 감 갑 갓 강

여기에서 보이는 순서가 곧 한글을 배우는 순서였을 것으로 생각됩니다. 그러니까 제일 먼저 'ㄱ ㄴ ㄷ ㄹ' 등의 자음 글자와 'ㅏ ㅑ ㅓ ㅕ' 등의 모음 글자를 배운 후, '가 갸 거 겨' 등의 받침이 없는 음절 글자를 배우고, 이어서 '각 간 갇 갈' 등의 받침이 있는 음절 글자를 배운 것입니다. 《훈몽자회》의 범례에서 이러한 내용이 있는 부분의 각 부분에 대한 설명, 예컨대 "其尼池梨眉非時異의 8자는 초성에 쓰고" 등의 설명이 있는 부분들을 빼 버리고 목록들만 묶어서 보면 다음과 같습니다.

그림 1에서 볼 수 있듯 《훈몽자회》의 범례를 이렇게 축약하여 보이는 것은 이 모습이 뒤에 나오는 문헌들의 모범이 되었기 때문입니다. 예를 들어서 1569년에 안심사에서 간행된 《진언집(眞言集)》에 나오는 '언본십육자모(諺本十六字母)'는 바로 이 《훈몽자회》의 범례와 거의 유

諺文字母 俗所謂反切 二十七字
初聲終聲通用八字
ㄱ其役 ㄴ尼隱 ㄷ池(末) ㄹ梨乙 ㅁ眉音 ㅂ非邑 ㅅ時(衣) ㆁ異凝
(末)(衣)兩字只取本字之釋俚語爲聲
其尼池梨眉非時異八音用於初聲
役隱(末)乙音邑(衣)凝八音用於終聲
初聲獨用八字
ㅋ(箕) ㅌ治 ㅍ皮 ㅈ之 ㅊ齒 ㅿ而 ㅇ伊 ㅎ屎
(箕)字亦取本字之釋俚語爲聲
中聲獨用十一字
ㅏ阿 ㅑ也 ㅓ於 ㅕ余 ㅗ吾 ㅛ要 ㅜ牛 ㅠ由
ㅡ應不用終聲 ㅣ伊只用中聲 ㆍ思不用初聲
初中聲合用作字例
가갸거겨고교구규그기ᄀᆞ
初中終三聲合用作字例
간肝 갇(笠) 갈(刀) 감(柿) 갑甲 갓(皮) 강江

그림 1 《훈몽자회》 범례(1527)

諺本 初聲終聲通用八字
ㄱ其役 ㄴ尼隱 ㄷ池(末) ㄹ梨乙
ㅅ時(衣) ㆁ異凝
初聲獨用八字
ㅋ(箕) ㅌ治 ㅍ皮 ㅈ之 ㅊ齒 ㅿ而
中聲獨用十一字
ㅏ阿 ㅑ也 ㅓ於 ㅕ余 ㅗ吾
ㅡ應不用終聲 ㅣ伊只用中聲 ㆍ思
初中聲合用作字例
初中終三聲合用作字
간肝 갇(笠) 갈(刀) 감(柿) 갑甲

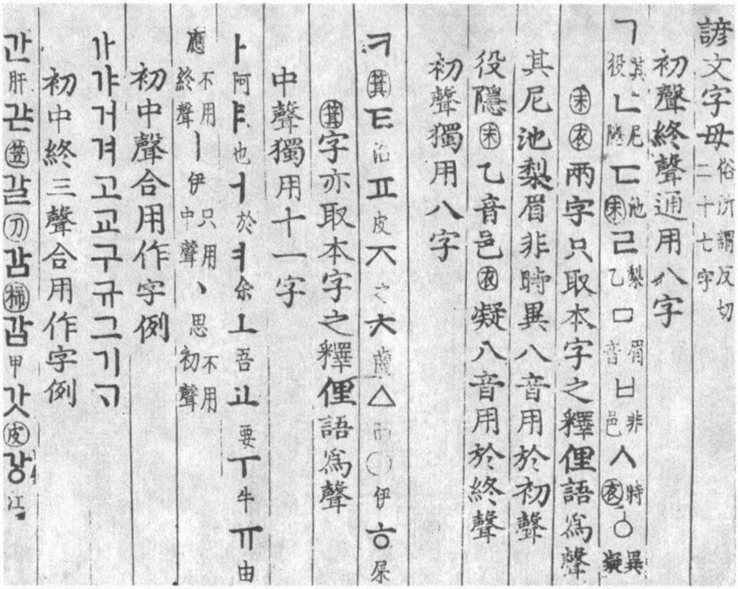

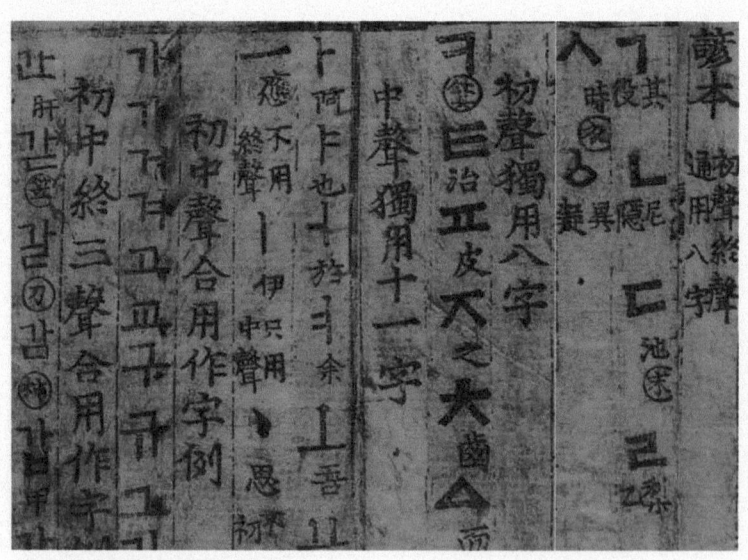

그림 2 《진언집(眞言集)》(1569)

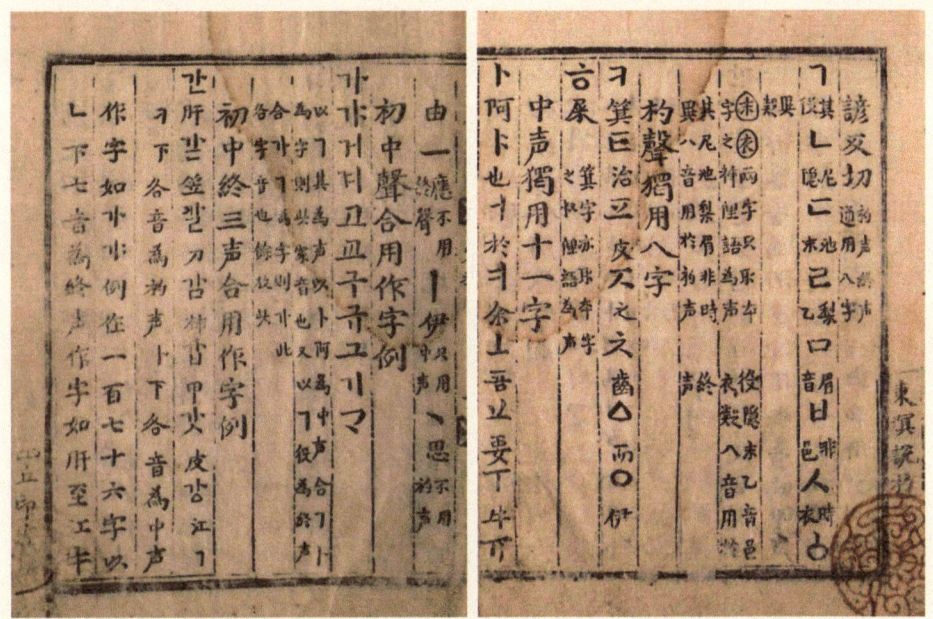

그림 3 《밀교집(密教集)》

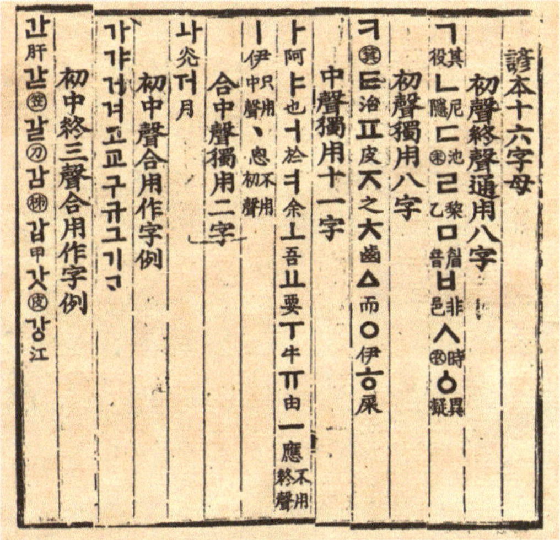

그림 4 《진언집》의 설명 부분을 생략한 그림

사합니다. 《진언집》에 나오는 내용 중에서 설명 부분을 빼고 나열해 보면 쉽게 아실 수 있을 것입니다.

그림 2는 《진언집》 언본(諺本)의 설명 부분을 생략하고 목록만 제시한 것입니다. 이것은 《훈몽자회》와 동일한 모습을 보입니다. 이 내용은 1784년에 쌍계사에서 간행된 《개간비밀교(開刊秘密敎)》(줄여서 《밀교집(密敎集)》이라고도 함)의 '언문절(諺文切)'에도 그대로 등장합니다. 이 책의 '언문절' 부분을 편집하지 않은 상태로 보면 그림 3과 같습니다.

그런데 이것이 그림 4에서 볼 수 있듯 1777년(정조 1) 만연사(萬淵寺)에서 간행한 《진언집》 중간본에 가면 달라진 모습을 보입니다. 《진언집》에서 달라진 것은 '합중성독용이자(合中聲獨用二字)'로 'ㅘ, ㅝ'가 추가된 것입니다. 이렇게 여러 가지 문헌을 본 것은 최세진의 《훈몽자회》 범례가 한글 교육의 규범처럼 작용하였음을 증명하기 위한 것입니다. 결국 한글을 교육하기 위한 교재는 최세진의 《훈몽자회》 범례에 보이는 '언문자모(諺文字母)'가 그 중심이 되었을 것으로 추정할 수 있습니다. 《훈몽자회》 이전에 이와 같은 기록이 또 있었을 가능성은 있지만, 아직까지는 《훈몽자회》가 오늘날까지 발견된 문헌 중에서 가장 오랜 것입니다.

언문 반절표에 의한 한글 교육

앞에서 보인 '언문자모'에 의한 한글 교육이 초기의 한글 교육 방법이었다고 한다면, 그 다음 단계는 '언문 반절표'에 의한 한글 교육일 것입니다. '언문 반절표'는 '언문자모'보다 더 구체적인 내용을 담은 것으로, 원래 '반절'이란 말은 '성모(聲母)'와 '운모(韻母)'로 한자음 1음절을 표시하는 방법입니다. 예를 들어서 한자 '東(동)'의 음을 표시하기 위하여 '德紅反切(덕홍반절)'이라고 하였는데, '德(덕)'에서 성모, 즉 't'를 따고 '紅(홍)'에서 운모, 즉 'oŋ'을 합쳐 이 한자의 음이 'toŋ(동)'이라는 사실을 밝히는 방법이었습니다. 한글의 초성과 중성이 결합하여 1음절을 표기하는 방법이 그와 유사한 데서 한글의 이름이 된 것으로 추정됩니다. 《훈몽자회》의 '언문자모'를 설명하는 부분에서 한글을 "민간에서는 반절이라고도 한다(俗所謂反切二十七字)"는 기록이 있어서 반절이라고도 한 것입니다.

1. 《객관최찬집(客館璀粲集)》의 언문서(諺文書)

지금까지 알려진 반절표 중에서 가장 이른 시기의 것으로는 《객관최찬집(客館璀粲集)》(1719)의 '언문서(諺文書)'가 알려져 있습니다. 일본에서 간행된 것으로 그림 5와 같습니다.

이 반절표에서는 이미 자모의 명칭은 사라지고 자음 글자만 보이고

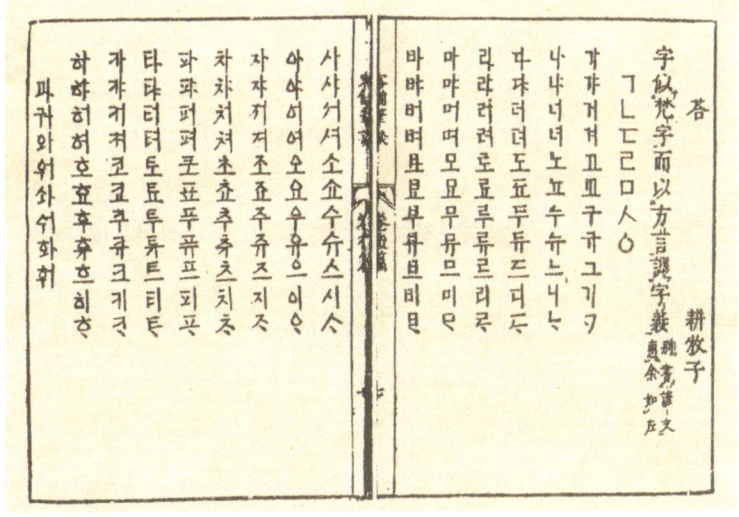

그림 5 《객관최찬집(客館璀粲集)》

있는데 'ㅂ' 자가 빠져 있습니다. 아마 실수일 것입니다. 모음자는 자음 글자와 결합한 형태로 나타나고 있습니다. 그래서 받침이 없는 음절 글자 154자에다가 '과 궈 와 워 솨 숴 화 훠'의 8자를 합하여 162자의 음절을 제시하고 있습니다. 《훈몽자회》나 《진언집》에 보였던 'ㅿ'이 사라지게 된 것입니다. 이 반절표는 초성과 중성의 모든 결합, 그리고 첫 행의 종성을 받침으로 쓰면 국어의 가능한 모든 음절의 표기를 보여 주게 됩니다.

즉 첫 행의 'ㄱ ㄴ ㄷ ㄹ ㅁ ㅂ(여기서는 빠졌지만) ㅅ ㅇ'에서 두 번째 행에 보이는 '가 갸 거 겨 고 교 구 규 그 기 ᄀᆞ'를 배우고, 여기에 각각 '각 간 갇 갈 감 갑 갓 강'을, 이어서 '갹 걍 걷 걀 걈 갑 걋 걍' 등으로 배워 나가는 것입니다. 여기에 자모 8자만을 쓴 이유는 그 당시에 종성으로 이 여덟 자만을 썼기 때문입니다. 마지막 행에 '과 궈 와 워 솨 숴 화 훠'를 넣은 것은 중성 'ㅗ, ㅜ'와 'ㅏ, ㅓ'의 결합을 가진 글자를 보이기 위한 것입니다. 그래서 이 표에는 초성과 중성이 결합된 국어의 음절을 적는 글자가 거의 다 나타납니다. 다만 '걔, 게' 등은 나타날 수 없습니다. 그러니 이렇게 간단한 표를 만들어 가지고 있으면 한글을 배우는 데 매우 능률적일 것입니다.

2. 《화한창화집(和韓唱和集)》의 조선언문(朝鮮諺文)

반절표는 계속 등장합니다. 1719년에 일본에서 간행된 《화한창화집(和韓唱和集)》의 '조선언문(朝鮮諺文)'에도 마찬가지 모습이 보입니다.

여기에는 흥미롭게도 'ㄱ ㄴ ㄷ ㄹ ㅁ ㅂ ㅅ ㅇ'의 뒤에 'ㅣ'가 포함되어 있습니다. 앞에서 말씀드린 바와 같이 '걔, 게' 등을 나타낼 수 없었던 것을 보완한 셈입니다. 즉 그 'ㅣ'를 보통 '딴이'라고도 하고 '외이'라고도 하는데, 일종의 받침자를 추가한 것입니다. 이 '딴이'가 있

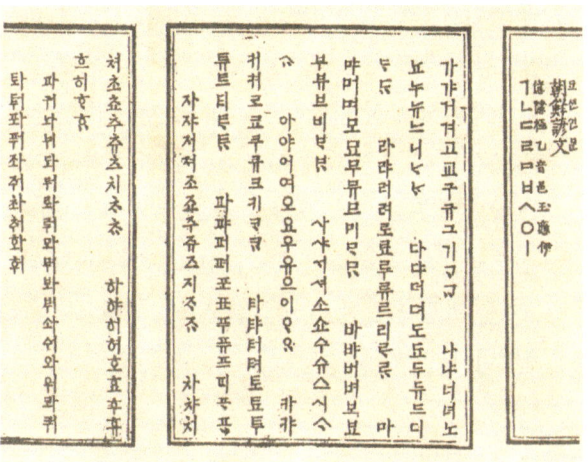

그림 6 조선언문(朝鮮諺文)

으면 '개, 걔' 등도 나타낼 수 있는 것입니다. 이러한 모든 면을 다 갖춘 반절표를 보면서 설명을 드리도록 하지요.

3. 《일용작법(日用作法)》

1869년에 간행된 그림 7의 《일용작법(日用作法)》 책에는 '언본(諺本)'이라고 하는 반절표가 실려 있습니다. 스님들에게 한글을 가르치기 위해 만든 것으로 추정됩니다.

그림 7의 표에는 앞에 9자의 받침자가 있고, 16행의 음절표가 있습니다(여기에서 자모의 배열 순서 등은 설명하지 않도록 합니다). 받침 없는 자모는 여기에 다 제시되어 있고, 이들 음절 글자에 받침자를 덧붙이면 '각, 간' 등으로 변화합니다. 그러나 문제는 '개, 걔' 등인데 소위 '딴이(而)'를 붙이면 됩니다. 더 큰 문제는 된소리 표시의 각자병서(같은 자음 두 글자를 가로로 나란히 붙여 쓰는 일, 또는 그렇게 만든 글자로 ㄲ, ㄸ, ㅃ, ㅆ, ㅉ 따위가 있다)인데, 이것은 소위 '옆받침'이라고 하여 '가'

에 옆받침 'ㄱ'을 붙이면 '까'가 되도록 교육을 하는 것입니다. '다'에 옆받침 'ㄷ'을 하면 '따'가 되고, 여기에 '딴이'를 붙이면 '때'가 되고, 여기에 다시 종성의 받침 'ㄱ'을 붙이면 '땍'이 되는 것으로, 한글의 모든 음절을 다 표시할 수 있도록 가르치는 것이 이 반절표입니다. 종이 한 장으로 된 표만 있으면 한글을 다 익힐 수 있으니, 이 언문 반절표는 오랜 동안 한글 교육의 중요한 교재가 되었습니다.

이들 반절표는 한 장의 목판본으로 간행되어 널리 유행했던 것으로 보입니다.

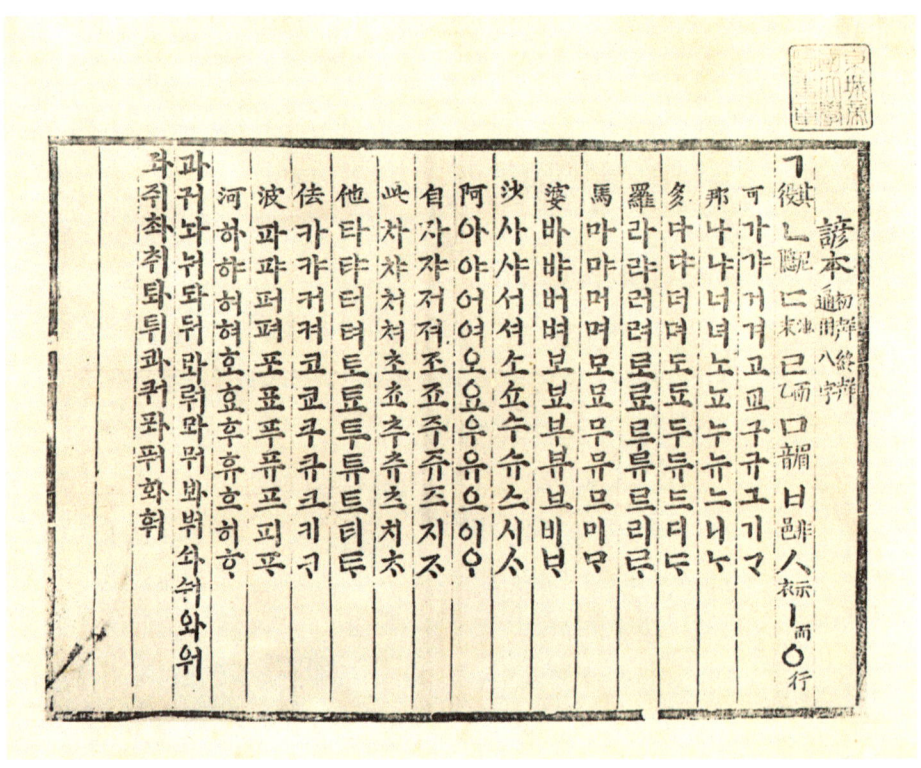

그림 7 《일용작법(日用作法)》의 '언본'(두 쪽을 합친 그림)

4. 〈정축 신간 반절표(丁丑 新刊 反切表)〉

1877년에 간행된 것입니다. 크기는 세로 27센티미터, 가로 32.7센티미터입니다. 맨 왼쪽 중간에 '정축신간반절(丁丑新刊反切)'이란 간기가 보입니다. 혼인궁합법, 삼재법, 직성법, 구구법, 육갑 등이 함께 인쇄되어 있습니다. 일상생활에 필요한 내용이 들어 있는 셈입니다.

'가' 행에는 '개'를, '나' 행에는 '나비'를, '다' 행에는 '닭'을, '라' 행에는 '라(나)팔'을, '마' 행에는 '말'을, '바' 행에는 '배'를, '사' 행에는 '새'를, '아' 행에는 '아기'를, '자' 행에는 '자'를, '차' 행에는 '채'를, '카' 행에는 '칼' 등을 그려 넣어서 이해를 돕도록 했습니다.

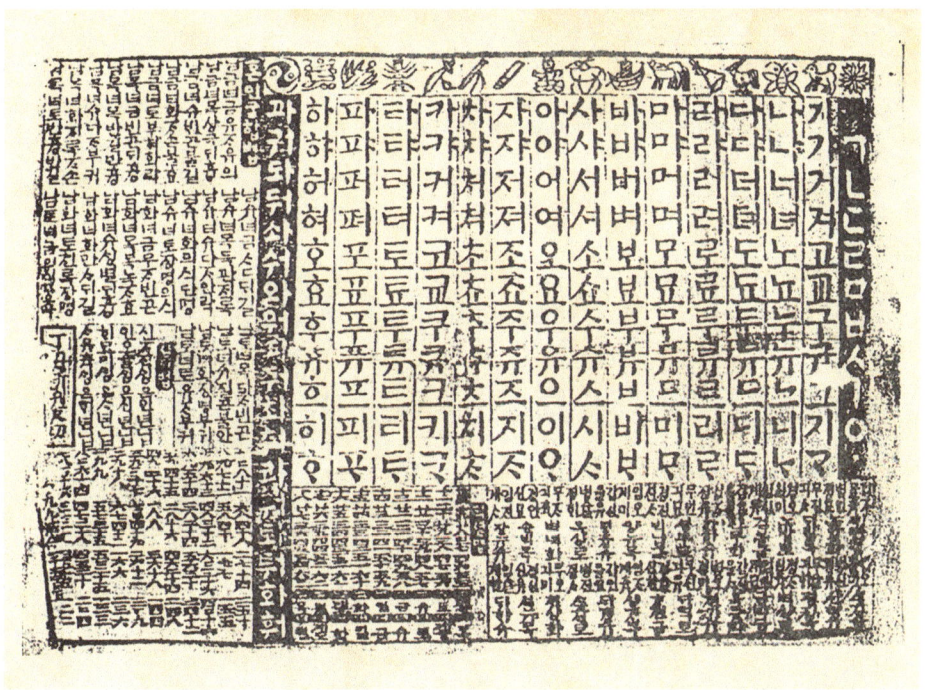

그림 8 〈정축 신간 반절표(丁丑 新刊 反切表)〉

5. 〈기축 신간 반절표(己丑 新刊 反切表)〉

1889년에 1장의 목판으로 간행된 반절표입니다. 앞의 1877년 간행의 판본과 유사합니다.

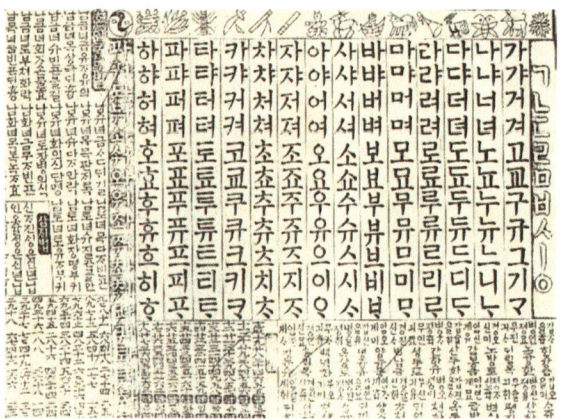

그림 9 〈기축 신간 반절표(己丑 新刊 反切表)〉

6. 19세기 간본 반절표

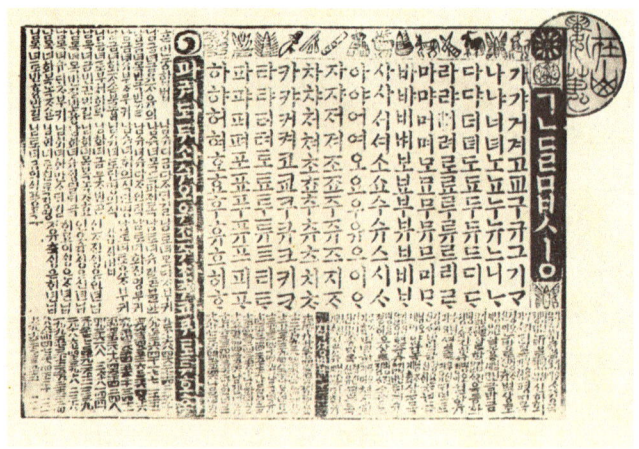

그림 10 19세기 간본 반절표

7. 1918년 간행의 반절표

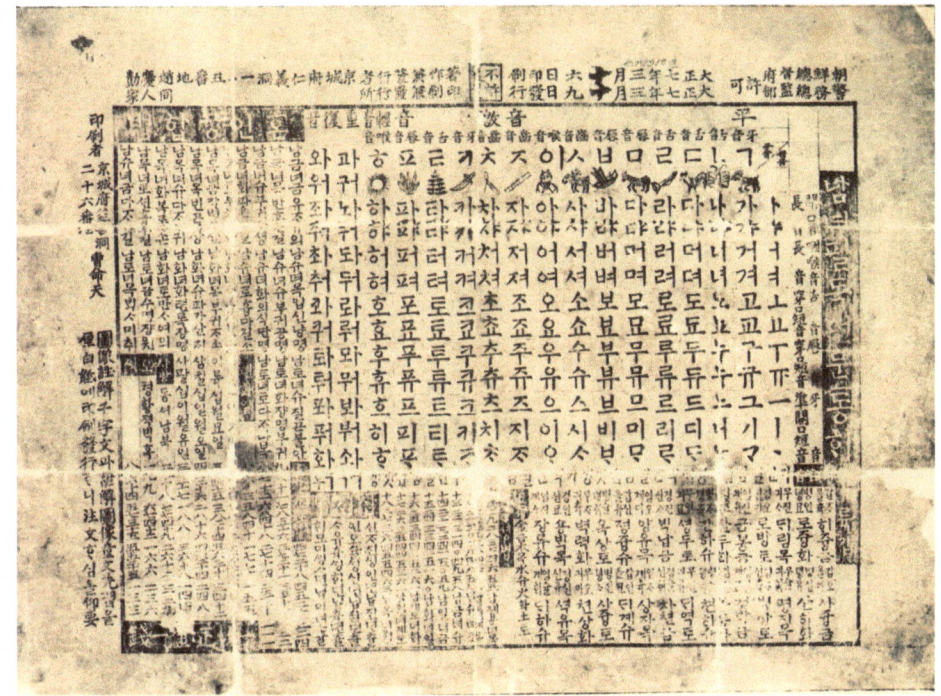

그림 11 1918년 간행의 반절표

8. 대한 국문(大韓 國文)

이 반절표는 매우 특이합니다. 모음에 '='가 추가되어 있습니다. 김민수 선생님의 연구에 의하면 이 반절표의 저자는 지석영 선생이고, 제작 연대는 1905년으로 알려져 있습니다.

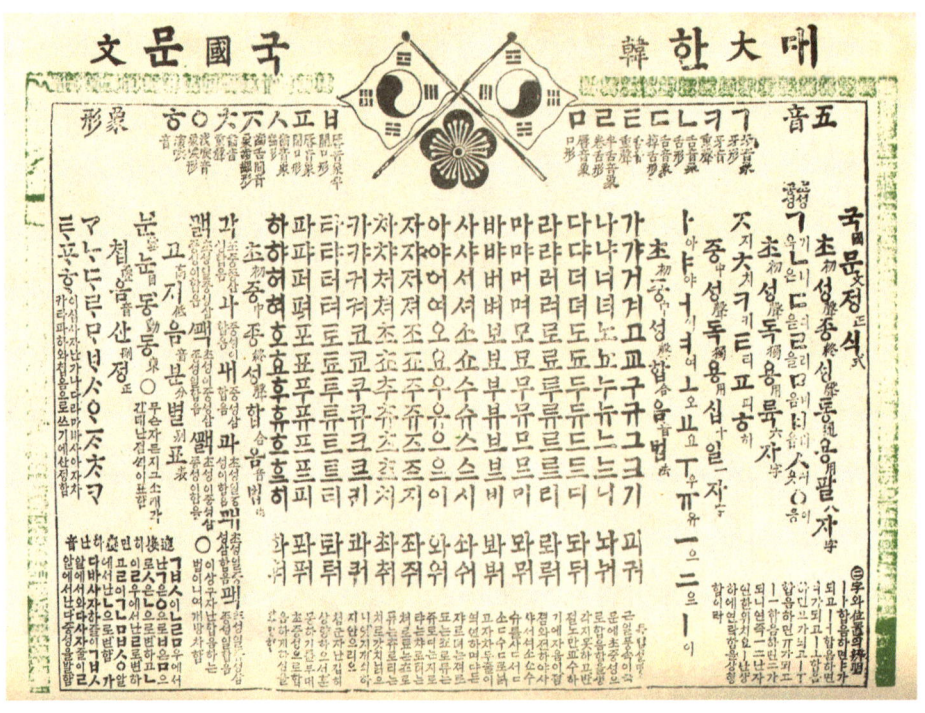

그림 12 대한 국문(大韓 國文)

9. 《언삼국지》의 반절표

《언삼국지》라고 하는 완판본 고소설에는 앞부분에 이 반절표가 들어가 있습니다. 한글 소설을 읽으려면 반드시 한글을 해독해야 하기 때문에 고소설에도 이 반절표가 들어가 있습니다.

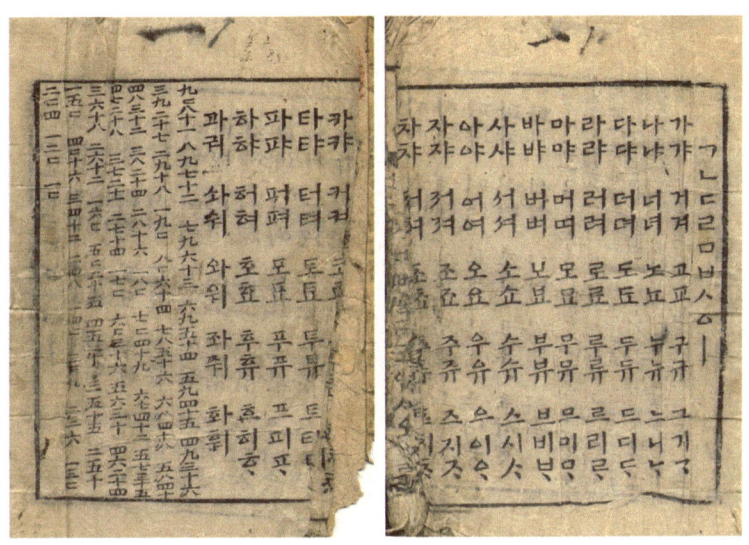

그림 13 《언삼국지》

10. 필사본 반절표

　이외에도 많은 교과서에서 반절표를 제시하고 있습니다. 예컨대 1896년에 간행된 《신정심상소학》을 비롯해서 1908년에 간행된 것으로 보이는 《몽학필독》, 1906년에 간행된 《초등소학》, 1908년에 간행한 《최신초등소학》 등에는 각각 상이한 반절표를 달고 있습니다. 이 반절표는 심지어 지리 교과서 등에도 실려 있어서, 20세기 초기의 교과서 편찬에서 거의 필수적인 요소가 아니었나 생각됩니다.

　반절표는 이렇게 인쇄된 것만 있었던 것이 아닙니다. 필자가 가지고 있는 필사본 언문 반절표를 볼까요? 절첩본으로 되어 있는데, '초등국문집장'이란 제목이 붙어 있습니다. 이 반절표는 전남 임실군 성수면 양지리에 사는 박씨 문중에서 한글을 배우기 위해 만들어 놓은 것입니다. 마지막에 "성수면 양지리 석현동 박씨 문중 자손게게"라는 기

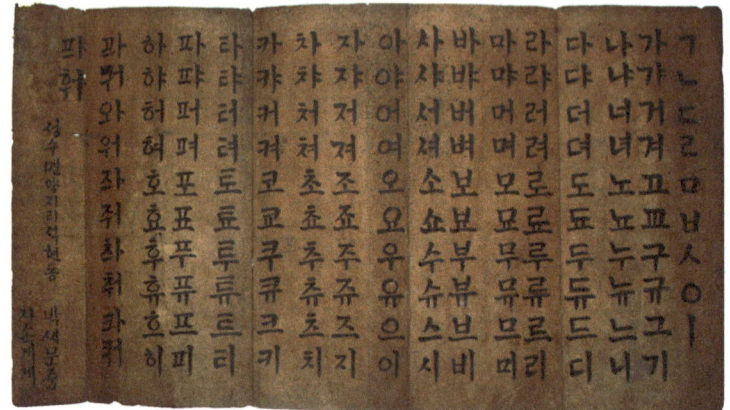

그림 14-2 전남 임실군 박씨 문중의 반절표   그림 14-1 표지

록으로 그 사실을 알 수 있습니다. 이 반절표의 크기는 세로가 36센티미터, 가로가 54.5센티미터입니다.

종교계의 반절표에 의한 한글 교육

1. 불교계

불교계에서는 앞에서 보인 바와 같은 《진언집》이나 《밀교집》 등의 앞에 한글을 배우기 위한 장치를 마련하여 놓았지만, 그 후대에는 한 장짜리의 반절표를 만들어 사용하였던 것으로 보입니다. 다음 반절표는 표지를 모두 비단으로 싸서 만들어 놓고 앞에는 언문 반절표를, 그 뒤에는 '한글다라니경'을 인쇄하여 두 장짜리의 책자로 만든 것입니다. 제첨에는 첫 글자가 안 보이지만, 뒷부분에는 '반절(半切)'이라고 되어 있습니다. 크기는 세로가 24센티미터, 가로가 4.6센티미터입니다.

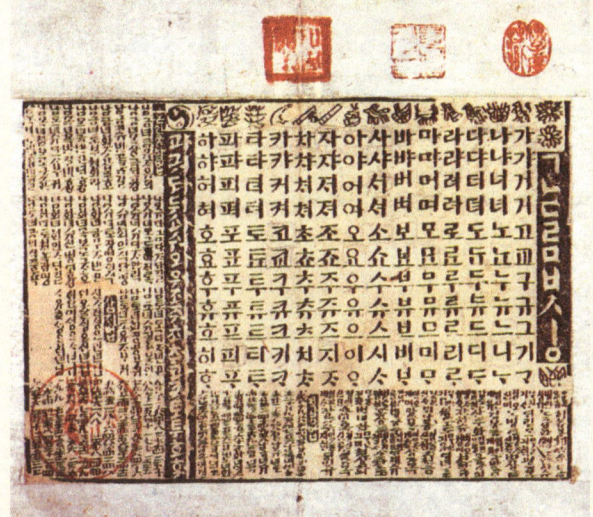
그림 15-2 반절표 부분

그림 15-1 표지

그림 16 다라니경 부문

2. 기독교계

기독교에서도 이 반절표를 만들어 한글을 익히게 하고 한글 성경을 읽게 하였습니다. 1917년에 연활자로 찍은 '언문초학'이란 제목의 언문 반절표가 있습니다. 그리고 그 옆에는 성경 구절이 있습니다. 세로 19센티미터, 가로 27.2센티미터로 뒷면에는 앞에서 시작한 성경 구절이 계속됩니다. 그리고 충북 청주군 금산리에 사는 미국인 민노아(閔老雅)가 만들었다는 기록이 나옵니다. 인쇄는 물론 서울에서 했네요.

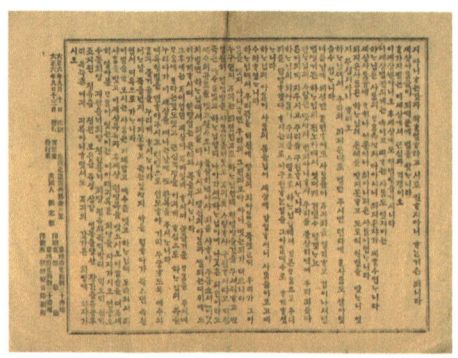

그림 17-2 〈언문초학〉 뒷면

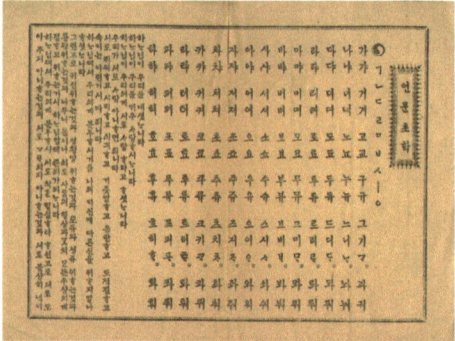

그림 17-1 〈언문초학〉 앞면

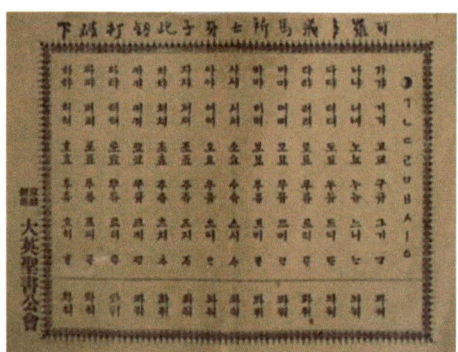

그림 18 대영성서공회 반절표

또한 간행 연도는 알 수 없지만, '대영성서공회'에서 만든 반절표도 있습니다.

계몽운동으로서의 한글 교육

한글 교육은 20세기에 들어와서 일종의 애국 운동으로 번져 나갑니다. 그래서 각 지방자치단체에서나 또는 언론사에서 각각 한글 교육을 실시하는데, 그 교재들이 매우 다양합니다. 몇 가지만 소개하지요.

1. 문교부

문교부의 성인교육국에서 군인들에게 한글을 가르치기 위해 만든 전단지가 있습니다. 세로가 15센티미터이고, 가로가 약 60센티미터입니다. 오른쪽 부분이 찢겨져서 일부를 알아볼 수가 없습니다. 여기에도 언문 반절표가 붙어 있습니다. 일부만 보도록 합니다.

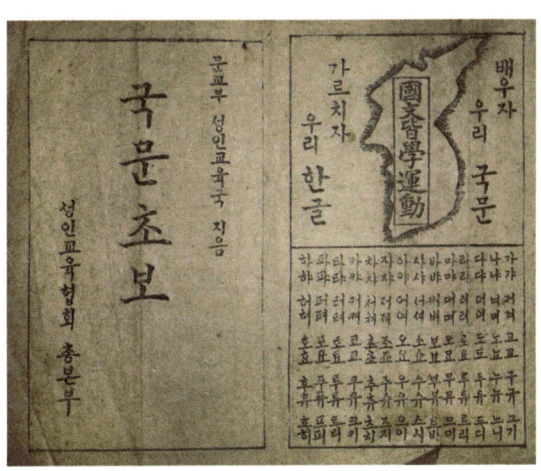

그림 19 문교부 《국문초보》

2. 충청북도

충청북도에서 한글을 가르치기 위해 《국문초보》라고 하는 절첩본을 만든 것이 있습니다. 발행 연도는 알 수 없습니다. 세로 14.3센티미터, 가로 49센티미터의 크기로 만들었는데, 애국가와 함께 반절표가 나오고 뒤에는 '닿소

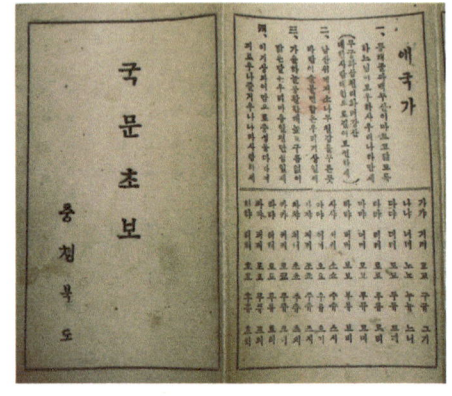

그림 20 충청북도 《국문초보》

리', '홀소리', '익힘' 등의 한글 교육 자료들이 있습니다.

3. 계몽운동 경상북도협회

계몽운동 경상북도협회에서 만든 〈성인교육용 한글 첫거름〉이란 낱장짜리가 있습니다. 반절표이지만 매우 자세하게 기록되어 있어서 많은 도움이 됩니다. 이 시기에는 애국 운동으로 제작된 것이 대부분이라 항상 애국가가 같이 기록되어 있는 것이 그 특징입니다. 크기는

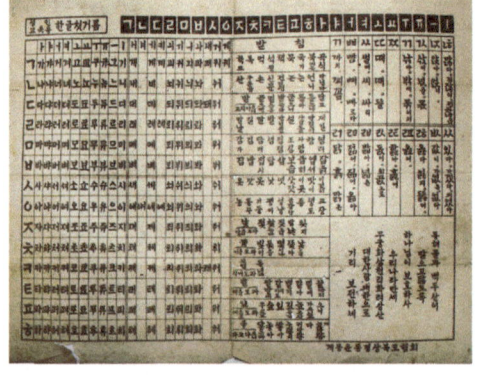

그림 21 〈성인교육용 한글 첫거름〉

세로 25.7센티미터이고 가로가 36.2센티미터입니다.

4. 외국인용 한글 교재

내국인을 위해서가 아니라 외국인을 위해서 만든 반절표도 있습니다. 한국전쟁에 참전했던 외국인에게 한글을 가르치기 위해 만든 낱장짜리 반절표로, 왼쪽에는 '연합군환영'이란 한글과 한자가 보이고 알파벳까지 썼습니다. 그러나 오른쪽에는 한글 반절표가 있어서 외국인에게 한글을 가르치기 위한 것임을 알 수 있습니다. '속성 한글'이란 제목이 아래에 보입니다.

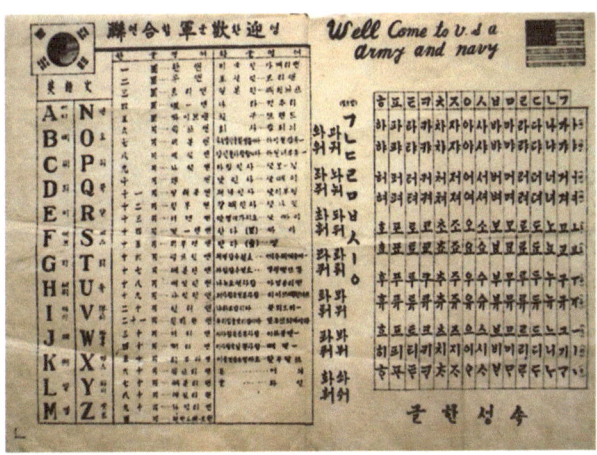

그림 22 외국인용 한글 교재

5. 동아일보사의 《한글 공부》

동아일보사에서 학생계몽대용으로 만든 《한글 공부》라고 하는 조그마한 책자가 있습니다. 크기는 세로가 19센티미터이고, 가로가 12.7센티미터입니다. 1934년에 이윤재(李允宰) 선생이 만든 것으로 모두 21쪽의 책자입니다. 2011년 12월에 근대문화재로 등록이 되었습니다. 마지막 쪽에는 '문맹타파가'가 들어 있습니다. "귀 있고도 못 들으면 귀먹

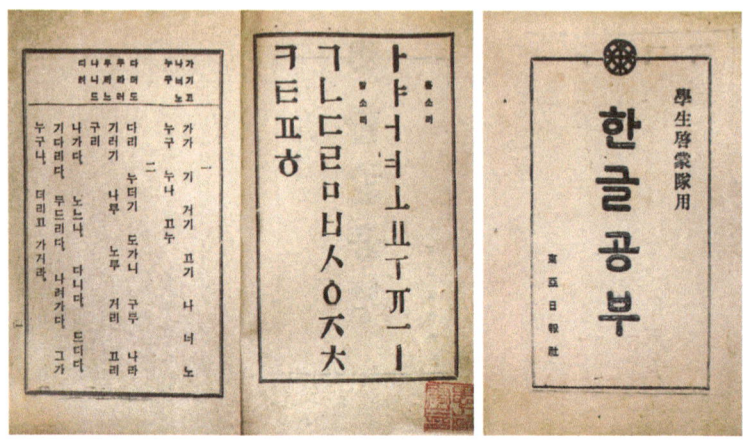

그림 23-2 《한글 공부》 1~2쪽   그림 23-1 《한글 공부》 표지

어리요 입 가지고 말 못하면 벙어리라지 눈 뜨고도 못 보는 글의 소경은 소경에도 귀벙어리 또 벙어리라"로 시작되는 글입니다. 곡조는 〈권학가〉('소년은 易老하고'와 같음)와 같다고 하였습니다. 표지와 앞쪽은 그림 23-1, 23-2와 같습니다.

분판에 한글 연습하기

그림 24 분판

이러한 반절표를 배우고 나서 쓰기 연습을 해야 하는데, 옛날에는 칠판이 없었기 때문에 분판에다가 연습을 했습니다. 한지를 두껍게 붙여서 두꺼운 종이를 만들고, 거기에 기름을 먹여 먹이 묻어도 물로 닦으면 곧 지워지도록 만든 것이 분판입니다. 붓으로 글씨를 써서 연습하고 곧 물로 닦으면 지워져 다시 붓으로 연습하곤 한 것입니다. 오늘날 남아 있는 분판도 많지는 않지만, 거기에 한글을 연습한 분판은 더 드뭅니다. 필자가 가지고 있는 분판에는 한글 반절표의 '와 워' 행을 연습한 흔적이 보입니다. 이 분판은 세로가 28.8센티미터이고 가

로가 9센티미터인데, 8겹의 절첩본으로 되어 있으니 실제 가로 크기는 72센티미터인 셈입니다. 그 한 면에는 한글을 연습한 흔적이 있습니다.

현대의 한글 공부표

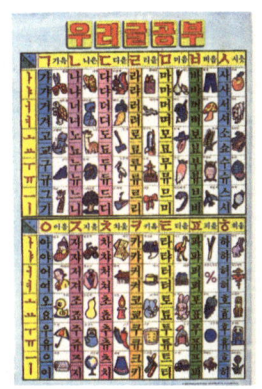

그림 25 우리글 공부표

현대에도 이러한 반절표와 유사한 한글 공부표가 있습니다. 학용품을 파는 가게에 가면 어디에서나 볼 수 있을 것입니다. 우리의 것은 너무 흔하니까 중국 동포들의 우리글 공부표를 하나 소개하면 그림 25와 같습니다.

놀이를 통한 한글 교육

한글을 배우려면 꼭 이러한 반절표만 이용하는 것은 아닙니다. 재미있게 한글을 공부하기 위해서 놀이를 통해 한글을 공부하기도 했습니다.

1. 조선문연습도

다음에 보이는 그림은 〈조선문연습도(朝鮮文練習圖)〉입니다. 《시문신독본(時文新讀本)》이라는 책의 부록으로 나온 것인데, 20세기 초 영남 학자인 황응두(黃應斗) 선생이 만든 것입니다. 이 책이 1927년에 간행된 것이니 이 연습도도 같은 해에 나온 것입니다.

노는 법은 이 그림에 들어 있는 제1조와 제2조, 제3조에 자세히 설명되어 있습니다. 주사위를 가지고 노는 것인데, 주사위를 던져서 1점이 나오면 '아야'에 가고 2점이 나오면 '어여'에 가고 3점이 나오면 '오요'에 가고 4점이 나오면 '우유'에 가고 5점이 나오면 '으이'에

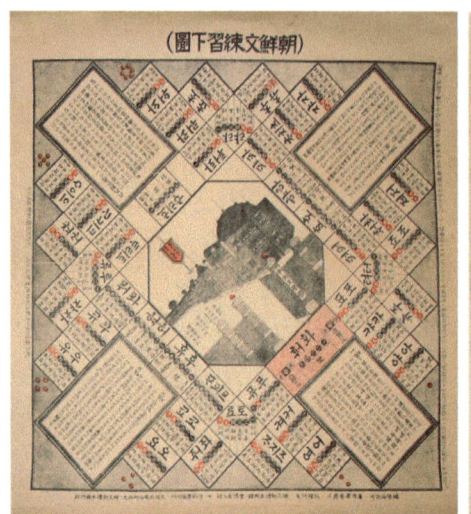 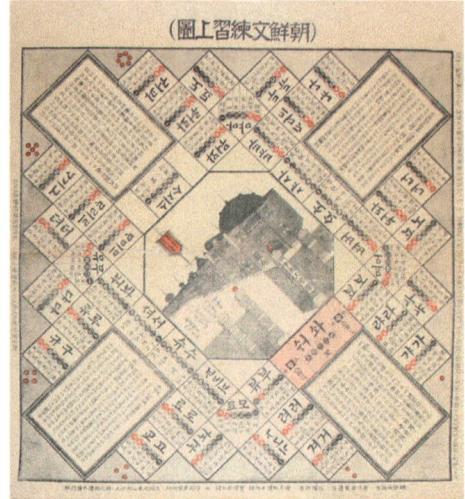

그림 26 〈조선문연습도(朝鮮文練習圖)〉

가고 6점이 나오면 '중앙대학관(中央大學館)'으로 올라가게 되어 있습니다. 중앙대학관에 빨리 가는 사람이 이기는 놀이로 주사위로 놀면서 흥미롭게 한글을 익히는 것입니다. 모두 두 장으로 되어 있는 이 연습도에는 한자를 배우는 것도 같이 있습니다.

2. 본문뒤풀이

한글을 익히면서 문장까지 함께 익히는 놀이가 있습니다. '본문뒤풀이'라는 놀이로 대개 두루마리로 되어 있는 가사 형태입니다. '가갸 거겨 고교 구규'로부터 시작하여 맨 마지막에 '하햐 허혀 호효 후휴 흐히 ᄒ'로 끝나고, 다시 'ㄱ ㄴ ㅁ ㅂ ㅅ ㅇ'으로 끝납니다. '가갸'에는 '가'로 시작하는 문장을 쓰고, '거겨'에는 '거'로 시작하는 문장을 쓰도록 되어 있습니다. '가갸'에서 '루류'까지만 소개하도록 합니다.

본문뒤풀이

가갸 : 가련한 임 이별은
거겨 : 거연 금연 돈절하다
고교 : 고언 임을 거기 두고
구규 : 구경을 이질손야
그기 : 그 말이 엇잔 말고
ᄀᆞ : ᄀᆞ자 ᄀᆞ자 늬 가리라
나냐 : 나 죽으며 네 못 살며
너녀 : 너 죽어며 늬 못 살며
노뇨 : 노상 힝인 져문 날에
누뉴 : 누두망월 쎠러진다
느니 : 느러진 양유가지
ᄂᆞ : ᄂᆞ에 목을 잘를소야
다댜 : 다졍한 상사몽을
더뎌 : 덧업시 씨여구나
도됴 : 도화원 젹막한듸
두듀 : 두견셩 쓴이로다
드디 : 드러가난 사신힝차
ᄃᆞ : ᄃᆞ시 올 줄 모라도다
라랴 : 라라가 난 져기력아
러려 : 러를 보니 심회로다
로료 : 로류장화 썩거쥐고
루류 : 루라함 기히로 할고

그림 전체는 다 보지 못하고, 앞부분과 뒷부분만 보도록 합니다.

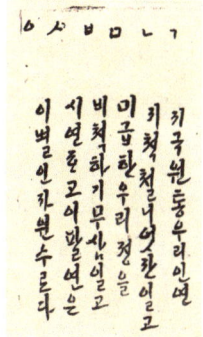

그림 27-4 본문뒤풀이 마지막

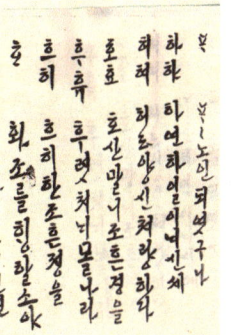

그림 27-3 본문뒤풀이 마지막에서 두 번째

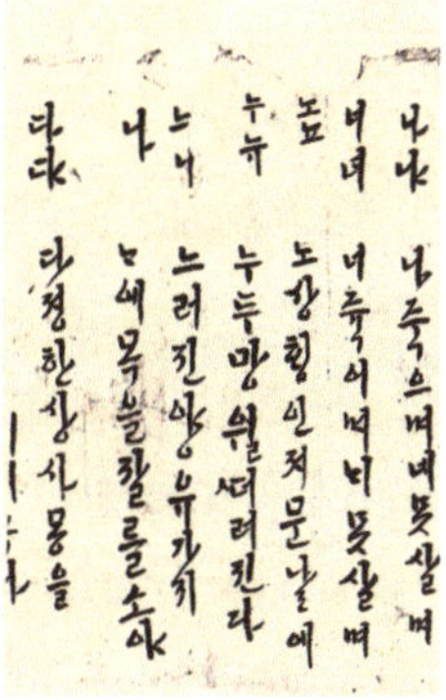

그림 27-2 본문뒤풀이 2

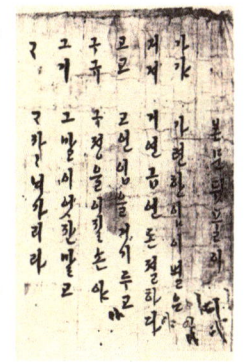

그림 27-1 본문뒤풀이 1

3. 정문틀

이 놀이판은 원형의 종이판으로 모두 네 판으로 되어 있으며, 각각의 판을 좌우로 돌릴 수 있도록 했습니다. 판의 이름이 붙은 판(19자)과 닿소리판(21자), 홀소리판(28자), 그리고 빋침판(28자)으로 되어 있습니다. 닿소리와 홀소리를 어울려서 마음먹은 글자를 만들고, 다시 받침판의 글자를 선택해서 마음먹은 받침 있는 글자를 만드는 도구입니다. 매우 화려하게 만들어 어린이들이 쉽게 놀이를 할 수 있도록 만들었습니다. '정문틀'이라는 이름으로 특허 제1165호를 부여받았습니다. 아마도 1950년도쯤에 만든 것이 아닌가 하는 생각이 듭니다.

그림 28 정문틀

마무리

이처럼 여러 가지 자료를 통해 우리 선조들은 훈민정음이 창제된 이후부터 한글을 익히는 데 많은 노력을 해 왔다는 사실을 알 수 있습니다. 어떻게 하면 쉽고 재미있게 한글을 익히게 할 수 있을까를 고민하여 만든 것이, 최세진이 《훈몽자회》의 범례에서 보인 '언문자모'(1527)입니다. 이를 규범적인 것으로 받아들여 이용하다가 좀 더 자세한 '언문 반절표'를 만들었습니다. 이 반절표는 처음에는 받침으로 쓸 수 있는 8자와 '가갸'부터 시작하여 '하햐'에 이르기까지의 모든 음절을 나타낼 수 있도록 하였습니다. 후에 '와, 위' 같은 음을 나타내기 위해 다시 '와, 워' 행을 두고, '개, 걔' 등의 글자를 나타내기 위해 받침에 '딴이'를 넣어서 이용하는 반절표로 발전하게 되었습니다. 그래서 19세기 말부터 20세기 초에 한글을 전면적으로 사용하면서 한글 반절표가 유행하게 되었고 방각본으로도 출판하여 널리 이용하게 되었습니다. 뿐만 아니라 놀이를 통해서도 한글을 익히게 하였습니다. 이러한 노력이 오늘날 문맹률 0퍼센트에 해당하는 문화 국민이 될 수 있었던 원인인 것입니다. 그러나 이제는 한글을 깨우치는 수준에서 더 나아가 한글을 활용하여 의사소통을 원활하게 하여 문화를 창조하고 축적시켜 더 나은 문화로 발전시키는 데 더 많은 노력을 기울여야 하겠습니다.

2 독립운동가들은 한글 교육을 어떻게 했을까요?

국외에서 독립운동을 했던 우리 선조들은 후손들에게 우리말과 우리글을 어떻게 가르쳤을까요? 국외에 집단으로 이주해서 공동체를 형성하고 살았던 우리 민족은 우리말과 우리글을 잃지 않기 위해 끝없는 노력을 해 왔습니다. 중앙아시아로 이주한 고려인(주로 옛 소련 지역에 사는 우리 민족)이나 만주로 이주한 조선족(중국에 살고 있는 우리 민족)은 우리글로 된 교과서나 잡지 또는 신문을 발간하였고, 그러한 일은 오늘날까지도 계속되고 있습니다. 이번에는 고국에서 멀리 떨어져 있어도 민족성이 담긴 우리의 말과 글을 이어가기 위해 힘쓴 선조들의 한글 교육 방법을 알아보겠습니다.

민족과 언어 그리고 문자

어떤 사람들이 같은 민족임을 증명할 수 있는 가장 중요한 요체는 언어와 문자입니다. 한 국가나 한 민족이 한 언어와 한 문자를 사용한다는 것이 얼마나 중요한 사실인가는 국외에 가 보면 쉽게 알 수 있습니다. 중국에서 간행되는 우리말 논문집 《중국 조선 어문》의 담당 기관에서 중국 내 소수 민족 대표들을 초청한 모임에 참석한 적이 있습니다. 그 모임에서 내몽고에 사는 몽고족 대표를 만났는데, 내몽고에 사는 몽고족은 외몽고에 사는 같은 민족과 만나면 몽고어로 의사소통은 가능하지만, 문자로는 서로 소통할 수 없는 안타까운 현실을 이야기했습니다. 그러면서 세계에 흩어져 있는 우리 민족이 한글을 통해 의사 교류가 가능한 현실을 무척이나 부러워하는 것을 본 적이 있습니다. 내몽고의 몽고족은 한자를 쓰고 외몽고 독립 국가에서는 키릴 문자를 쓰기 때문에 발생하는 몽고 민족의 어려운 사정을 듣고, 민족의 정체성은 언어와 문자를 통해 확인할 수 있다는 사실을 다시 한 번 깨달았습니다.

독립운동과 우리말, 우리글

나라를 빼앗겼던 일제 강점기의 독립운동에서 빼놓을 수 없는 일이 우리말과 우리글을 지키는 것이었습니다. 나라를 빼앗긴다는 것은 외형적으로 정부를 빼앗기는 것뿐만 아니라 국가나 민족의 정체성을 나타내는 말과 문자를 빼앗겨서 혼(魂)마저 잃는 것과 같습니다. 그래서 국외에서 독립운동을 하는 우리 선조들은 우리말과 우리글을 잊지 않고 이어가기 위해서 피나는 노력을 기울였습니다.

그런데 국내에서 한글을 가르치는 경우와 국외에서 한글을 가르치는 경우의 교육 내용은 사뭇 달랐습니다. 국외에서는 그들이 거주하는 곳의 언어와 문자가 있기 때문에 한국어와 함께 거주국의 언어도 함께 배워야 했습니다. 그래서 그들이 만든 한글 교재는 국내에서 편찬한 교재와는 다른 성격을 보입니다.

박용만이 편찬한 《조선말 교과서》와 《조선말 독본》

여기 소개하는 교과서는 두 책입니다. 책명은 《됴션말 독본 첫 책》(조선말 독본 첫째 책)과 《됴션말 교과셔 둘재 책》(조선말 교과서 둘째 책)입니다. 이 두 책 모두 독립기념관 소장본인데, 《됴션말 독본 첫 책》은 2부가, 《됴션말 교과셔 둘재 책》은 3부가 소장되어 있습니다. 이 책들은 '중국 독립단 지부'와 '미국 하와이 독립단 총부'에서 공동으로 발간한 것으로, 1927년에 석인본으로 간행되었습니다. 이러한 사실은 판권지를 통해 알 수 있습니다.

《됴션말 독본 첫 책》의 발행일은 1927년 5월 1일이고, 《됴션말 교과셔 둘재 책》의 발행일은 같은 해 6월 1일인 것으로 보아, 이 두 책은 한 달 간격을 두고 간행되었습니다. 그리고 이 책들의 끝부분에 '박용만'의 글이 각각 실려 있어서 이 책이 미국에서 독립운동을 주도한 박

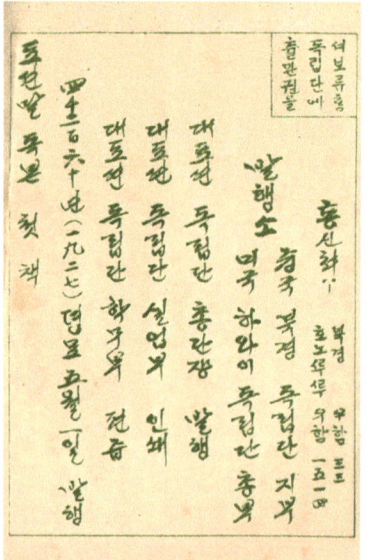

그림 1 《됴션말 독본 첫 책》 판권지

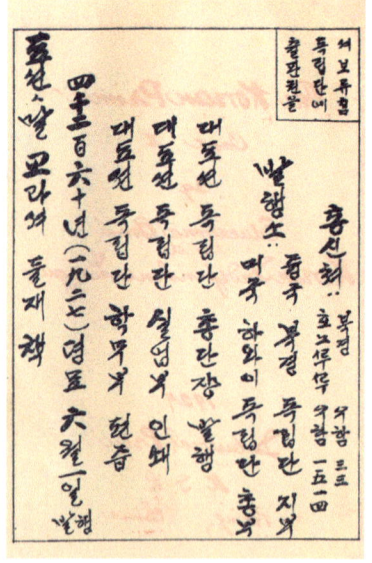

그림 2 《됴션말 교과셔 둘재 책》 판권지

용만 선생이 편찬한 것임을 알 수 있습니다. 그 글의 내용을 보이면 다음과 같습니다.

원문 1

딸은 지파의 됴션족은 오히려 그만 두고 쇼위 됴션족의 뎍파] 파호 논 우리를 갇이고 말ᄒ면 이졔 우리의 쓰는 됴션말이 백분의 여든다섯 은 한족의 말이요 아조 쏙 말ᄒ자면 오늘 날 됴션말은 됴션말에 토만 남 앗다 ᄒ여도 과ᄒ 말이 안이요 쏘 물건의 슈효는 열밖에 세디 몯ᄒ게 되엿고 방위의 일홈으로는 동셔남북이란 말도 없고 사람의 성명으로는 한 사람도 됴션 사람의 성명을 갇인 쟈 없으니 대뎌 이것이 다 무슨 까 닭인요? 이는 됴션족의 독립 문화가 서디 몯ᄒ 까닭이다 _박용만,《됴션말 독본 첫 책》

현대어 역 1

다른 지파(支派, 맏이 이외의 자손이 이루는 갈래)의 조선족은 오히려 그만 두고 소위 조선족의 적파(嫡派, 적자 자손의 계통)가 파호는 우리를 가지고 말하면 이제 우리가 쓰는 조선말이 100분의 85는 한족(漢族, 중국)의 말이 요 아주 꼭 말하자면 오늘날 조선말은 조선말에 토만 남았다 하여도 과한 말이 아니요 또 물건의 수효는 열밖에 세지 못하게 되었고 방위의 이름으 로는 동서남북이란 말도 없고 사람의 성명으로는 한 사람도 조선 사람의 성명을 가진 자 없으니 대저 이것이 다 무슨 까닭이요? 이는 조선족의 독 립 문화가 서지 못한 까닭이다. _박용만

원문 2

달은 나라에 나가 있는 사람이 그 집안에서 저의 말을 쓰는 것은 그 아

들 딸덜에게 한 가지 갋없는 보배를 더 씻혀 주는 것이오 또 그덜로 ᄒᆞ여곰 일평생에 복리는 눌일지언뎡 손해는 없고 즑어움은 있을지언뎡 븕을어움은 없게 ᄒᆞ는 것이다 _박용만,《됴션말 교과셔 둘재 책》

현대어 역 2

다른 나라에 나가 있는 사람이 그 집안에서 저의 말을 쓰는 것은 그 아들딸들에게 한 가지 값없는 보배를 더 끼쳐 주는 것이요 또 그들로 하여금 일평생에 복리는 누릴지언정 손해는 없고 즐거움은 있을지언정 부끄러움은 없게 하는 것이다. _박용만

이제 그 부분의 그림을 보도록 합니다.

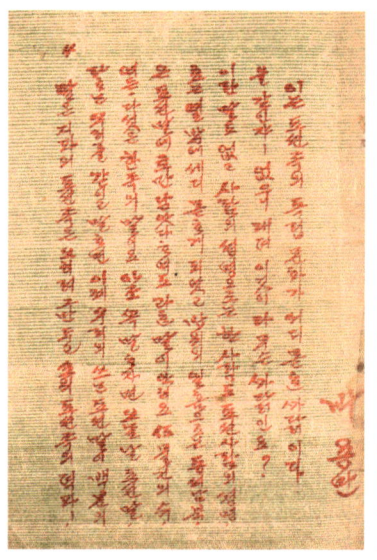 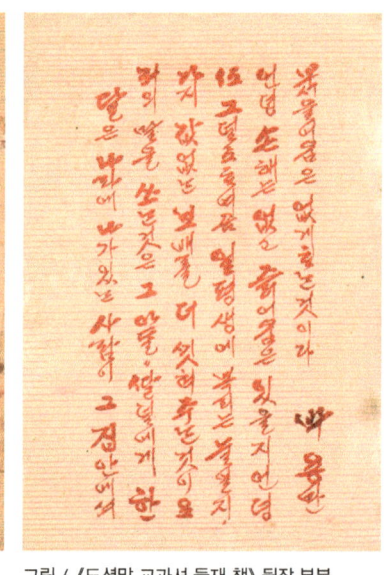

그림 3 《됴션말 독본 첫 책》 뒷장 부분   그림 4 《됴션말 교과셔 둘재 책》 뒷장 부분

현재는 알려진 것이 이 2책밖에 없지만, 원래는 12책을 간행하였거나 간행하려고 하였던 것으로 보입니다. 이 일련의 책들은 일정한 계획 아래에서 편찬되었음을 '출판될 셔적의 밀히 통지(출판될 서적의 미리 통지)'라는 글에서 알 수 있습니다.

《됴션말 독본 첫 책》의 뒷부분과 《됴션말 교과셔 둘재 책》의 뒷부분에 다음과 같은 글이 있습니다.

《됴션말 독본》

됴션말 교과서 둘재 책 : 쎫은 니약이를 글임으로 글여 보힌 것(짧은 이야기를 그림으로 그려 보인 것)

됴션말 독본 둘재, 셋재, 넷재, 다섯재 책 : 첫 책을 계속ㅎ야 졈졈 깁흔 문의로 편즙(첫 책을 계속하여 점점 깊은 글의 뜻으로 편집)

됴션말 음몯음 한 책 : 글ㅅ자마다 발은 음으로 쓰게 흠을 쥬쟝(글자마다 바른 음으로 쓰게 함을 주장)

됴션의 간략혼 력사 네 책 : 됴션 력대의 흥망과 됴션족의 발달(조선 역대의 흥망과 조선족의 발달)

《됴션말 교과셔》

됴션말 독본 다섯 책 : 첫 책은 이믜 츌판 나머지는 이졔 인쇄 즁

됴션말 음몯음 한 책 : 글ㅅ자마다 발은 음으로 몯아 쇼학 사년급까지 쓰게 홀 것

됴션의 간략혼 력사 : 됴션 력대의 흥망과 됴션족의 발현

《됴션말 독본》의 기록으로 보아서는 처음에 이 책들은 모두 다음과 같은 12책으로 간행하려고 계획했던 것으로 보입니다.

됴션말 교과셔(조선말 교과서) 2책

됴션말 독본(조선말 독본) 5책

됴션말 음몯음(조선말 음모음) 1책

됴션의 간략혼 력사(조선의 간략한 역사) 4책

그리고 《됴션말 교과셔》의 기록으로 보아서는 《됴션말 교과서》 2책과 《됴션말 독본》 1책이 이미 간행되었음을 알 수 있습니다. 그런데 《됴션말 교과셔》에서는 '됴션의 간략혼 력사'란 책이 몇 책으로 계획되었는지를 밝히지 않아서 원래 4책으로 간행하려고 하였던 것을 1책으로 줄인 것인지 아니면 4책이란 표시를 하지 않은 것인지는 알 수가 없습니다. 다만 박용만에 대한 연구서에서는 원래 4책으로 계획한 것을 1책으로 묶어서 합본으로 출간하였다고 합니다.

위의 책이 다 간행되었는지는 알 수 없지만, 지금까지 그 실물을 볼 수 있는 책은 《됴션말 독본 첫 책》과 《됴션말 교과셔 둘재 책》밖에 없어 안타까울 뿐입니다. 간행된 것은 틀림없으나 발견되지 않은 책은 《됴션말 교과셔 첫재 책》입니다.

《됴션의 간략혼 력사》는 박용만이 구한말에 썼던 세 편의 논문인 '대한북여요선', '부간조선문화', '대동고대사론'을 한데 묶은 것이란 연구 결과가 알려져 있습니다. 현재 누군가 이 '조선 역사책'을 소장하고 있어서 이러한 사실이 알려진 것으로 판단되지만, 안타깝게도 그 책의 소장처를 알 길이 없습니다. 아마도 국외에 소장되어 있지 않을까요?

이와 같은 내용을 보이는 그 쪽을 그림으로 보이면 다음과 같습니다.

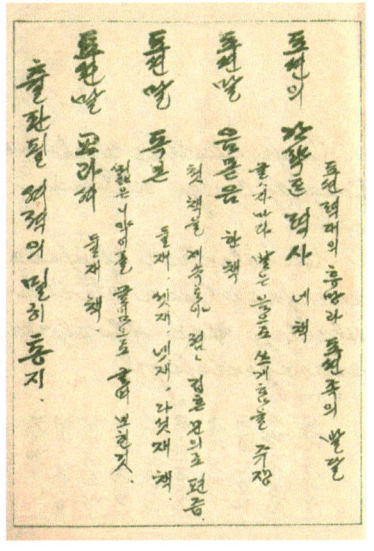 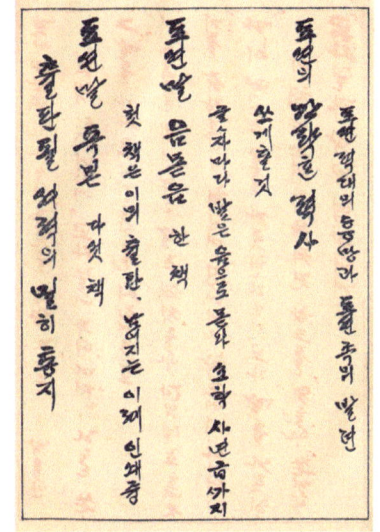

그림 5 《됴션말 독본》 미리 통지   그림 6 《됴션말 교과셔》 미리 통지

이 책들에는 어떤 내용이 들어 있을까요

이 두 책에 실려 있는 내용을 보면 다음과 같습니다.

1. 조선말 독본

《됴션말 독본 첫 책》에는 다음과 같은 내용이 들어 있습니다.

(1) 공과 목록 : 1∼38
(2) 새로 교정한 국문 자모
　① 운모 혹은 모음
　② 성모 혹은 자음
　③ 새로 만든 글자

(3) 조선 국문을 가로쓸 계획과 또 초서체
  ① 성모
  ② 운모
  ③ 초서로 가로쓰는 본보기
(4) 공과 1 ~ 공과 38
(5) 초서로 쓴 내용
(6) 출판될 서적의 미리 통지
(7) 판권지
(8) 박용만의 글

2. 조선말 교과서

《됴션말 교과셔 둘재 책》에는 다음과 같은 내용이 들어 있습니다.

(1) 조선 국문의 자모
  ① 운모 혹은 모음
  ② 성모 혹은 자모
(2) 조선 국문을 가로쓰기 위하여 새로 채용하는 초서체
(3) 그림과 그에 대한 설명
(4) 출판될 서적의 미리 통지
(5) 판권지
(6) 영어 표지
(7) 박용만의 글

이 두 책에서 공통되는 부분은 다음 다섯 가지입니다.
(1) 조선 국문의 자모

(2) 조선 국문의 가로쓰기 및 초서체

(3) 출판될 서적 통지

(4) 판권지

(5) 박용만의 글

본문에서는 어떤 내용을 담고 있나요

《됴션말 독본》에서는 모두 38개의 공과를 나누어 싣고 있습니다. 그 일부를 소개하면 다음과 같습니다. 여기에서는 현대 맞춤법으로 바꾸어 소개하도록 하겠습니다.

(1) 학교에 가자 학교에 가자

(2) 어머니의 말씀

(3) 선생님의 말씀

(4) 차돌이와 얌전이

(5) 어린 동무 한 무리

(중략)

(34) 구 선생의 딸

(35) 고양이의 생일잔치

(36) 발발이의 자동차

(37) 수수께끼

(38) 책맏이 책시세

《됴션말 교과서》는《됴션말 독본》처럼 본문에 제목이 있는 것이 아니라, 먼저 그림을 보이고 그 그림이 말하고 있는 내용을 적고 있습니다. 곧 이 교과서는 그림을 보고 말할 수 있는 능력을 키우기 위해 만든 것으로 보입니다. 이러한 사실은 뒷부분(88쪽)에 보이는 '교사덜과 학부형덜에게'란 글에 잘 보이고 있습니다. 그 내용을 보이면 다음과 같습니다.

교사덜과 학부형덜에게
이 책은 온젼히 유치원 학도를 위ᄒᆞ야 쓴 것이라 이 책으로 글을 가릇친다는 것보다 말을 가릇히기를 쥬장홈이니 쳥컨대 집에셔나 학교에셔 아이들에게 글임을 뵈여 주고 말로 해셕ᄒᆞ야 뎌의덜로 ᄒᆞ여곰 그 말을 다시 옮이게 ᄒᆞ기를 시험ᄒᆞ시오
첫 책 첫머리에 "교사덜에 두어 마듸"라 ᄒᆞ고 쓴 것이 대단이 긴요ᄒᆞ니 그것을 항상 보시오 _박용만

교사들과 학부형들에게
이 책은 온전히 유치원 학도를 위하여 쓴 것이라. 이 책으로 글을 가르친다는 것보다 말을 가르치기를 주장함이니 청컨대 집에서나 학교에서 아이들에게 그림을 보여 주고 말로 해석하여 저희들로 하여금 그 말을 다시 옮기게 하기를 시험하시오.
첫 책 첫머리에 '교사들에게 두어 마디'라 하고 쓴 것이 대단히 긴요하니 그것을 항상 보시오. _박용만

《됴션말 독본》은 글을 읽고 이해하는 능력을 키우기 위해 편찬된 교과서이고, 《됴션말 교과셔》는 그림을 보고 말할 수 있는 능력을 키우기 위해 편찬된 교과서입니다.

한글 자모

《됴션말 독본》이나 《됴션말 교과셔》에서는 모두 한글 자모를 소개하고 있습니다. 한글 자모는 오늘날 우리가 쓰고 있는 자모 이외에 몇 개를 더 설정해 두었습니다.

우선 모음 글자를 보실까요?

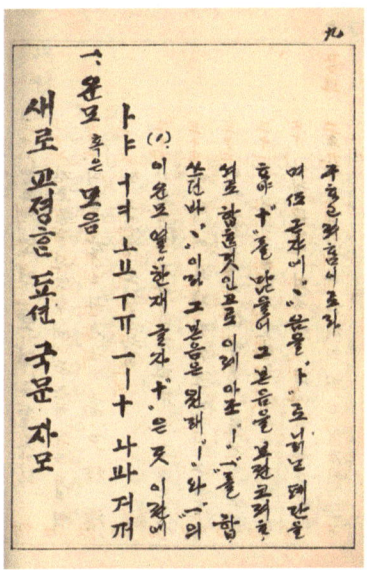
그림 7 조선국문자모 모음

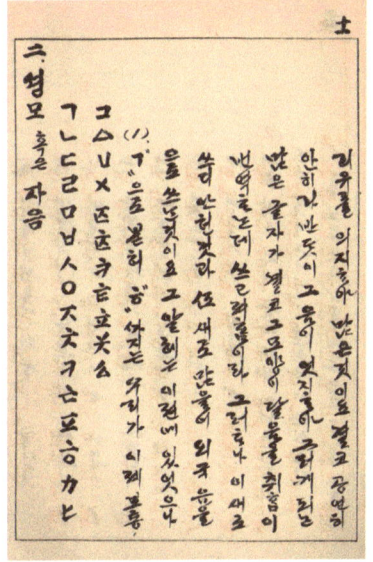
그림 8 조선국문자모 자음

그림 7에서 볼 수 있듯이 모음 글자는 'ㅏ, ㅑ, ㅓ, ㅕ, ㅗ, ㅛ, ㅜ, ㅠ, ㅡ, ㅣ' 이외에 'ㆍ, ㅘ, ㆉ, ㆌ, ㆋ'의 다섯 글자를 두었는데, 그중에서 'ㆍ'가 매우 특이합니다. 이 글자는 'ㅣ'와 'ㅡ'를 합쳐서 만든 글자인데 옛날의 'ㆍ'를 표기한 글자입니다. 'ㆍ'를 'ㅣ'와 'ㅡ'를 합한 음으로 생각하고 만든 것입니다. 'ㅘ'와 'ㆌ'는 중국의 한자음을 표기하기 위한 글자입니다.

3부 / 한글과 교육   295

그림 8의 자음 글자는 'ㄱ, ㄴ, ㄷ, ㄹ, ㅁ, ㅂ, ㅅ, ㅇ, ㅈ, ㅊ, ㅋ, ㅌ, ㅍ, ㅎ'까지는 오늘날 쓰는 자모와 동일한데, 새 자모로 다음과 같은 13개를 더 만들었습니다.

이것들은 모두 외국 음을 표기하는 데 쓰려고 만든 글자입니다. 여기에 쓰인 대부분의 글자는 이전의 자음 글자에 선이나 점을 덧붙여서 만들었습니다. 다만 달리 만든 글자는 ꟺ인데, 이것은 알파벳의 V를 표기하기 위해 만든 글자라서 알파벳의 V 자를 닮은 것으로 보입니다. 그리고 ꟻ 자는 ㄷ 자 속에 ㅅ 자를 넣어 만든 것으로 보이고, ꟼ 자는 ㄷ 자 속에 ㅅ 자가 들어간 글자에 다시 점을 덧붙인 글자로 보입니다.

또한 이 글자들이 외국어의 어떤 음을 표기하기 위해 만들었는가를 이 책에 예시하고 있어서, 그 음을 쉽게 이해할 수 있습니다.

글자	표기 대상	글자	표기 대상
ꝅ	영문의 g, 일문의 ガ	ꞧ	법문의 ñ
ꝇ	영문의 d, 일문의 ダ	ꝡ	한문의 日, 人, 瑞
ꟺ	영문의 v, 아문의 њ	ꭓ	영문의 z, 일문의 ザ
ꟻ	한문의 作, 座, 일문의 ッ	ꟼ	한문의 錯, 덕문의 z
ꝗ	덕문의 y, 아문의 x와 근사	ꝉ	영문의 th
ꝛ	영문의 f, 아문의 Φ	ꭕ	영문의 sh, 덕문의 sy
ꝸ	한문의 十, 祥		

법문은 불어, 독문은 독일어, 아문은 러시아어입니다.

이러한 표기 방식은 오늘날의 어문 규범 중 '외래어 표기법'에 해당하는 것입니다. 이 책들에서 규정한 표기법은 현대의 외래어 표기법의 표기 원칙에는 어긋납니다. 외래어 표기법 규정의 제1항에 보이는 "외래어는 국어의 현용 24 자모만으로 적는다"에 어긋나기 때문입니다. 그러나 이 책이 간행될 1927년 당시에는 이러한 규정이 없었으며, 가능한 한 외국어의 원어에 가깝게 적으려고 노력한 결과가 앞의 13개 자음입니다.

오늘날에도 한글로 다른 나라 언어를 표기하기 위해서 한글 자모에 구별 기호를 쓰거나 또는 없어진 글자인 'ㅿ, ㅸ, ㆆ, ㆍ'를 살려 쓰자고 주장하는 사람이 꽤 많습니다. 한글을 외국어 발음 기호로 쓰자는 주장입니다. 그러나 이러한 주장은 외국인에게 발음 기호로 가르칠 때에는 필요할지 모르지만, 한국인들에게는 어문 생활만 복잡하게 하여 엄청난 불편을 초래하게 될 뿐입니다.

이 주장의 옳고 그름은 제쳐 놓고 1927년 당시에 이러한 주장을 한 것이 놀라울 뿐입니다. 외국어를 배우기 위한 '음성 기호'가 완벽하지 않은 상태에서 한글 자모를 변형시켜 다른 나라의 말이나 문자를 정확하게 표기하려는 노력이 돋보입니다. 아마도 16세기부터 19세기까지 계속 편찬됐던 중국어, 몽고어, 만주어, 일본어를 배우는 교과서, 예컨대 《노걸대언해》, 《몽어유해》, 《삼역총해》, 《첩해신어》 등의 많은 역학서(譯學書)들을 본 경험이 영향을 미쳤을 것으로 생각됩니다.

자모의 명칭

《됴선말 교과셔》에는 자모의 명칭이 나타나는데, 모음 글자의 명칭은 보이지 않고 자음 글자의 명칭만 보일 뿐입니다. 모음 글자는 발음 자체가 명칭이기 때문에 특별히 제시하지 않았을 것으로 생각합니다. 자음 글자의 명칭을 보이면 다음과 같습니다.

자모	이름	자모	이름
ㄱ	기윽	ㅈ	자
ㄴ	니은	ㅊ	차
ㄷ	디귿	ㅋ	카
ㄹ	리을	ㅌ	타
ㅁ	미음	ㅍ	파
ㅂ	비읍	ㅎ	하
ㅅ	시읏		
ㅇ	이흥		

이 자모 이름 중에서 초성과 종성에 모두 쓰이는 8자(ㄱ, ㄴ, ㄷ, ㄹ, ㅁ, ㅂ, ㅅ, ㅇ)에는 오늘날과 유사한 명칭을 붙였습니다. 단지 차이가 나는 것은 'ㄱ'과 'ㅅ'과 'ㅇ'의 명칭으로, 'ㄱ'은 '기역'이 아닌 '기윽'이라 하였고, 'ㅅ'은 '시옷'이 아닌 '시읏', 'ㅇ'은 '이응'이 아닌 '이흥'이라고 하였습니다. 'ㅇ'을 제외하고는 오늘날 북한에서 주장하는 명칭과 동일합니다. '이흥'은 현실 발음을 중시한 것으로 보이지만 다른 자모의 명칭은 원칙과 기억의 편의를 생각한 것으로 보입니다.

초성에만 쓰이는 자음 글자인 'ㅈ, ㅊ, ㅋ, ㅌ, ㅍ, ㅎ'을 '지읒, 치읓, 키읔……'이 아닌 '자, 차, 카, 타, 파, 하'로 정한 방식은 최세진의 《훈몽자회》 범례의 자모 명칭을 붙이는 방식과 동일합니다.

그리고 새로 만든 자음 글자 13개의 명칭은 그 글자를 초성으로 하고 모음 'ㅏ'를 붙여 명명하였습니다. 예컨대 ㄲ는 까로, ㄸ는 따 등으로 이름을 붙였습니다.

위의 자모들 중에는 오늘날 우리가 사용(使用)하고 있는 한글 자모와 다른 모습들도 있습니다. 이 책은 외국에 살고 있는 어린이들에게 우리말과 우리글을 가르치려는 목적으로 편찬되었기 때문에, 자음과 모음의 자모도 그들을 위해서 창안되었습니다. 이 어린이들이 접하는 언어는 영어, 독일어, 중국어, 러시아어, 불어 등의 외국어이기 때문에 우리말에 없는 외국 음을 표기하기 위해서는 한글 자모를 변형하여 표기법을 만들지 않으면 안 되었을 것입니다.

한글 가로쓰기와 초서체의 주장

이 두 책에서는 가로쓰기와 초서체를 주장하고 있습니다. 가로쓰기를 하게 되면 초서체, 즉 필기체가 필요하다고 주장하였고, 그 결과로 한글 자모의 풀어쓰기까지 주장한 결과가 되었습니다.

가로쓰기를 주장하는 내용에 대해서는 다음과 같이 주장하고 있습니다. 원문 그대로 읽어도 그 뜻을 이해하는 데 큰 지장이 없을 것 같아서 원문을 그대로 인용합니다.

> 됴션 국문을 가로쓸 계획과 또 초셔톄
> 됴션 국문을 셔양 글자와 갓히 가로써야 홀 것은 우리 됴션 사람이 하로라도 늣게 ᄒᆞ디 못홀 일이라 만일 가로 쓰기만 ᄒᆞ면 인공과 시간과 금젼의 경졔가 다문 쳔배 만배나 하로 일흘의 리익이 안히니 이것은 우리가 졀대로 주쟝티 안흐면 안 될 것이라 _《됴션말 독본》 14쪽_

서양 글자와 같이 가로쓰기만 하면 인력과 시간과 금전적 이익이 크므로 이렇게 주장하지 않으면 안 된다는 것입니다.

마찬가지로 초서체를 도모하였는데 그 주장을 보이면 다음과 같습니다.

> 국문을 가로쓰기로 생각ᄒᆞᄂᆞᆫ 바에는 맛당히 덕당ᄒᆞᆫ 초셔톄가 있어야 ᄒᆞ갯기로 이에 자모의 자형을 의지ᄒᆞ야 초셔톄를 맞을고 다시 개량ᄒᆞ기를 쇠ᄒᆞ노라 _《됴션말 독본》 14쪽_

그래서 만든 것이 그림 9와 같은 모습입니다. '성모'는 자음이고 '운모'는 모음입니다.

그리고 이렇게 가로쓰기와 초서체를 쓴 예를 그림 10과 같이 예시하고 있습니다.

이 글씨체는 알파벳을 많이 닮아 있어서, 영어 알파벳의 가로쓰기와 필기체를 보고 착안한 것으로 보입니다. 영어 알파벳의 영향으로 가로쓰기와 필기체를 착안해 낸 것이라는 점은 이 책의 체재에서도 발견됩니다. 세로쓰기는 원래 글자를 위에서 아래로 내려쓰되 줄은 오른쪽에서 왼쪽으로 향하여 읽도록 되어 있습니다. 그러나 이 책에서는 내려쓰되 줄은 왼쪽에서 오른쪽으로 향하여 읽어 가도록 되어 있습니다.

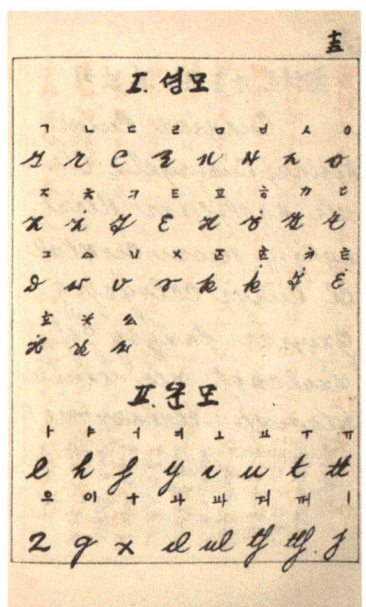

그림 9 가로쓰기와 초서체   그림 10 가로쓰기와 초서체의 예

그러나 실제로 《됴션말 독본》과 《됴션말 교과셔》의 본문에서는 가로쓰기와 필기체를 활용하지는 않았습니다. 처음 시도하는 것이어서 우리말과 글자를 익히려고 하는 어린이들에게는 큰 부담이 될 것임을 알고 단지 주장만 한 것으로 생각됩니다. 단지 표지에서만 풀어쓰기를 보이고 있을 뿐입니다.

먼저 《됴션말 독본》을 보시지요. 《됴션말 독본》의 표지는 위에 가로쓰기로 '됴션말 독본'을 풀어쓴 'ㄷㅛㅅㅕㄴㅁㅏㄹ ㄷㅗㄱㅂㅗㄴ'이라 쓰여 있고 그 아래에 '첫 책'을 풀어쓴 'ㅊㅓㅅ ㅊㅐㄱ'이란 글씨가 있습니다. 그 아래에 '됴션말 독본 첫 책'이라 쓰여 있는데 왼쪽 첫 줄에 '됴션말', 둘째 줄에 '독본', 셋째 줄에 '첫 책'이라 쓰여 있습니다. 그 아래에는 동그라미 속에 소년 소녀가 책가방을 가지고 나란히 걸어가는 그림을 그려 놓았습니다.(그림 11-1)

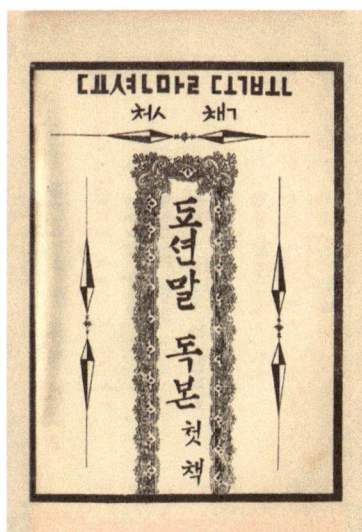

그림 11-2 《됴션말 독본》 속표지

그림 11-1 《됴션말 독본》 겉표지

《됴션말 독본》의 내지에는 표지와 마찬가지로 가로쓰기로 '됴션말 독본'을 풀어쓴 'ㄷㅛㅅㅕㄴㅁㅏㄹ ㄷㅗㄱㅂㅗㄴ'이라 쓰여 있고 그 아래에 '첫 책'을 풀어 쓴 'ㅊㅓㅅ ㅊㅐㄱ'이란 글씨가 있습니다. 그 아래에는 세로로 '됴션말 독본 첫 책'이란 글씨가 있습니다.(그림 11-2)

《됴션말 교과셔》도 비슷합니다.

《됴션말 교과셔》의 표지는 위에 가로쓰기로 '됴션말 교과셔'를 풀어쓴 'ㄷㅛㅅㅕㄴㅁㅏㄹ ㄱㅛㄱㅘㅅㅕ'라 쓰여 있고, 그 아래에 '둘재 책'을 풀어쓴 'ㄷㅜㄹ재 ㅊㅐㄱ'이란 글씨가 있습니다. 그 아래에 '됴션말 교과셔 둘재 책'이라 쓰여 있는데, 왼쪽 첫 줄에 '됴션말', 둘째 줄에 '교과셔', 셋째 줄에 '둘재 책'이라 쓰여 있습니다. 그 아래에는 한 소년이 모자를 쓰고, 칼을 든 채 말을 타고 달려가는 그림을 그려 놓았습니다.(그림 12-1)

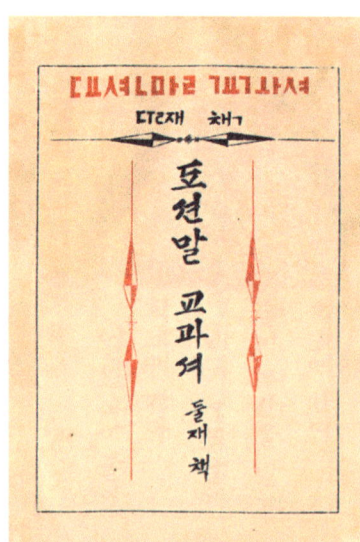

그림 12-2 《됴션말 교과셔》 속표지

그림 12-1 《됴션말 교과셔》 겉표지

《됴션말 교과셔》의 내지에는 표지와 마찬가지로 가로쓰기로 '됴션말 교과셔'를 풀어쓴 'ㄷㅛㅅㅕㄴㅁㅏㄹ ㄱㅛㄱㅗㅏㅅㅕ'라 쓰여 있고, 그 아래에 '둘재 책'을 풀어쓴 'ㄷㅜㄹㅈㅐ ㅊㅐㄱ'이란 글씨가 있습니다. 그 아래에는 세로로 '됴션말 교과셔 둘재 책'이란 글씨가 있습니다.(그림 12-2)

박용만은 누구인가

독립운동가 박용만(朴容萬, 1881~1928) 선생은 강원도 철원군 철원면 궁전리 출신으로 1904년(광무 7) 보안회가 주도한 일제의 황무지 개간권 요구에 반대하는 운동에 가담했다가 한성 감옥에 투옥되어, 이승만(李承晩), 이동녕, 이시영, 정순만 등과 만나 옥중 동지가 되었습니다.

출옥 후 1904년 12월에 미국으로 갔습니다. 1905년에 네브래스카 주(Nebraska 州)에 있는 링컨 고등학교에 입학하였으나 1학년을 마치고 중퇴한 후, 1906년 헤이스팅스 대학 정치학과에 입학하여 학사 학위를 취득하였습니다.

1909년 6월에는 네브래스카 주 커니(Kearney)에 있는 한인 농장 내에 '한인 소년병 학교(The Young Korean Military School)'를 열어 한인 청년 생도들에게 군사 훈련을 실시하였고, 1912년 첫 졸업생 13명을 배출하였습니다. 이후 '대조선 국민 군단'을 설립해 지도하는 등 무장 투쟁 운동을 벌였습니다. 1911년 미주에서 설립된 재미 동포의 단체인 '대한인국민회(大韓人國民會)'의 기관지 〈신한민보(新韓民報)〉의 주필로 활동하였는데, 이때에 〈국민개병설〉, 〈군인수지〉라는 책을 저술, 발간하였습니다. 1912년에는 하와이로 가서 '대한인국민회 하와이 지방 총회'의 기관지인 〈신한국보(新韓國報)〉의 주필로 활동하였고, 또 항일 무장 독립운동 단체인 '대조선국민군단(大朝鮮國民軍團)'을 조직해 군사 훈련을 실시하여 130여 명을 독립 전쟁에 대비한 인원으로 교육시켰습니다.

1915년에는 〈아메리카 혁명사〉를 한글로 번역, 출판하였고, 1917년 상하이(上海)의 신규식(申圭植), 조소앙(趙素昻) 등과 '대동 단결 선언'을 발표하여 임시 정부의 수립을 계획하였습니다. 1918년에는 국제 정세 홍보를 목적으로 〈태평양 시사(太平洋時事)〉라는 신문을 창간하여 주필이 되었고, 1919년 3월에는 호놀룰루에 '대조선독립단(大朝鮮獨立團)'을 창단하고 〈태평양 시사〉를 인수하여 기관지로 삼았습니다.

1919년 4월 서울에서 '한성 임시 정부(漢城臨時政府)'가 수립되었을 때 외무 총장에 선출되었고, 그해 9월 상하이에서 각처의 임시 정부를 통합해 '대한민국 임시 정부'로 개편할 때도 역시 외무총장으로 선임되었습니다. 그러나 임시 정부 대통령인 이승만(李承晩)과 독립운동 방법에서 견해 차이가 컸기 때문에 부임하지는 않았습니다. 1919년에 하와이에서 베이징으로 가 신채호(申采浩), 신숙(申肅) 등 이승만의 독립 노선에 반대하는 인사들과 함께 '군사통일촉성회(軍事統一促成會)'를 결성하였습니다. 국제 외교 활동에 중점을 두고 있는 이승만의 독립운동 방안과는 달리, 이들은 독립군을 통합하여 무력으로 독립을 쟁취해야 한다는 입장이었기 때문입니다. 1923년 중국 상하이에서 '국민 대표 대회(國民代表大會)'가 개최되자 임시 정부 불신임 운동에 앞장섰습니다.

1927년 4월에는 호놀룰루 팔라마 지방에 국어 학교를 설립하였습니다. 학교 이름을 박용만의 아호를 따서 '우성학교(宇醒學校)'라 하였는데, 여기에서 가르친 교과서가 앞에서 설명드린 《됴선말 독본》과

그림 13 박용만

《됴션말 교과서》입니다.

　1928년에 군자금 모금차 중국 톈진에 체류하던 중 독립운동 자금에 쓸 돈 1천만 원을 내놓으라는 의열단원의 요구를 거절했다가 10월 17일 이해명의 권총 저격을 받고 암살당했습니다.

　외국에 나가 독립운동을 하면서, 우리말과 우리글이 곧 민족과 국가의 요체임을 깨닫고 후손들에게 이것을 교육시키기 위해 한글 교과서를 만든 우리 선조들의 뜨겁고 애절한 마음을 자료의 곳곳에서 느끼게 됩니다.

　말과 글을 지키려는 우리 선조들, 특히 국외에서 독립운동을 하던 분들의 이러한 마음이 어디에서 왔으며 왜 일어났는가를 곰곰 되씹어 봅니다. 우리의 말과 글이 곧 우리의 정체성이며, 우리말과 우리글이 없으면 '우리'도 없다는 '진정한 독립심'에서 나온 것이 아닐까요? 우리말과 우리글에 대한 열정은 곧 '우리의 자유'에 대한 열정이기도 합니다.

3

일제강점기에 나온 한글 보급 운동 교재는 어떤 것이 있었을까요?

문화는 그 문화를 창조하고 전달하는 의사소통의 도구, 즉 말과 문자를 제대로 갖추고 있어야 합니다. 그 때문에 말과 문자를 제대로 이용할 줄 아는 민족이나 국가만이 발전을 거듭해 왔습니다.

오늘날 우리나라가 세계적으로 인정받는 문화와 경제력을 지닐 수 있게 된 것은 우리나라의 문해율이 세계적으로 매우 높다는 사실과 깊은 연관이 있습니다. 모든 국민이 정보를 전달받고 전달할 수 있는 도구를 충실히 갖추고 있으니 문화를 가속도로 발전시킬 수 있었던 것입니다.

한글 보급 운동과 민족문화

문자에는 문화를 창조하는 기능이 있습니다. 우리말을 표기하는 문자인 한글을 국민에게 보급하려는 노력은 훈민정음이 창제된 이후부터 줄기차게 이어져 왔습니다. 그러나 본격적으로 한글 보급 운동을 벌여 온 것은 19세기 말부터인데, 이 무렵부터 신식 활자본이 도입되어 문헌 및 문서가 쉽게 많이 출판될 수 있었고, 또 보급하기도 쉬워져 널리 전달될 수 있었습니다. 특히 이러한 한글 보급 운동이 효율적으로 이루어질 수 있었던 것은 언론계에서 한글 보급 운동을 본격적으로 전개하기 시작한 덕택입니다. 특히 신문이 그 기능을 주로 담당하여 왔습니다.

그 대표적인 것이 우리나라 최초의 한글 신문이라고 할 수 있는 〈독립신문〉입니다. 다 알고 있는 바와 같이 〈독립신문〉의 창간호(1896년 4월 7일)에서는 한글 보급뿐만 아니라 한글 전용 및 띄어쓰기 운동까지 같이 전개하였습니다. 또한 〈뎨국신문〉 창간호(1898년 8월 10일)에도, 〈대한매일신보〉 창간호(1907년 5월 23일)에도 국어 국자(國字) 의식을 높이려는 노력이 나타났다는 것 역시 잘 알려진 사실입니다.

그러나 문맹 퇴치 운동이 큰 효과를 본 것은 역설적으로 일제강점기 때였습니다. 일본이 조선의 제국주의적 지배 질서를 영속화하기 위해 합병 통치 이념으로 소위 내선일체(內鮮一體)와 일시동화(一視同化), 공존공영(共存共榮) 등을 내세웠습니다. 그 통치 방안을 실현시키기 위한 교육정책으로 민족 동화, 언어 동화, 문화 동화, 식민 동화 교육정책을 실현시키려 하였습니다.

민족과 문화는 언어와 문자에서 형성되는 것이어서 동화 정책은 주로 언어 정책으로 이어졌고, 나아가 일제의 조선어 말살 정책으로 계속되었습니다. 그래서 그 당시의 신문인 〈동아일보〉와 〈조선일보〉는 창간 직후인 1920년부터 기사를 통하여 저항하기 시작하였습니다. 이 당시의 신문은 〈동아일보〉, 〈조선일보〉, 그리고 1907년부터 1938년까지 간행된 해외 신문 〈신한민보(新韓民報)〉뿐이었습니다.

그 구체적인 내용을 보면 다음과 같습니다. 이 내용은 《국어교육 100년사 Ⅱ》(윤여탁 외, 서울대학교출판부, 2006)의 225쪽에 실린 내용을 요약하여 소개하는 것입니다. 단, 한자로 되어 있는 기사 제목은 한글로 고쳤습니다.

신문명	발행일	기사 제목	내용
동아일보	1920년 4월 11일	《조선인의 교육용어를 일본어로 강제함을 폐지하라》(상)	교육용어의 일어화는 조선의 진보와 발달에 저해
동아일보	1920년 4월 12일	《조선인의 교육용어를 일본어로 강세함을 폐지하라》(중)	교육용어이 일본어화는 조선인의 문화를 파괴
동아일보	1920년 4월 13일	《조선인의 교육용어를 일본어로 강제함을 폐지하라》(하)	일본 입장에서 교육용어의 일본어화에 대한 이해관계
조선일보	1920년 5월 19일	《교육용 일본어에 대하여》	교육용 일본어의 폐지 주장
조선일보	1925년 5월 11일	《교육과 국어문제》	조선 문화의 근본이 되는 조선어 교육
동아일보	1927년 3월 7일	《조선인 여객과 각 역의 시설》	역명과 지명, 식당의 일어화가 조선인에게 주는 불편
동아일보	1933년 8월 24일	《보통학교용어 조선어로 하라》	교육용어의 조선어 사용의 당위성. 조선인 교사 필요
조선일보	1936년 2월 17일	《천대받는 조선어》	교과서뿐만 아니라 역명과 전보문도 일어로 강제

그러나 이러한 노력에도 불구하고 일제가 움직임을 보이지 않자 〈동아일보〉와 〈조선일보〉는 더 적극적인 방법으로 저항 운동을 벌입니다. 그것이 곧 조선일보사와 동아일보사가 펼쳤던 문자 보급 운동 및 농촌 계몽 운동이었습니다. 그때는 이미 민간단체에서도 문자 보급 운동이 크게 벌어지고 있었습니다.

일제강점기 때의 한글 보급 운동의 실상

그 당시의 신문 기사를 중심으로 한글 보급 운동을 개략적으로 살펴볼 수 있습니다. 주로 1927년 이후의 보도를 중심으로 살펴보면 다음과 같습니다. 우선 〈동아일보〉를 실펴보겠습니다. 〈조선일보〉까지 조사하면 한글 보급 운동의 전모를 파악할 수 있을 것입니다. 당시 신문에 한자로 표기된 것은 아래 표에서 한글 옆에 한자를 같이 적었고, 한글로 표기된 것은 그대로 옮겨 적었습니다.

지역	보도 시일	주최	강사
서울	1923-05-22	조선문통신강습(朝鮮文通信講習)학회	최성모, 이필수, 이갑성
대구	1927-02-18	동아일보 대구 지국	박해룡(朴海龍)
서울	1927-06-15	조선어연구회	권덕규, 정렬모
영광(靈光)	1927-07-09		이병기
동래(東萊)	1927-07-15	동명구락부(東明俱樂部)	권덕규
전남 영광군	1927-07-25	영광청년회	이병기
삼천포(三千浦)	1927-08-03		김기형(金基馨)
삼천포	1927-08-09	삼천포독서회	
의주(義州)	1927-08-14	의주조선소년사(義州朝鮮少年社)	백세명(白世明)
전남 화순	1928-04-06	전남화순청년동맹(全南和順靑年同盟)	주재남(朱在南)
부산(釜山)	1928-06-22	부산청년동맹	권덕규
함흥	1928-07-18	오로(五老)여자상조회	김수선, 황제
황주(黃州)	1928-07-31	황주면려청년회(黃州勉勵靑年會)	이윤재
황해도 안악(安岳)	1928-08-12	안악학우회(安岳學友會) 지육부(智育部)	안익삼, 김종현, 이학기, 김병필, 임창수, 유지혁, 박병갑, 김광연
서울 종로	1928-12-04	종로 중앙기독교청년회	박승빈
안동	1929-01-09	안동교회의 〈시온회〉	권덕규, 이윤재, 최현배
서울 연지동	1929-02-08	연동청년면려회(蓮洞靑年勉勵會)	권덕규(權悳奎), 이윤재(李允宰), 최현배(崔鉉培), 장지영(張志映), 이병기(李秉岐), 정렬모(鄭烈模)
서울	1929-02-13	청년면려회	이윤재, 최현배, 장지영, 이병기, 최열
평양(平壤)	1929-03-10	기청(基靑)	이윤재
김해(金海)	1929-07-06	동아일보 김해 지국	이윤재
김해(金海)	1929-07-14	동아일보 김해 지국	이윤재

지역	보도 시일	주최	강사
평양	1929-07-25	평양긔청	문일평, 이상춘
오산(烏山)	1929-08-03		이성모
김해(金海)	1929-08-14	동아일보 김해 지국(支局)	이윤재
재령(載寧)	1929-08-24	재령유학생학우회(載寧留學生學友會)	
사리원	1929-08-24		
예산(禮山)	1929-08-25		
통영	1929-08-26	경남 통영재외여자유학생회	
김해(金海)	1929-08-30	동아일보 김해 지국	이윤재
김해(金海)	1929-09-05	동아일보 김해 지국	이윤재
양구	1929-12-15	양구 엡윗청년회	이윤재
공주(公州)	1930-04-05	공주공금야학(公州公錦夜學)	
개성	1930-04-13	중앙회관교육부	이상춘
연강(沿江)	1930-11-22	연강기청연합(沿江基青聯合)	이윤재, 최현배, 권덕규, 신명균
의주군 비현(枇峴)	1931-01-06	의주군 비현청년회	
운산(雲山)	1931-05-20		
진주	1931-07-10	동아일보 진주 지국	권덕규
진주	1931-07-17	동아일보 진주 지국	권덕규
인천	1931-07-28	동아일보 인천(仁川) 지국(支局)	김윤경
서흥(瑞興)	1931-08-01	유학생친목회(留學生親睦會)	
평양(平壤)	1931-08-02		이윤재
영암(靈岩)	1931-08-15	동아일보사 영암(靈岩) 지국(支局)	이병기
순천(順天)	1931-08-18		
경성(鏡城)	1931-08-19	공보동창회(公普同窓會)	
정주(定州)	1931-08-20		
회령(會寧)	1931-08-20		
평북 정주	1931-08-20	동아일보	
부산	1931-08-20	동아일보	권덕규
회령	1931-08-20	동아일보 회령 지국	
함흥(咸興)	1931-08-27		
함흥	1931-08-27	동아일보	
용암포(龍岩浦)	1931-09-11	용천군농민사(龍川郡農民社)	백세명(白世明)
용천(龍川)	1931-09-12		백세명(白世明)
서울 종로	1931-09-22	한글구락부(俱樂部)	이윤재
용암포(龍岩浦)	1931-09-26		백세명
평북 용암포	1931-09-26	용암포농민사(龍岩浦農民社)	

지역	보도 시일	주최	강사
여수(麗水)	1931-10-01		이병기(李秉岐)
비현(枇峴)	1931-10-10		백세명
덕천(德川)	1931-10-28		
서울	1931-11-04	한글구락부(俱樂部)	
인천	1932-07-21		
나주	1932-07-21		
마산	1932-07-21		
청주	1932-07-21		
철원(鐵原)	1932-07-30		권덕규
대전(大田)	1932-07-30		이병기
진흥(鎭興)	1932-07-30		이윤재
선천(宣川)	1932-07-30		김선기(金善琪)
신의주(新義州)	1932-07-30		김선기
안악(安岳)	1932-07-30		이갑(李鉀)
통영(統營)	1932-07-30		장지영
논산(論山)	1932-07-30		
여수(麗水)	1932-07-30		
흥남(興南)	1932-08-04		이윤재
진주(晉州)	1932-08-04		
평양(平壤)	1932-08-04		권덕규
전주(全州)	1932-08-04		신명균
마산(馬山)	1932-08-04		장지영
김제(金堤)	1932-08-04		신명균
안성(安城)	1932-08-05		이상춘
괴산(槐山)	1932-08-05		최현배
평양(平壤)	1932-08-05		권덕규
장호원(長湖院)	1932-08-06		이만규(李萬珪)
안악(安岳)	1932-08-09		이갑(李鉀)
청주(淸州)	1932-08-09		최현배
울산(蔚山)	1932-08-09		김윤경
순천(順天)	1932-08-11		
나주(羅州)	1932-08-12		
장연군(長淵郡)	1932-08-12		
안악사현리(安岳沙峴里)	1932-08-12		
청수(淸洲)	1932-08-17		

지역	보도 시일	주최	강사
군산(群山)	1932-08-17		
장호원(長湖院)	1932-08-18		
여수(麗水)	1932-08-18		
고창군(高敞郡)	1932-08-18		
평양(平壤)	1932-08-18		
서산군(瑞山郡)	1932-08-20		
천안군(天安郡)	1932-08-24		
웅기(雄基)	1932-08-25		이윤재
재령(載寧) 장수면(長壽面)	1933-03-14		
서울	1933-05-13	조선어학연구회(朝鮮語學研究會)	박승빈
초산(楚山)	1933-07-04		백세명(白世明)
초산	1933-07-05		
평양(平壤)	1933-07-27		조용훈
평양(平壤)	1933-07-29	평양기독청년회(平壤基督靑年會) 교육부(敎育部), 평양(平壤) 한글연구회(硏究會)	조용훈
평북 정주	1933-08-27		김성하(金成河), 김신희(金信熙)[고을(古乙)]
서울	1933-11-23	기청(基靑)과 어학회(語學會) 공동(共同)	이희승, 이윤재
서울 종로	1933-11-24		이윤재, 이희승
서울	1933-12-02	중앙기독교청년회(中央基督敎靑年會)	
서울	1933-12-21	조선어학회(朝鮮語學會)	최현배, 김윤경, 김선기
서울	1934-03-20	신가정사(新家庭社)	이윤재, 신명균
영월(寧越)	1934-04-06		김영대(金永大), 박래길(朴來吉)
군산(群山)	1934-04-15		
서울	1934-05-10	조선연무관(朝鮮硏武館)	이병기, 이윤재, 이희승, 이극로
서울	1934-07-18	동아일보사	
재령	1934-07-19	황해도재령유학생학우회	이윤재
서울	1934-08-07		허영일, 김기명, 윤영상
서울 교동(校洞)	1934-09-17		
통영한산도(統營閑山島)	1934-12-27		
울진(蔚珍)	1934-12-31		
서울	1935-02-23		최현배, 정인섭
서울	1935-02-23	조선어학회	최현배, 정인승
시흥(始興)	1935-07-19		
충남예산군고덕면몽곡리	1935-08-23		이은범, 이계정, 이계초, 이의순
원산(元山)	1935-10-05		

이 기사들에 의하면 1927년부터 1935년까지 서울을 비롯한 전국에서 한글 보급 운동이 끈질기게 지속되었음을 알 수 있습니다. 심지어는 해외에서까지 한글 보급 운동이 일어났습니다.

지역	일자	주최	강사
봉천(지금의 심양)	1932-10-28	동아일보 봉천 지국	이정근(李定根)
봉천(지금의 심양)	1933-08-29	동아일보 봉천 지국	이윤재
봉천(지금의 심양)	1933-10-29		이정근(李定根)
도문(圖們)	1935-08-21		

전국 방방곡곡을 누비며 한글 보급 운동에 앞장서서 활약한 사람들은 주로 조선어학회 회원들이었습니다. 거의 모두가 국어학자들이었는데, 두 번 이상 강사로 활동한 사람들의 명단을 보면 다음과 같습니다.

이윤재 23회	권덕규 12회	이병기 9회
최현배 9회	백세명 6회	장지영 4회
김선기 4회	신명균 4회	이희승 3회
김윤경 3회	이상춘 3회	이갑 2회
조용훈 2회	정렬모 2회	박승빈 2회

이윤재 선생은 심지어 해외의 봉천(奉天, 중국 선양의 옛 이름)까지 가서 한글 보급 및 철자법을 강의하였습니다. 그리고 문일평, 이극로, 이필수, 정인섭, 정인승 선생 등도 1회씩 강사로 일하였습니다.

한글 보급 운동은 왜 일어났을까요

그렇다면 왜 이처럼 한글 보급 운동을 하였을까요? 가장 중요한 이유는 일제강점기 때, 특히 1930년대 초부터 한민족 말살 정책이 강화될 조짐이 있었기 때문입니다. 여기에 대항하여 민족의식을 고취하는 가장 빠른 길은 국민들에게 국문, 곧 한글을 알게 하는 것이었습니다.

조선어학회가 1929년부터 한글 맞춤법 제정 운동을 전개하자 조선총독부가 이를 제지하기 위하여 '보통학교용 언문 철자법'(1912년 제정)과 '보통학교 언문 철자법 대요'(1921년 제정)를 강제로 시행하려 했지만, 조선어학회는 그에 굴하지 않고 1933년에 '한글 맞춤법 통일안'을 만들어 보급하였습니다. 애국 애족 운동을 펼치던 당대의 선각자들은 우리 민족에게 한글뿐만 아니라 숫자와 셈법까지 교육시킬 필요가 있다고 절감했는데, 그중에서도 한글을 보급하는 일이 가장 기본적인 일이라고 생각했던 것입니다.

언론사의 한글 보급 운동 노력

언론사에서는 한글을 보급하기 위해 여러 가지로 노력해 왔습니다. 동아일보사와 조선일보사가 각각 동일한 취지의 운동을 벌였는데, 이를 간단히 살펴보도록 하지요.

동아일보사

동아일보사는 창간 8주년 기념 사업으로 1928년 4월 1일을 기하여 '문맹 퇴치 운동'을 '글장님 없애기 운동'이라고 이름을 붙여 전국적으로 전개할 준비를 하였습니다. 그 준비 작업으로 다음과 같은 일을 계획하였습니다.

① 선전 포스터의 준비

선전 포스터는 시간으로 보아 가장 생명이 길고 대중의 주목을 끌기에 가장 편리했습니다. 이 포스터는 그림 1에서 보는 바와 같이 "ㄱㄴ부터 배우자"고 외치고 나서는 횃불을 든 사람 뒤에 수많은 '글장님'들이 감겼던 눈을 뜨고 기쁘게 따르는 형상을 그린 것입니다.

② 《우리글 원본》이라는 교재의 인쇄(그러나 안타깝게도 이 교재는 현재까지 발견되지 않고 있습니다.)

③ 소년군(少年軍)으로 하여금 선전 시가행진

④ 비행기에서 전단을 살포

⑤ 인력거와 자전거에 꽂고 다닐 선전기를 만듦

⑥ 문맹 퇴치가(노래) 현상 모집

문맹 퇴치가를 현상 모집하였는데, 신문에 난 광고는 다음과 같습니다.

그림 1 문맹 퇴치 운동 포스터, 〈동아일보〉 1928년 3월 25일 자

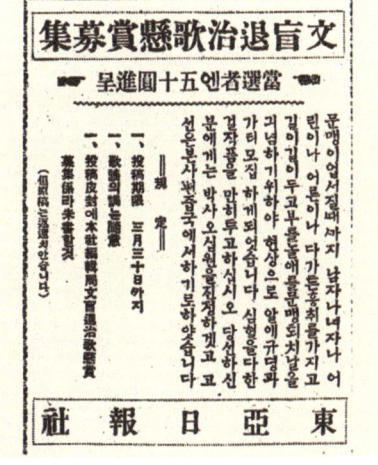

그림 2 문맹 퇴치가 현상 모집 광고, 〈동아일보〉 1928년 3월 17일 자

그리고 실제로 그 1년 뒤인 1929년 2월 10일에는 최현배 선생의 '글장님을 없이자(文盲打破歌)'라는 글이 다음과 같이 실립니다.

글장님을 없이자(文盲打破歌) _崔鉉培

(1)
한 사람의 마음이 널리 퍼지며
한동안의 생각이 길이 傳하니
글ㅅ자의 보람이 정말 크도다
人類社會 華麗한 現代文明은
文字活用 發達이 낳은 것이네

(2)
生存競爭 劇烈한 二十世紀에
남과 같이 날뛰고 살아가랴면
무엇보다 첫일이 글자 알기라
눈뜨고 글 못보는 글장님으로
競爭場裡 落伍 免치 몯하네

(3)
여보 우리 二千萬 兄弟姉妹들
世界에서 훌륭한 한글임자로
글장님이 많음은 딱한 일이다
가르치세 배호세 우리 한글을
그래야만 이 民族 살아나겠네

(4)
배호기와 읽기와 씨書고 박기에
고-ㄹ고로 다 좋은 우리 한글은
民衆敎化使命을 띄고 났도다
新文化의 基礎로 굳이 닦으며
新生活의 武器로 한끗 부리세
(己巳元旦에 한글의 종-감메 한방우는 精誠을 다하여 이 노래를 우리 二千三百萬 同胞에게 붙치나이다)

⑦ 전국 300여 개 동아일보사 지분국을 총동원하여 지원 활동
⑧ 교육, 사상, 종교계를 망라한 전국 명사들을 초빙하여 강연회 개최

그 결과로 실행된 사항은 다음과 같습니다.

① 강연회 인사를 확보하여 1928년 4월 2일부터 개최하였습니다. 강연회 인사를 보면 다음과 같습니다.

조병옥, 송내호, 민태원, 윤치호, 최두선, 안재홍, 홍명희, 최현배, 이만규, 최남선, 김기전, 박승빈, 방정환, 최규동, 김미리사, 권덕규 등 32명(〈동아일보〉 1928년 3월 29일 자 참조)

② 1928년 3월 16일 자 사고에서부터 시작하여 3월 29일까지 '글장님 없애기 운동'의 중요성을 계몽하고, 이 운동의 전개 계획을 알리는 보도를 하였습니다.

그러나 1928년 3월 28일 일본 경찰은 '글장님 없애기 운동'을 금지하는 통첩을 하였는데, 그 이유가 너무 기가 막혔습니다. 즉 '문맹 퇴치'라는 표어가 러시아로부터 왔고, 포스터에 붉은 근육의 노동자를 그려 넣어 공산주의적 색채가 풍긴다는 것이었습니다. 또한 소년군을 시켜 시가행진을 하는 것은 청소년들에게 좋지 않은 영향을 준다는 이유도 들었습니다. 그 결과로 '글장님 없애기 운동'이 중단되었습니다.

그러나 1930~1935년 사이에 문자 보급 운동과 브나로드(в народ, 러시아어로 '인민 속으로'라는 뜻) 운동이 재개되었습니다. 그 동기는 한글 맞춤법 통일안의 제정 준비와 선포라고 할 수 있습니다. 동아일보사의 브나로드 운동은 1931년에 시작되었는데, 그해 7월 15일에 브나로드 운동의 첫 사고(社告)가 실렸습니다. 이것이 제1차 브나로드 운동입니다. 그 운동의 내용은 다음과 같은 것이었습니다.

① 새 맞춤법에 의거한 문자 보급 운동
② 숫자 강습
③ 위생 강연
④ 학술 강연

1931년 7월 21일부터 9월 20일까지 62일 동안 계몽요원 423명이 142개 처의 강습지를 돌며 강습을 실시하였습니다. 1932년에는 제2차 브나로드 운동을 실시하였습니다. 1932년 7월 18일에 서울 공회당에서 출동대원 500여 명과 각 분야의 유지들이 참석하여 이 운동의 성공을 다짐하였습니다. 이러한 문맹 퇴치 운동은 1931년부터 1934년까지 4회에 걸쳐 이루어졌는데, 이 운동의 성과를 보면 다음과 같습니다. 이 자료는 《해설, 문자 보급 운동을 통한 농촌계몽운동과 민족운동》(정진석 편, 1999), 《문자 보급 운동 교재》(LG상남언론재단) 32쪽을 그대로 인용한 것입니다.

연도별	1회(1931)	2회(1932)	3회(1933)	4회(1934)	합계
운동 기간	62일간 (7. 21.~9. 20.)	82일간 (7. 11.~9. 30.)	81일간 (7. 12.~9. 30.)	73일간 (7. 2.~9. 12.)	298일
개강일 수	2,289일	8,182일	6,304일	3,962일	20,737일
계몽대원 수	423명	2,734명	1,506명	1,094명	5,757명
강습지	142곳	592곳	315곳	271곳 (만주 29곳, 일본 7곳 포함)	1,320곳
수강생 총인원	9,492명	41,153명	27,352명	20,601명	98,598명
교재 배부 수	30만 부	60만 부	60만 부	60만 부	210만 부
금지	11개 처	69개 처	67개 처	33개 처	180개 처
중지		10개 처	17개 처	26개 처	53개 처

거의 10만 명에 달하는 사람이 모두 참여하여 한글을 깨우친 것이니, 지금 생각해 보아도 대단한 운동이었음을 알 수 있습니다.

조선일보사

조선일보사는 1929년 7월 14일부터 전국 규모의 '귀향남녀학생 문자보급운동'을 시작했습니다. 이때 "아는 것이 힘, 배워야 산다"라는 구호를 제정했습니다. 1929년 7월 10일 자 사설을 통해 문자 보급의 필요성을 주장하고 가장 좋은 방법으로 여름방학을 맞아 귀향하는 학생들에게 한글을 가르치도록 하는 방안을 주장하였습니다. 이 일을 주관한 사람은 그 당시에 조선일보사 지방부장을 맡고 있던 국어학자 장지영 선생이었습니다. 그 전개 방식은 다음과 같습니다.

① 조선일보사가 교재를 준비한다.

② 중학교 학생 중에서 자원봉사자를 모집한다.
③ 여름방학 동안에 시골에 들어가서 글 모르는 동포들에게 조선어학회가 제정한 한글 맞춤법에 따라 한글을 가르친다.
④ 간단한 산수를 가르쳐 계몽한다.

문자 보급 운동의 첫해인 1929년에는 409명의 학생이 참여했습니다. 이들 중 91명이 방학이 끝난 뒤에 보고서를 보내 왔는데, 이때 한글을 깨친 사람은 모두 2,849명이었습니다. 1930년에는 문자 보급반에 참여한 학생이 900여 명이었고, 문자를 깨우친 사람이 모두 10,567명인 것으로 보고되었습니다. 1931년에는 신춘 사업으로 춘계 문자 보급반 강좌를 열었습니다. 참가 학생 수도 1,800여 명으로 늘었고, 강습생만도 20,800여 명으로 늘었습니다. 1932년과 1933년에 이 운동이 중단되었다가 1934년에 다시 시작되었고 1936년까지 지속되었습니다.

언론사의 한글 보급 운동 교재에는 어떠한 것이 있었나요

그럼 언론사에서는 한글을 보급하기 위한 교재로 어떠한 것을 사용하였을까요?

〈한글원번〉

이것은 한 장의 문서로 되어 있습니다. '한글원번'이라는 제목이 붙어 있는데, 아마도 '한글원본'을 이렇게 쓴 것일 것입니다. 1929년에 간행된 것으로 문서의 크기는 세로가 31.8센티미터, 가로가 46.5센티미터입니다. 그리고 판식은 사주쌍변(四周雙邊)으로 되어 있고, 네 귀

퉁이에 꽃무늬가 있습니다. 판광은 세로 25.6센티미터, 가로 42.4센티미터입니다. 조선일보사에서 간행했으며, 간행 연도는 나와 있지 않습니다. 그러나 그림 3에서처럼 1929년 10월 4일 자에 게재한 '4백여 남녀 학생 동원 3천 인이 문자 해득'이라는 운동의 성과 보도 기사와 동일하여 1929년 10월 4일 이전에 간행된 것으로 알 수 있습니다.

이 문서는 현재 조선일보사 사료관 소장본입니다. 보존 상태가 양호한 편이나 좌우상하로 접은 부분이 있어서 가운데에 해진 부분이 있습니다. 상단 왼쪽의 '된ㅅ' 부분에 펜으로 X 자를 그은 자국도 있습니다. 그것은 그림 4와 같습니다.

다음은 문서의 내용입니다.

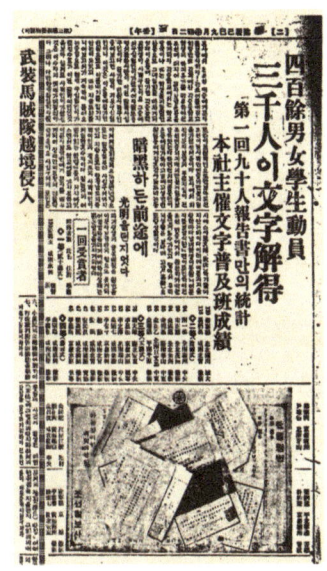
그림 3 문자 보급 첫해 성과 보도, 〈조선일보〉 1929년 10월 4일 자

① 모음, 자음 : 자모와 그 자모의 아래 괄호 안에 자모의 명칭이 있습니다. 이 명칭은 조선어학회에서 제정한 '한글 맞춤법 통일안'의 내용과 일치합니다.

② 반절 : 기존의 '언문 반절표'가 상단에 있습니다.(가갸거겨고교구규그기ᄀ)

③ 중모음 : 기존의 중모음 배열표가 하단에 있습니다.(개걔괘괴귀궤긔기)

④ 된ㅅ : 기존의 언문 반절표에 보이지 않던 항목이 들어 있는데, 상단에는 ㅅ 계열 합용병서가, 하단에는 각자병서가 나열되어 있습니다.

⑤ 받침 : ㄱ 항목에 한하여 받침이 'ㄱ ㄴ ㄹ ㅁ ㅂ ㅅ ㅇ'에 한하여 나열되어 있습니다.

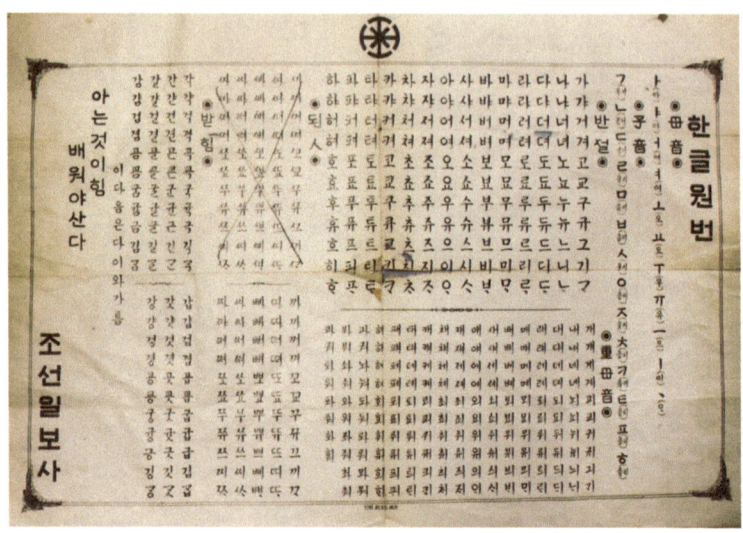

그림 4 〈한글원번〉

⑥ 왼쪽 마지막에 "아는 것이 힘 배워야 산다"라는 표어가 적혀 있습니다.

⑦ 왼쪽 하단에 '조선일보사'라는 기록이 있어서 발행소가 조선일보사임을 알 수 있습니다. 그러나 편찬한 곳이 조선일보사인지는 명확하지 않습니다.

이 〈한글원번〉은 장지영 선생이 편찬한 것으로 추정됩니다. 장지영 선생은 1926년 10월부터 1931년 7월 사이에 〈조선일보〉 기자 겸 지방부장, 문화부장, 편집인으로 근무하면서 문맹 퇴치와 한글 보급 운동을 펴 온 사람입니다. 그렇기 때문에 조선일보사에서 장지영 선생에게 이 일을 주관하게 하여 편찬했을 가능성이 높습니다.

또한 〈한글원번〉의 내용은 장지영 선생이 편찬한 문법책인 유인본(油印本) '조선어전(朝鮮語典)'의 내용과 매우 유사합니다. 즉 자모 명칭이 동일하고, 모음을 먼저 배열하고, 자음을 배열한 순서도 동일합니다. ㅅ 된소리를 인정한 것도 동일하고, '까갸꺼겨꼬꾜꾸끼ㄲ'의 배열도 동일합니다. 이 책의 이름을 '한글원번'이라고 하였는데, 이것은 '한글원본'을 그렇게 표기한 것입니다. 이처럼 'ㅗ'의 음역(音域)과 'ㅓ'의 음역을 혼동하는 방언을 구사하는 사람은 주로 서울 출신들인데, 장지영 선생이 서울 출신입니다. 그리고 조선일보사에서 간행한 문자 보급 교재인 〈한글원본〉의 저자가 장지영 선생이고, 이 〈한글원본〉의 뒤에 붙은 책 광고 모두 장지영 선생의 책인 《조선어철자법강좌(朝鮮語綴字法講座)》와 《노농독본(勞農讀本)》입니다.

《문자보급반(文字普及班) 한글원본》

이 책은 장지영 선생이 짓고 1930년 11월 22일에 조선일보사에서 간행한 책입니다. 책의 크기는 세로 18.8센티미터, 가로 13센티미터인데 총 16면으로 되어 있습니다. 책명은 《문자보급반(文字普及班) 한글원본》입니다. 현재 조선일보사 사료관에서 소장하고 있습니다.(그림 5-1~5-4)

이 책의 내용을 살펴보면 다음과 같습니다.

① 모음, 자음 : 자모와 그 자모의 아래 괄호 안에 자모의 명칭이 있습니다. 이 명칭은 조선어학회에서 제정한 '한글 맞춤법 통일안'의 내용과 일치합니다.

② 반절 : 기존의 '언문 반절표'를 1(一)부터 7(七)까지 나열해 놓고, 이에 해당하는 단어의 예들을 제시하였습니다.

③ 각자병서의 반절표를 역시 8(八)부터 9(九)까지 나열해 놓고, 이에 해당하는 단어의 예들을 제시하였습니다.

그림 5-1 《문자보급반(文字普及班) 한글원본》 표지, 조선일보사 소장

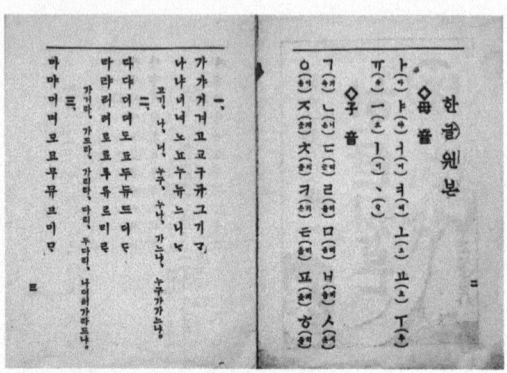

그림 5-2 《문자보급반(文字普及班) 한글원본》 본문

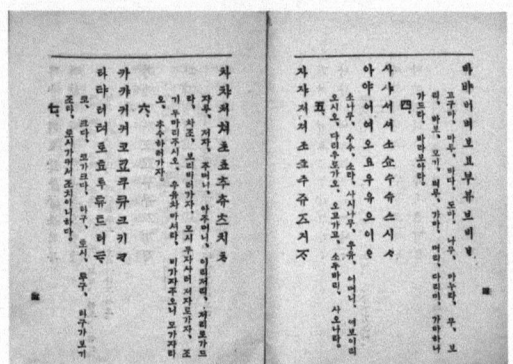

그림 5-3 《문자보급반(文字普及班) 한글원본》 본문

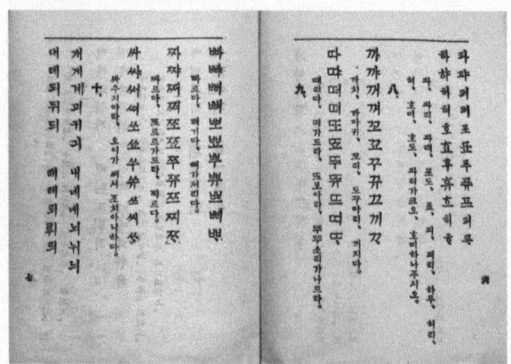

그림 5-4 《문자보급반(文字普及班) 한글원본》 본문

④ 중모음의 반절표를 10(十)부터 13(十三)까지 제시하였는데, '개 계계괴귀긔'에 한정되어 있어서 '개개계계괴괴귀귀긔긔'에서 '개, 계,귀,긔'가 사라지게 되었습니다. 그리고 'ㅘ'와 'ㅝ'에 해당하는 것들이 첨가되었습니다.

⑤ 받침에 해당하는 12개를 14(十四)부터 16(十六)까지 제시하였는데, 'ㄱ, ㄴ, ㄷ, ㄹ, ㅁ, ㅂ, ㅅ, ㅇ, ㅈ, ㅌ, ㅍ, ㅊ'의 12개입니다. 'ㅋ'과 'ㅎ'이 제외되어 있어서 조선어학회의 '한글 맞춤법 통일안'과는 차이를 보입니다.

⑥ 17(十七)에서는 문장을 중심으로 예문을 제시하고, 18(十八)에는 흥부에 대한 이야기를 한 편의 글로 엮었습니다.

이 책의 표지에 책을 들고 있는 그림이 있는데, 이 그림은 다른 '문자 보급책'의 표지에 보이는 그림과 차이가 있어서 여러 종류로 간행되었음을 알 수 있습니다. 따라서 문자 보급 교재 중에서 앞선 문헌으로 평가됩니다.(그림 6~8)

그림 6 《문자보급반 한글원본》 표지(1930) 그림 7 《문자보급교재》(1934) 그림 8 《문자보급교재》(1936)

《학생계몽대용(學生啓蒙隊用) 한글공부》

이윤재 선생이 짓고 동아일보사에서 1933년 7월 1일에 간행한 책입니다. 표지에는 '학생계몽대용(學生啓蒙隊用) 한글공부'라고 쓰여 있고, 책의 크기는 세로 19센티미터, 가로 13센티미터로 모두 24쪽인 자그마한 책입니다. 현재 필자와 동아일보사 신문 박물관이 소장하고 있습니다.(그림 9-1, 9-2)

이 책의 내용은 다음과 같습니다.

① 홀소리, 닿소리 : 자모만 제시되어 있고 자모의 명칭은 없습니다. 순서는 한글 맞춤법 통일안과 동일합니다. 'ᆞ'가 포함되어 있지 않습니다.(그림 9-3)

② 음절연습은 그 순서가 '가기고나녀노누구', '다더도루라러루리느냐니드디려', '마머며모무미바버벼보부비녀료르' 등으로 매우 불규칙합니다. 하지만 세 가지로 도표를 나누어 언문 반절표를 제시하였고, 상단에 나열해 놓은 음절 목록은 순서대로 하지 않고 읽는 연습을 하기 위해 일부러 섞어 놓은 것으로 이해됩니다. 이어서 각자병서를 제시하고 이를 언문 반절표 형식으로 제시하여 놓은 후, 중모음을 'ㅐ, ㅒ, ㅔ, ㅖ, ㅚ, ㅟ, ㅢ'의 순으로 자음과 조합시켜 배열하여 놓았습니다. 이어서 'ㅘ, ㅝ'의 이중모음 역시 같은 방식으로 나열하였습니다.(그림 9-4, 9-5)

그리고 9(九)부터 받침을 익히기 위해 제시해 놓은 것이 이어집니다. 특히 둘받침짜리(겹받침)도 제시하여 놓았습니다. 12(十二)부터 재담, 속담, 노래 이야기, 지리, 역사로 나누어 예문을 제시하고 읽고 익히도록 하였습니다.

③ 문맹 타파가 : 곡조를 '소년은 이로(易老)하고'에 따라 부를 수 있

그림 9-3 홀소리와 닿소리

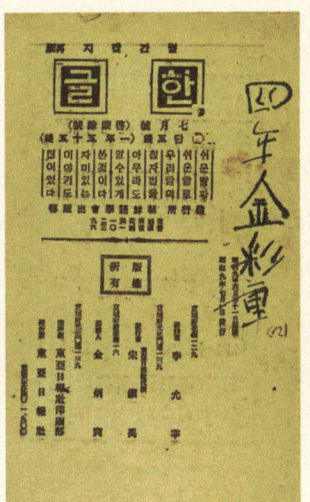
그림 9-2 《한글공부》 뒤표지

그림 9-1 《한글공부》 표지

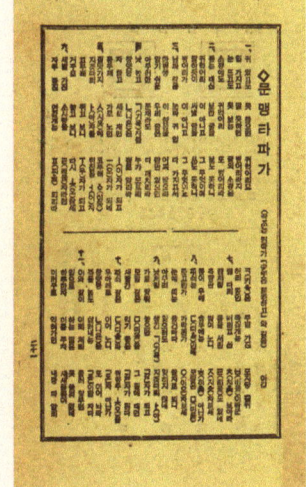
그림 9-6 〈문맹 타파가〉

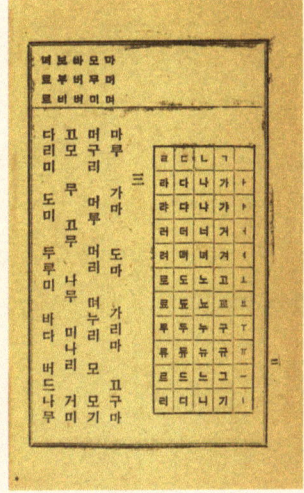
그림 9-5 음절연습

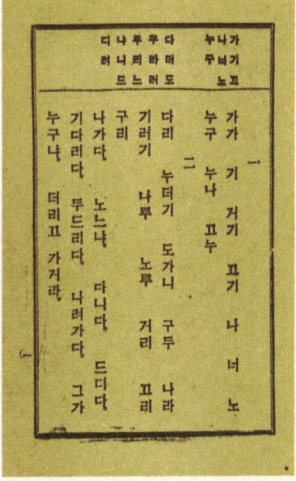
그림 9-4 음절연습

는 문맹 타파가를 싣고 있습니다. 이 책은 조선어학회의 회원이자 한글 맞춤법 통일안 제정 위원이자 수정 위원으로 활약했던 이윤재 선생이 편찬한 것으로, 매우 과학적인 방법으로 만들어졌으며 한글 맞춤법 통일안과 매우 유사한 내용으로 되어 있습니다. 초성, 중성, 종성으로 구분하여 체계적인 한글 공부가 되도록 하였고, '자음, 모음'이라는 용어 대신에 '닿소리, 홀소리'란 용어를 사용하고 있습니다. 이 문자 보급 교재는 그해 10월에 능장한 '한글 맞춤법 통일안'에 거의 같은 내용이어서 한글 보급 운동에 큰 영향을 끼쳤을 것으로 생각됩니다.(그림 9-6)

《신철자편람》

이 책은 1933년 4월 1일에 동아일보사에서 〈동아일보〉 제4416호 부록으로 간행한 것입니다. 책의 크기는 세로 19센티미터, 가로 13센티미터로 모두 30면으로 되어 있습니다. 현재 동아일보사 신문 박물관에 소장되어 있습니다.

그 내용을 보면 다음과 같이 모두 18가지 내용이 들어 있습니다.

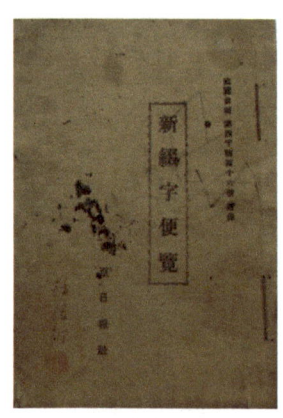

그림 10-1 《신철자편람》 표지

注意(주의)

一. ·의 사용을 폐하고 ㅏㅓㅜㅣ 等으로 대용함

二. 必要한 境遇를 除한 外에는 ㄷㅅㅈㅊㅌ에 ㅑㅕㅛㅠ의 合用을 쓰지 아니함

三. ㅞ는 ㄴㄹㅇㅎ을 除한 外에 一般 닿소리(子音)와 合用을 쓰지 아

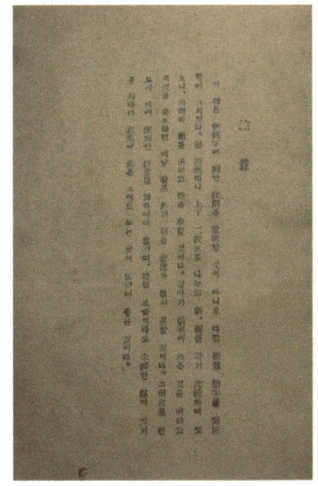 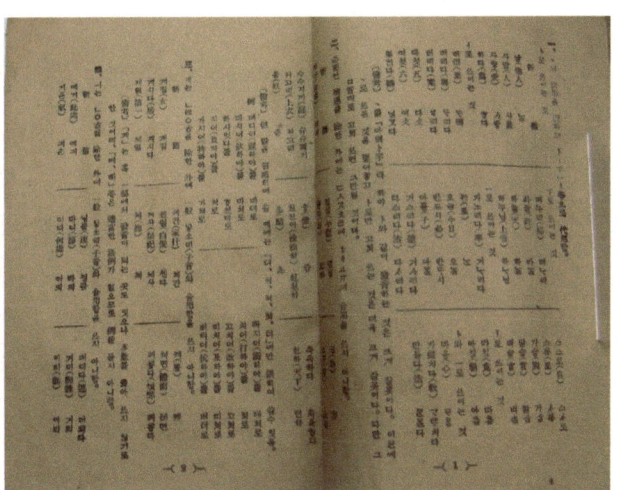

그림 10-2 《신철자편람》 본문

四. ㅢ는 ㄴㅇㅎ를 除한 外에 一般 닿소리(子音)와 合用을 쓰지 아니함

五. 두 音節 사이에 된소리(硬音)로 나는 말들은 그것에 각기 語源의 뜻이 없음에 限하여는 다 같은 닿소리(子音)로 連記함

六. 된시옷이라 하는 ㅅㅈㅅㅆ 등은 ㄲㄸㅃㅉ 等으로 고치어 씀

七. 바침은 이때까지 使用하는 ㄱㄴㄹㅁㅂㅅㅇ리래래 以外에 ㄷㅈㅊㅋㅌㅍㅎㄲㅄㄵㄶㄻㄽㄾㄿㅀㅁㅄ 等을 더 씀

八. 줄기(語幹)의 바침이 줄어지거나 몸바꾸이는 말이 잇으니 이것을 變格活用이라 함

九. 두 개 이상의 낱말(單語)이 合하야 한 씨(品詞)를 이룰 때에는 그 낱말이 각기 語源을 表示하기 가능한 것이면 그 語源을 保全하기로 함

十. 여러 낱말(單語)이 合하야 한 씨(品詞)를 이룰 때에 한쪽만 語源이 表示되는 말들은 우에 바침을 轉下하야 表音式으로 쓰기로 함

十一. 歷史的 語音이나 難澁한 語源을 버리고 巡狩한 現今 소리로 標

準을 삼음

十二. 줄인말(略語)인 경우에는 아레 말의 닿소리(子音)를 웃 말에 바침으로 轉上하게 함

十三. 複合된 이름씨(名詞) 사이에서 되게 나는 소리는 아레와 같이 씀

十四. 同音異義의 말들은 될 수 있는 대로 각기 달리 쓰는 것이 좋음

十五. 異音同義의 말들은 아직 두 가지를 다 씀을 許容함

十六. 漢字音은 다 表音式으로 씀

十七. 한 개의 낱말(單語)이나 또 낱말에 토를 붙여서 한 덩이를 만들고 매 덩이마다 따루 따루 떼어 씀

十八. 符號를 쓰는 법, 附錄(항상 그릇 쓰기 쉬운 말들), 신철자법대로 쓰려면 고칠 것이 얼마나 될가

위의 18가지 내용을 쓰고 그 아래에 예문을 들어 제시하였습니다. 특히 신철자법과 구철자법을 비교하여 놓아서 일목요연하게 차이점을 보이고 있습니다.

이 책은 동아일보사가 마련한 새로운 철자법을 토대로 편찬된 책입니다. 이러한 내용은 앞의 '注意'와 뒤의 '여쭐 말슴'에서 제시되고 있습니다. 예컨대 '여쭐 말슴'에서는 "이번 본사에서 채용하는 새 철자법은 대체에 잇어서는 면할 수 없는 것임은 물론이오나, 표준철자법이 확정되기를 기다려 다소의 변경은 잇을는지 모릅니다"라고 하고 있어 이 철자법이 동아일보사에서 제정한 것임을 알 수 있습니다.

'한글 맞춤법 통일안'은 1933년 10월 29일에 발표되었으나, 이 문헌은 1933년 4월 1일에 간행되었습니다. 만약에 표준 철자법인 한글 맞춤법 통일안이 발표되었다면 그것을 제시하였을 것입니다. 그럼에도 불구하고 여기에 제시된 신철자는 한글 맞춤법 통일안과 몇 가지

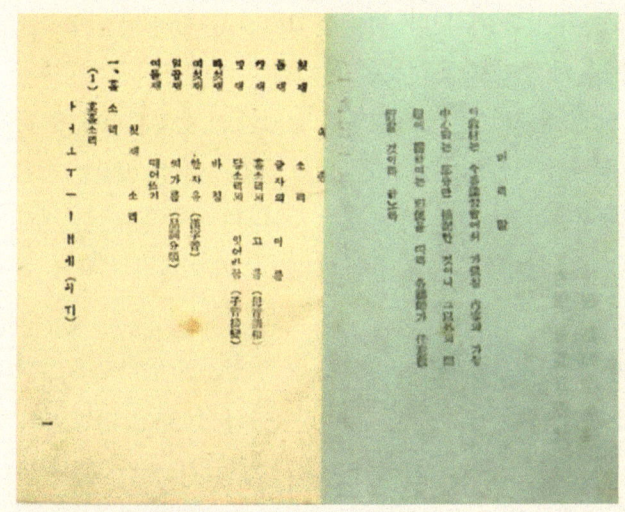 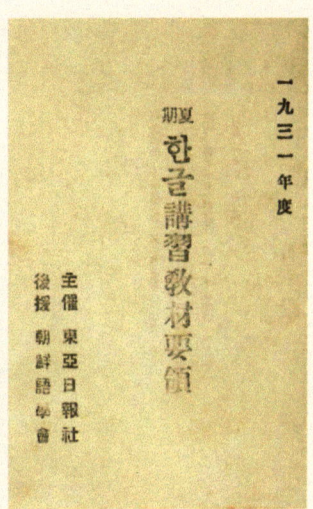

그림 11-2 《하기 한글강습교재요령》 머리말과 차례

그림 11-1 《하기 한글강습교재요령(講習敎材要領)》 표지

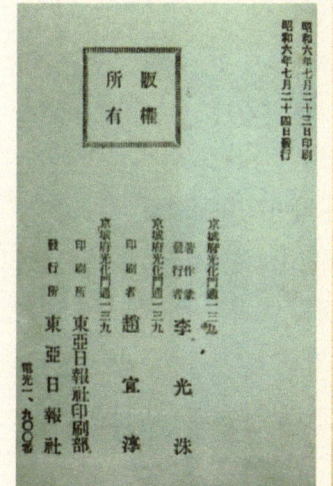 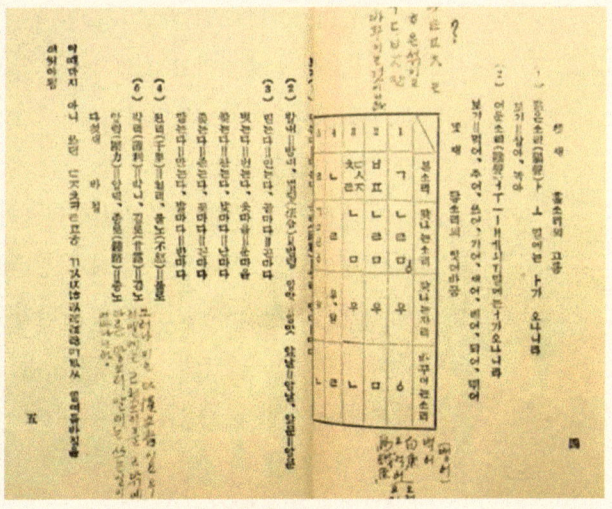

그림 11-4 《하기 한글강습교재요령》 판권   그림 11-3 《하기 한글강습교재요령》 본문

를 제외하고는 거의 동일합니다. 차이가 있다면 (7)항의 받침 중 'ㅆ'이 빠져 있는 등의 차이가 있을 뿐이고, 나머지 (1)항부터 (12)항까지는 거의 다 표준 철자법인 '한글 맞춤법 통일안'과 동일합니다. 이러한 사실은 이 책의 편찬자가 조선어학회의 한글 맞춤법 통일안 심의 위원 중의 한 사람이었을 가능성을 보여 주며, 그 사람은 동아일보사와 인연을 가지고 있던 이윤재 선생일 가능성이 가장 높다고 할 수 있습니다.

이 문헌에서 언급한 바와 같이 새로운 표준 철자법이 나오자 그날로 호외로 만들어 《한글마춤법통일안》이라는 책을 1933년 10월 29일 〈동아일보〉 제4627호 부록으로 간행한 것과 동아일보사와 조선어학회가 일정한 관계를 가지고 문자 보급 운동을 전개했던 것에서도 알 수 있습니다.

그림 11-1~11-4는 한글 맞춤법 통일안이 나오기 이전인 1931년에 동아일보사가 주최하고 조선어학회가 후원해서 만든 《하기 한글강습 교재요령(講習教材要領)》입니다. 저작가와 발행자가 모두 '이광수'라고 명기되어 있습니다.

이 책은 한글 맞춤법 통일안이 나오기 직전의 자료로서, 이 책을 통해서 동아일보사와 조선어학회가 긴밀히 연락하면서 한글 보급 운동을 전개하였음을 알 수 있습니다. 따라서 문자 보급 운동이 단순한 언론사의 활동으로만 그친 것이 아니라, 연구자들과 함께 면밀한 검토를 거쳐 전개한 활동이었음을 증명하는 중요한 자료가 되었습니다.

《문자보급교재》(1934)

이 책은 1934년 6월 22일에 조선일보사에서 〈조선일보〉 제4690호 부록으로 간행한 총 34면의 책입니다. 책의 크기가 세로 19센티미터,

가로 13센티미터입니다. 표제는 《문자보급교재》인데, 내지 서명은 '한글원본'으로 되어 있습니다. 저자는 누구인지 알 수 없습니다. 동아일보사 신문 박물관 소장본입니다.(그림 12-1~12-4)

이 책에는 다음과 같은 내용이 들어 있습니다.

① 한글 가르치는 이의 주의

② 모음 : 자모와 그 자모의 명칭이 제시되어 있습니다. 순서는 기본적으로 한글 맞춤법 통일안과 동일하지만, 'ㆍ'가 하나 더 포함되어 있습니다.

③ 자음 : 자모와 그 자모의 명칭이 제시되어 있습니다. 자모 배열 순서는 한글 맞춤법 통일안과 동일합니다. 그러나 자모의 명칭이 한글 맞춤법과 다른 것이 있습니다.

ㄷ(지귿), ㄹ(이을), ㅅ(시읏), ㅋ(키역)

④ 발음 연습 : 자음으로 시작되는 단어를 제시하고 발음 연습을 하도록 하였는데, 그 순서는 초성자의 ㄱ(一二), ㄴ(三), ㄷ(四), ㅁ(五), ㅂ(六), ㅅ(七), ㅇ(八), ㅈ(九), ㅊ, ㅋ, ㅌ, ㅍ, ㅎ(十), ㄲ ㄸ ㅃ ㅉ ㅆ (十一), 중모음(十二), ㄱ 받침(十三), ㄴ 받침(十四), ㄹ 받침(十五), ㅁ 받침(十六), ㅂ 받침(十七), ㅅ 받침(十八), ㅇ 받침(十九), 문장(二十부터 二十八까지)의 순서로 되어 있습니다.

⑤ 《산술교재》: 수자(숫자)의 읽는 법과 쓰는 법(一), 加法(가법, 一), 수자의 읽는 법과 쓰는 법(二), 加法(二), 수자의 읽는 법과 쓰는 법(三), 加法(三), 減法(감법, 一), 乘法〔승법, 九九表(구구표)〕, 除法(제법)의 내용이 들어 있습니다.

⑥ 마지막에는 "아는 것이 힘! 배워야 산다!"라는 구호가 한쪽에 제시되어 있습니다.

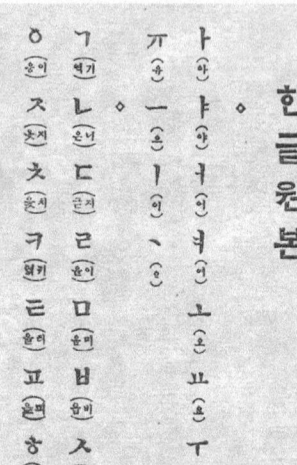

그림 12-2 《문자보급교재》(1934)

그림 12-1 《문자보급교재》(1934) 표지

그림 12-4 《문자보급교재》(1934)

그림 12-3 《문자보급교재》(1934)

1933년에 조선어학회에서 '한글 맞춤법 통일안'이 나왔음에도 불구하고, 1934년에 간행된 책에 자모의 명칭에 차이가 있어서 한글 맞춤법 통일안을 참고하지 못한 것으로 판단됩니다. 그리고 산술과 함께 나와 있어서 계몽운동 차원에서 한글과 산수를 동시에 가르치려고 했음을 알 수 있습니다. 따라서 이 책의 편저자는 여러 참고자료를 부분적으로 발췌하여 편집한 것일 가능성이 있습니다. 특히 앞부분의 한글 자모 명칭에 구개음화를 반영한 것(지귿)이나 어두 'ㄹ'을 반영하지 않은 것(이을)으로 보아 남부 지방의 화자가 쓴 것으로 보입니다.

내지 서명이 '한글원본'이기 때문에 이 책의 이름도 '한글원본'이라고 하여야 할 것으로 생각되지만, 제목이 '한글원본'과 '산술교재(算術敎材)'의 두 가지여서 '문자보급교재'란 제목이 더 타당성이 있을 것으로 생각합니다.

이 책은 조선일보사 사료관 소장의 《문자보급교재》와 내용이 다르며, 조선일보사 사료관의 것이 동아일보사 신문 박물관의 것을 수정 보완한 것으로 보입니다.

《문자보급교재》(1936)

이 책은 1936년 12월 13일에 조선일보사에서 〈조선일보〉 제594호 부록으로 간행한 총 36면의 책입니다. 책의 크기는 세로가 18.8센티미터이고, 가로가 13센티미터입니다. 현재 조선일보사 사료관에 소장되어 있습니다.(그림 13-1~13-4)

이 책의 내용은 다음과 같습니다.

① 교수상주의(敎授上注意) : 여기에서 이 책의 제목이 '한글원본'임을 밝히고 있습니다.

② 모음 : 자모만 제시되어 있고 자모의 명칭은 없습니다. 순서는 한글 맞춤법 통일안과 동일하지만, 단 'ㆍ'가 하나 더 포함되어 있습니다.

③ 자음 : 자모만 제시되어 있고 자모의 명칭이 없습니다. 자모 배열 순서는 한글 맞춤법 통일안과 동일합니다.

④ 언문 반절표 : 기존의 '언문 반절표'가 2쪽에 걸쳐 제시되어 있습니다.

⑤ 발음 연습 : 자음으로 시작되는 단어를 제시하고 발음 연습을 하도록 하였는데, 그 순서는 'ㄱ, ㄴ, ㄷ, ㄹ, ㅁ, ㅂ, ㅅ, ㅇ, ㅈ, ㅊ, ㅋ, ㅌ, ㅍ, ㅎ, ㄲ, ㄸ, ㅃ, ㅆ'으로 하였습니다. 그리고 각자병서를 '쌍바침'이라 하고 종성 받침은 '토바침'이라고 하고 있습니다. 종성으로 쓰이는 받침에는 'ㄱ, ㄴ, ㄹ, ㅁ, ㅂ, ㅅ, ㅣ, ㅇ'이 있어서 기존의 언문 반절표에 해당하는 것입니다. 특히 'ㅣ(딴이)'가 들어 있는 것은 19세기 말과 20세기 초에 널리 퍼져 있던 언문 반절표를 그대로 딴 것입니다.

⑥ 편지 : 상단에 단어, 가운데에 편지, 하단에는 동요, 농요 등이 실려 있습니다. 모두 10과까지 되어 있습니다.

⑦ 《산술교재》: 수자(숫자)의 읽는 법과 쓰는 법(一), 加法(가법, 一), 수자의 읽는 법과 쓰는 법(二), 加法(二), 수자의 읽는 법과 쓰는 법(三), 加法(三), 減法(감법, 一), 乘法[승법, 九九表(구구표)], 除法(제법)의 내용이 들어 있습니다.

이 책은 1933년에 조선어학회에서 '한글 맞춤법 통일안'이 나왔음에도 불구하고 이전의 언문 반절표식으로 한글 자모를 소개한 사실은 의외라고 할 수 있습니다. 예컨대 'ㆍ'가 그대로 예시되어 있기 때문입니다. 그러나 실제의 예문에서는 'ㆍ'의 쓰임이 전혀 보이지 않습니다.

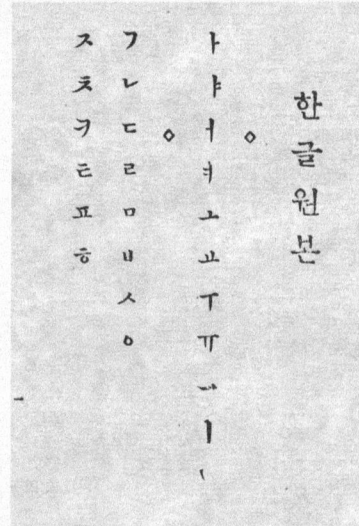

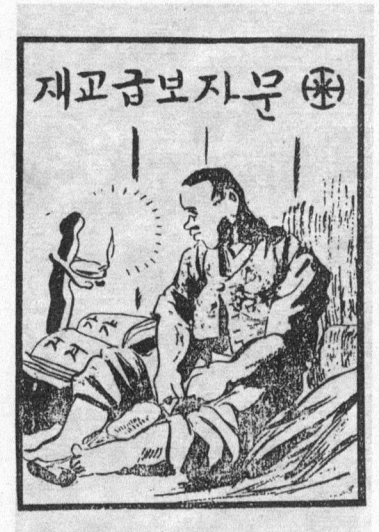

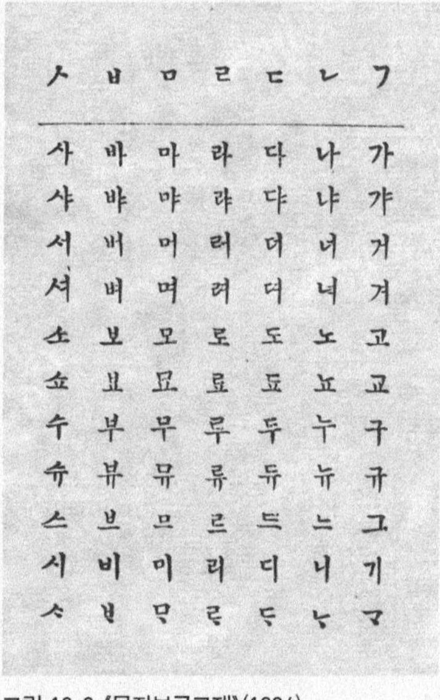

그림 13-1 《문자보급교재》(1936) 표지

한글원본

ㅏ ㅑ ㅓ ㅕ ㅗ ㅛ ㅜ ㅠ ㅡ ㅣ ㆍ

ㄱ ㄴ ㄷ ㄹ ㅁ ㅂ ㅅ ㅇ

ㅈ ㅊ ㅋ ㅌ ㅍ ㅎ

그림 13-2 《문자보급교재》(1936)

ㄱ	ㄴ	ㄷ	ㄹ	ㅁ	ㅂ	ㅅ
가	나	다	라	마	바	사
갸	냐	댜	랴	먀	뱌	샤
거	너	더	러	머	버	서
겨	녀	뎌	려	며	벼	셔
고	노	도	로	모	보	소
교	뇨	됴	료	묘	뵤	쇼
구	누	두	루	무	부	수
규	뉴	듀	류	뮤	뷰	슈
그	느	드	르	므	브	스
기	니	디	리	미	비	시
ᄀᆞ	ᄂᆞ	ᄃᆞ	ᄅᆞ	ᄆᆞ	ᄇᆞ	ᄉᆞ

그림 13-3 《문자보급교재》(1936)

ㅇ	ㅈ	ㅊ	ㅋ	ㅌ	ㅍ	ㅎ
아	자	차	카	타	파	하
야	쟈	챠	캬	탸	퍄	햐
어	저	처	커	터	퍼	허
여	져	쳐	켜	텨	펴	혀
오	조	초	코	토	포	호
요	죠	쵸	쿄	툐	표	효
우	주	추	쿠	투	푸	후
유	쥬	츄	큐	튜	퓨	휴
으	즈	츠	크	트	프	흐
이	지	치	키	티	피	히
ᄋᆞ	ᄌᆞ	ᄎᆞ	ᄏᆞ	ᄐᆞ	ᄑᆞ	ᄒᆞ

그림 13-4 《문자보급교재》(1936)

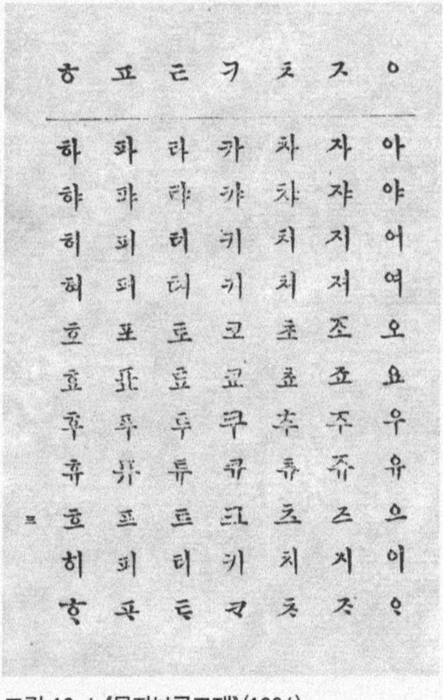

따라서 정밀하게 검토하여 편집된 것은 아닌 것으로 추정되며, 산술과 함께 있어서 계몽운동 차원에서 한글과 산수를 동시에 가르치려고 했음을 알 수 있습니다. 부분적으로는 한글 맞춤법 통일안의 영향을 받지 않으므로, 이 책의 편저자는 그 당시의 조선어학회 회원이 아닌 사람이 다른 참고 자료에서 부분적으로 발췌하여 편집한 것으로 추정됩니다.

한글 보급 교재의 상호 관계

앞서 제시된 6종의 자료들은 일제강점기에 국민들에게 문자를 보급하려는 운동을 전개하면서 만들어진 문자 보급 교재들입니다. 이 교재들은 서로 밀접한 연관관계가 있는 것으로 파악됩니다. 이 6종의 문헌들은 몇 가지로 구분됩니다.

1. 한글 보급만을 목적으로 편찬된 문헌
   ①《한글원번》(조선일보사 사료관 소장본)
   ②《한글원본》(조선일보사 사료관 소장본)
   ③《한글공부》(동아일보사 신문 박물관 소장본)
   ④《신철자편람》(동아일보사 신문 박물관 소장본)

2. 한글 보급과 산수 보급, 두 가지를 목적으로 편찬된 문헌
   ①《문자보급교재》(동아일보사 신문 박물관 소장본)
   ②《문자보급교재》(조선일보사 사료관 소장본)

이 문헌들의 관련을 보면 다음과 같습니다.

① 《한글원번》: 17세기 이후 전해지는 언문 반절표와 19세기 말부터 20세기 초에 널리 유행하였던 언문 반절표, 그리고 19세기 말과 20세기 초의 각종 문헌에 등장하는, 한글 배우는 교재를 정리하여 요약하고 편집한 것이어서 매우 독창적이라고 할 수 있습니다. 따라서 이 문헌은 1930년 이후에 등장한 모든 언문 반절표의 대표성을 지닌다고 할 수 있습니다. 따라서 이 자료는 다른 문헌들과는 차별됩니다. 그러나 이 자료의 '한글원번(본)'이라는 제목은 뒤의 문자 보급 교재에 그대로 원용된 것으로 보입니다. 따라서 조선일보사 사료관 소장의 《한글원본》(1930)과 밀접한 연관을 지니지만 그 선후는 현재로서는 알 길이 없습니다.

② 동아일보사 신문 박물관 소장의 《문자보급교재》와 조선일보사 사료관의 《문자보급교재》는 선후 관계가 있습니다. 뒤에 붙어 있는 '산술교재'는 그 내용이 동일하나, 한글 보급 교재는 동아일보사 신문 박물관 소장의 《문자보급교재》가 앞선 것이고 이것을 뒤에 손질하여 편찬한 책이 조선일보사 소장의 《문자보급교재》입니다.

③ 동아일보사에서 간행한 《한글공부》는 《한글원본》이나 다른 문자 보급 교재들과 상관없이 독자적으로 만들어진 것으로 보입니다.

④ 《신철자편람》은 동아일보사에서 독자적으로 마련한 철자법이어서 조선어학회에서 제정한 한글 맞춤법 통일안과는 다르지만, 내용은 한글 맞춤법 통일안에 근접하고 있습니다. 따라서 조선어학회에서 한글 맞춤법 통일안을 제정 공포하자, 동아일보사가 이를 직접 출판해 호외로 보급하여 문자보급운동을 발 빠르게 전개한 것으로 파악됩니다.

마무리

언론사의 한글 보급 운동은 독립운동의 일환이었습니다. 무장 투쟁 등 다른 방식의 독립운동은 대개 그 결과가 가시적으로 보이는 것이라고 한다면, 한글 보급 운동과 같은 독립운동은 일종의 문화적 독립운동이어서 효과가 서서히 나타나게 됩니다. 그러나 그 효과는 전면적이라고 할 수 있습니다. 따라서 이러한 문화적 독립운동을 전개한 언론사의 역할은 매우 크다고 할 수 있습니다. 한글 보급 운동은 우리나라 독립에 크게 기여했을 뿐만 아니라 민족정신을 함양하여 민족운동을 발양시키는 데 중요한 역할을 한 것으로 평가됩니다.

한글 보급 운동을 전개하기 위해 편찬된 각종 문자 보급 교재들은 그 운동의 중요한 도구이기 때문에 이러한 운동의 직접적인 역할을 했습니다. 뿐만 아니라 이 자료들은 국어학사 기술에서도 거의 언급되지 않던 자료들이어서, 국어학사 기술에도 매우 중요한 사료로서 가치가 높으며 국어교육사에서도 중요한 자료가 될 것입니다.

선조들은 이렇게 우리 문화를 발전시키는 가장 기본적인 것이 한글이라고 생각했고, 그것을 사용하고 배우는 것이 곧 민족과 국가의 독립과 깊이 연관되어 있다는 사실을 깨닫고 있었습니다. 그리고 이를 실천하기 위한 피나는 노력을 해 왔습니다. 이러한 분들이 계셨기 때문에 우리는 우리의 말과 글을 지킬 수 있었던 것입니다. 그런데 우리 선조들이 그렇게 지켜 낸 말과 글을 오늘날 우리는 어떻게 하고 있는지 크게 반성해야 하지 않을는지요? 영어와 로마자에 우리말과 우리글을 빼앗겨서 다시 한 번 우리말 우리글 보급 운동을 벌여야 하는 것은 아닌가 하는 걱정이 앞서는 것은 저만의 노파심일까요?